私募股权基金投资者退出破局

——法律实务要点与难点

刘慧　李骞／著

人民法院出版社

图书在版编目（CIP）数据

私募股权基金投资者退出破局 ：法律实务要点与难点 / 刘慧，李骞著. -- 北京 ：人民法院出版社，2024. 11. -- ISBN 978-7-5109-4325-6

Ⅰ. D922.287.4

中国国家版本馆CIP数据核字第202499T8W2号

私募股权基金投资者退出破局——法律实务要点与难点

刘慧　李骞　著

策划编辑　张　奎
责任编辑　张　奎　陈晓璇
封面设计　王子莹
出版发行　人民法院出版社
地　　址　北京市东城区东交民巷27号（100745）
电　　话　（010）67550525（责任编辑）　67550558（发行部查询）
　　　　　65223677（读者服务部）
客 服 QQ　2092078039
网　　址　http：//www.courtbook.com.cn
E－mail　courtpress@sohu.com
印　　刷　三河市国英印务有限公司
经　　销　新华书店

开　　本　787毫米×1092毫米　1/16
字　　数　252千字
印　　张　16.25
版　　次　2024年11月第1版　2025年8月第2次印刷
书　　号　ISBN 978-7-5109-4325-6
定　　价　76.00元

序

私募股权基金是基金法舞台上的重要角色。在经济繁荣和投资活跃的时期，投资者和管理者专注于从基金成长中获取回报，纠纷比例相对较少。即便因投资周期届满而退出，也大多能够“好聚好散”。但在经济波动及投资变故增多的时期，投资者的退出往往遭遇各种主观或客观的障碍。预期回报不能实现，也成为投资者向管理者发起争讼的重要原因。由此出现纠纷频发的局面。私募股权基金投资者的退出，由此成为私募基金行业中一个至关重要且备受关注的议题。投资者能否顺利退出，不仅直接牵涉投资者和管理者的切身利益，而且事关私募基金行业的宏观运势。

在各种基金中，证券投资基金在我国发展较早，也相对较为成熟，有关的理论和实务研究较多。相比之下，私募股权投资基金的运作和研究相对滞后。但近年来，私募股权投资基金领域的纠纷大幅增加，有必要从理论和实务研究视角加以充分重视。本书深入剖析了影响私募股权基金投资者退出的诸多因素，以及投资者面临的退出困境和障碍，力图为私募股权基金投资者提供清晰的策略、路径和操作要点。

本书首先通过厘清基金各方当事人的主体地位及法律关系，系统地分析了私募基金投资者退出的法律机理，并进一步结合基金行业的实务操作情况，特别聚焦基金清算、基金权益转让、基金份额赎回以及基金接管等关键退出方式，基于私募股权基金的不同组织形式展开了详尽的法律分析。在此基础上，本书以上述四种关键的投资者退出方式为主线，从策略性角度梳理每一种退出方式在实务操作中可能面临的障碍，对各类退出困境与障碍提供了相应的解决方案。最后，本书进一步探讨投资者退出的司法救济路径，逐一论证基金合同无效、基金合同解除与撤销及随之引发的损害赔偿等常见纠纷或案型。此外，本书还将研究主题扩展至刑事领域，着重讨论了私募基金退出所涉及的刑民交叉热点问题。

本书作为私募股权基金领域专业律师的用心之作，紧密融合法理与实务、突出焦点与难点，构筑丰富的论题层次，展现多维的思考角度，当可超越个案的局限，在更广泛的层面上为私募股权基金投资者退出障碍的破局提供启示和帮助。愿本书成为投资者和从业者的重要参考，助力于私募股权基金行业的健康发展和投资者正当权益的保障。

*

2024 年 10 月 18 日

* 上海财经大学法学院教授、商法研究中心主任。

前　言

在纷繁复杂的金融市场，私募股权基金作为一种重要的投资工具，在支持创业创新、推动产业升级、增强市场活力等方面均有重要作用。随着市场的成熟和投资者经验的积累，基金投资者的退出逐渐成为业界关注的焦点。

私募股权基金的生命周期，从募集、投资到管理，最终指向退出。退出不仅是基金运作的终点，更是资本循环的关键节点。一个精心设计并可实际落地的退出策略，能够为投资者带来丰厚的回报，为基金管理人赢得声誉，为市场注入活力。然而，退出之路并非总是平坦的，市场波动、监管变化、税务考量、法律风险以及投资者之间的利益协调，都可能为退出过程带来挑战。作为实现投资价值的最后一步，投资者的退出随着私募股权类基金行业的发展已经成为最受关注的事项之一，实践中投资者退出可能陷入不同类型和程度的困境，而由于各基金的情况不同导致无法形成标准化的应对方法。

正是在这样的背景下，本书基于笔者和团队十余年来对私募股权市场的观察和思考，旨在从投资者的角度审视常见的私募股权基金投资退出路径，并且区别于一般性的说明操作方法、提示法律风险，通过对路径的解构，加之法学理论的剖析和司法实践的总结，以期综合使用各类法律工具，优化投资者退出私募股权类基金的策略，为投资者打破“退出难”提供可落地的解决方案。同时，笔者将对不同基金组织形式展开讨论，除私募股权基金惯常使用的有限合伙企业形式外，也将对契约型基金和公司型基金如何适用退出渠道以及司法实践中的注意事项展开讨论分析。

我们期待通过本书与您一同探索私募股权基金投资者退出的解决之道，希望能为您提供思路、启发和实用的工具，并为解决这一行业难题贡献一份力量。

本书的撰写有赖于同事们的支持，特别感谢陈思亦、陈思哲、蔡增慧、韩欣、黄忠淦、裘一凡、沈越、邵希曼、王希奇、席时婧、谢燕、于思焕、张可馨、赵明月、赵子曦在撰稿过程中提供的宝贵帮助。

限于笔者精力和能力，本书难免有不足之处，敬请读者指正。

常用名称简称对照表

全称	本书简称
《私募投资基金监督管理条例》	《私募条例》
《最高人民法院关于适用〈中华人民共和国民法典〉合同编通则若干问题的解释》	《民法典合同编通则司法解释》
《全国法院民商事审判工作会议纪要》	《九民纪要》
《私募投资基金监督管理暂行办法》	《私募暂行办法》
《关于加强私募投资基金监管的若干规定》	《加强监管若干规定》
《私募投资基金登记备案办法》	《登记备案办法》
《私募投资基金备案指引第 2 号——私募股权、创业投资基金及其材料清单》	《基金备案指引 2 号》
《私募投资基金合同指引 1 号》（契约型私募基金合同内容与格式指引）	《契约型基金合同指引》
中国证券监督管理委员会	证监会
国有资产监督管理委员会	国资委
中国证券投资基金业协会	基金业协会
资产管理业务综合报送平台	AMBERS

目　录

第一章 绪 论

一、写作背景：私募股权基金投资者退出面临困局

随着中国资本市场的逐步成熟，私募股权基金作为重要的投资工具，已成为推动经济增长和企业转型的重要力量。截至 2024 年 7 月末[①]，存续私募基金管理人 20732 家，管理基金数量[②]150543 只，管理基金规模[③]19.69 万亿元。其中，私募股权、创业投资基金管理人 12316 家，存续私募股权投资基金 30807 只，存续规模 10.94 万亿元；存续创业投资基金 24510 只，存续规模 3.30 万亿元。

尽管私募股权基金在国内市场中逐渐发展成熟，其退出机制却仍然存在诸多挑战，或者说恰是因为私募股权基金的发展阶段已经来到了亟待市场和法律规制回应的时候，有关退出机制的问题越发凸显，尤其是投资者如何从所投资的基金中顺利退出，成为关系行业可持续发展的核心问题。

本书将围绕法律规制与监管要求等外部因素与私募股权基金及其参与者、各方权利义务等内部因素，探讨其如何分别或共同对投资者退出私募股权基金造成影响，从私募股权基金本身、基金投资项目及基金投

① 数据来源：基金业协会发布的《私募基金管理人登记及产品备案月报（2024 年 7 月）》。

② 管理基金数量为正在运作的私募基金数量，包括自主发行类基金及顾问管理类基金。

③ 管理基金规模为正在运作的私募基金规模；基金规模以季度运行表中填报的期末净资产为准，如相关基金新设立，暂未更新运行表，则以募集规模为准。

资者三个层面分别加以分析，并且针对投资者在退出时面临的现实挑战，从退出渠道的限制、监管与法律的规制两个角度分别说明。

笔者想特别提示的是，本章所提及的影响投资者退出的因素和目前面临的现实挑战，正是在投资者决定投资于某一私募股权基金时应事前关注的核心事项，通过前期基金合同的约定以及持有基金份额期间对相关权利进行主张、对信息披露及潜在风险事项进行把控，以减少在后续退出过程中可能遭遇的障碍或困境，为维护自身权益保留甚至创造更大空间与机会。

（一）影响投资者退出的因素

1. 基金：形式、规模与运作机制

在我国，私募投资基金的主要形式有契约型、有限合伙型与公司型。在不同的组织形式下，私募投资基金的参与者也可能同时拥有不同的身份，这是因为当私募投资基金选择了某一种组织实体，除了本身需要遵守的私募投资基金相关法律法规和监管要求外，该种组织实体也需要同时遵守对应的组织法。从这个意义上来说，与有限合伙型基金选择了有限合伙形式、公司型基金选择了公司形式不同，契约型基金因不具有组织实体，因而无须额外遵守相应的组织法。

进一步需要说明的是，无论选择何种组织形式，在私募投资基金的语境下，典型的参与者包括基金投资者、基金管理人以及基金托管人。其中，基金托管人的职责主要是托管基金财产，保证基金财产的独立和安全，而在满足一定条件后亦可不设置基金托管人。此外，出于私募投资基金运作的实际需求，还可能包括提供基金募集、投资顾问、份额登记、估值核算、信息技术系统等服务业务的机构，以及律师事务所、会计师事务所等专业机构。当然，从更广义的角度来说，私募投资基金的投资标的以及其他交易对手也是一类参与者。

（1）私募股权基金的组织形式和管理模式

私募股权基金的基本运作机制是基金管理人以非公开方式募集基金投资者的资金，并由基金管理人进行管理，筛选优质标的并进行投资，

在实现投资退出后根据基金合同的约定向投资者分配收益。也就是说，私募股权基金的募集、投资、管理和退出事宜均为基金管理人的职责，投资者根据不同的商业安排可参与决定部分重大事项，但原则上不干涉基金管理人职责的履行。

如前文所述，除应遵守私募股权基金相关监管要求外，参与者本身所选择组织形式的不同将使得私募股权投资基金受制于不同的法律规范，这就导致了内部不同的运作机制和结构。对于投资者来说，不同组织形式和管理模式可能对其退出私募基金造成不同影响，例如在某些组织形式或管理模式下可能不必考虑的因素，在其他组织形式或管理模式下可能导致其权益面临更大的风险，或导致其可采取的救济措施受到限制。

1）契约型

契约型私募股权基金指的是投资者与基金管理人以签署基金合同的方式设立基金。一般认为，契约型私募股权基金“本质是依据信托关系而确立的一种信托制度”[①]。

相关规定

《信托法》

第二条　本法所称信托，是指委托人基于对受托人的信任，将其财产权委托给受托人，由受托人按委托人的意愿以自己的名义，为受益人的利益或者特定目的，进行管理或者处分的行为。

在契约型私募股权基金中，投资者基于对基金管理人资产管理资质和能力的信任，将资金委托给基金管理人进行管理，由基金管理人为投资者的利益开展投资，其中涉及对投资者所委托资金的管理和处分，符合上述《信托法》第二条关于“信托”的法律定义。

投资者在契约型私募股权基金中的权益、基金管理人的职权与义

① 吴跃平主编：《私募股权投资基金运作与管理》，清华大学出版社2020年版，第11页。

务、基金自身的日常存续与投资事项等均在基金合同中进行约定。契约型私募股权基金本身并无实体，其内部组织结构没有法律层面的明确规范，不过由于“契约型”这种形式出现伊始主要被用于公募基金，其后私募证券投资基金基本参照，以至于再后来契约型私募股权基金的设立与内部组织结构也进行了参照，即参照《证券投资基金法》的规定设立有基金份额持有人大会及其日常机构，包括基金业协会发布的《契约型基金合同指引》中也对此进行了规定。同时，有关契约型股权类基金的基金份额持有人大会及其日常机构职权也主要在《契约型基金合同指引》中有明确列示，即：决定延长基金合同期限；决定修改基金合同的重要内容或者提前终止基金合同；决定更换基金管理人、基金托管人；决定调整基金管理人、基金托管人的报酬标准；基金合同约定的其他情形。

2）公司型

公司型私募股权基金以有限责任公司或股份有限公司为形式，投资者均为该公司股东，其作为基金的运作机制可以是“自我管理”，也可以是“委托管理”。其中，“自我管理”仅适用于公司型私募基金，根据《私募投资基金管理人登记和基金备案办法（试行）》（注：已失效）第十一条第二款的规定，公司型基金自聘管理团队管理基金资产的，该公司型基金在作为基金履行备案手续同时，还需作为基金管理人履行登记手续。也就是说，对于自我管理的公司型私募股权类基金，其基金管理人为自身。而“委托管理”则指的是委托第三方机构作为基金管理人，管理本公司的经营运作事宜。

但无论采取何种运作机制，公司型私募股权基金内部组织结构受制于《公司法》的相关规定，包括股东（会）、董事（会）、高级管理人员的设置及其各自职权划分等。除此之外，结合私募股权基金本身运作的特点，一般在董事会之下、经营层之上可能设立投资决策委员会、咨询委员会等，以便基金管理人对投资相关的重大事项进行决策。

公司型私募股权投资基金的内部治理规制相对丰富，包括《公司法》在内的法律法规对于其设立、经营决策以及减资、清算等的规定相较于另一种私募基金的组织形式——有限合伙企业而言，有待当事各方通过意思自治予以明确的“空白机制”相对较少。

3）有限合伙型

有限合伙型私募股权基金以有限合伙企业为形式，投资者均为该有限合伙企业的有限合伙人，这是实践中最为常见的私募股权基金类型。其作为基金的运作机制可以是“内部管理”，也可以是“外部管理”。其中，“内部管理”指的是基金管理人作为普通合伙人暨执行事务合伙人，而“外部管理”则是指基金管理人本身并非该有限合伙企业的合伙人，而是通过与基金、执行事务合伙人签署的委托管理协议，管理本有限合伙企业的经营运作事宜。

与公司型私募股权基金一样，有限合伙型私募股权基金的内部组织受制于其应适用的组织法——《合伙企业法》，但不同的是有限合伙企业并无公司那样明确的“三会一层”要求，而是允许合伙人自行约定合伙人会议等内部决策机构。

值得一提的是，根据《合伙企业法》，投资者作为有限合伙人虽可以通过约定很大限度地参与有限合伙企业的经营管理，包括通过参与内部决策机构的方式（如投资决策委员会、咨询委员会等）来参与重大事项的决策过程，但不得执行合伙事务、不得对外代表有限合伙企业。

相关规定

《合伙企业法》

第六十八条 有限合伙人不执行合伙事务，不得对外代表有限合伙企业。

有限合伙人的下列行为，不视为执行合伙事务：

（一）参与决定普通合伙人入伙、退伙；

（二）对企业的经营管理提出建议；

（三）参与选择承办有限合伙企业审计业务的会计师事务所；

（四）获取经审计的有限合伙企业财务会计报告；

（五）对涉及自身利益的情况，查阅有限合伙企业财务会计账簿等财务资料；

（六）在有限合伙企业中的利益受到侵害时，向有责任的合伙人主张权利或者提起诉讼；

（七）执行事务合伙人怠于行使权利时，督促其行使权利或者为了本企业的利益以自己的名义提起诉讼；

（八）依法为本企业提供担保。

一旦私募股权基金选定了一种组织形式，即意味着其不仅须遵守特别针对私募股权基金的法律法规和监管规范，还须同时遵守与该组织形式（或法律关系）相关的法律法规和监管规范。

对于三种私募股权基金可采取的组织形式来说，契约型基金并无组织实体，但如前文所述，笔者认为其适用《信托法》应无争议；但是，公司型与有限合伙型股权类基金是否同样构成信托法律关系尚有争议，实务中则体现为基金管理人所应承担的法定义务和责任存在区别，这也导致了投资者在退出基金投资时可主张权利和救济的不同。与之类似，在公司型和有限合伙型基金可采用的不同管理模式下，亦可能由于基金管理人是否为组织体内成员的区别，而导致其承担不同程度的法定义务和责任，并导致投资者在退出时可主张的权益和救济措施也不同。

（2）私募股权基金的募集规模与利润分配安排

除上文已经说明的组织形式和管理模式外，私募股权基金的募集同样是基金生命周期中的重要环节，募集方式不仅影响基金的资本结构和投资者基础，也直接关系投资者退出的难易程度和效率。

此外，本书所说的利润分配安排广义上包括成本分摊、亏损承担机制，也将势必对投资者退出产生重大影响，这是因为不同的分配机制下，触发投资者退出诉求的时点可能不同，甚至由于不同退出路径下投资者可能获得的最终收益不同，通过与现有分配方式的比较可能导致投资者主动采取措施推动退出的积极性（甚至可能是激进程度）有很大不同。

1）募集规模

私募股权基金的募集方式可简单分为直接募集与间接募集两种方

式。直接募集是指基金管理人直接向潜在的投资者募集资金。这种方式通常适用于基金管理人已经建立了良好的市场声誉和业绩记录，能够吸引投资者的信任。间接募集是指通过第三方机构间接向投资者募集资金。这些第三方机构可能包括银行、证券公司、信托公司、基金销售公司等。间接募集的优势在于可以利用第三方机构的客户资源和销售网络，扩大基金的可募集范围。

在我国，根据《私募条例》第十七条的规定，私募股权基金原则上通过直接募集的方式，但并不禁止通过具备相应资质的第三方进行间接募集。

相关规定

《私募条例》

第十七条 私募基金管理人应当自行募集资金，不得委托他人募集资金，但国务院证券监督管理机构另有规定的除外。

从投资者退出角度，直接募集显然更为有利，它允许投资者与基金管理人建立直接联系。投资者可通过基金管理人直接获得有关该基金的基本情况，并获得对其关心问题的直接解答，在很多情况下还可对私募股权基金的投资和管理模式提出意见并要求基金管理人相应修改基金合同。但实务中，间接募集方式亦不在少数，投资者通过这种方式投资于某基金的，可能存在信息不对称，甚至可能对募集过程中所了解的私募基金要素有不同的理解甚至误解，导致增加退出时的沟通成本，而且由于基金募集机构的介入可能会在退出决策中引入额外的变量，可能影响退出的效率和效果。

基金募集对象也与投资者的退出特别相关，这主要是因为不同投资者因其背景、资源、投资规模等，对基金运作和基金管理人可能造成不同程度的影响。一方面，这些投资者可能与基金管理人或者其他主体在事前达成了协议，典型如远期份额转让、附属协议等，其中约定了投资者关于退出的特殊权利，例如形式上要求对基金管理人权限范围内的退出程序进行豁免，或实质上相关方投资者承诺，在基金发生风险事项时确保或积极协助投资者完成退出。另一方面，在基金存续过程中如确实发生风险事项或投资者因其他原因提出退出诉求，基金管理人为履行这些协议或迫于这些投资者所施加的压力，事实上有可能使部分投资者在退出时获得特殊待遇，包括提供被投资企业相关文件以协助完成基金份额价值评估，组织或推介潜在意向方优先受让基金份额等。

此外，就募集规模而言，相较于大型私募基金，事实上中小规模私募基金的退出困局更为突出。中小规模私募基金由于规模较小、市场影响力较弱，投资集中度可能也更高，这使得中小规模私募基金的投资者在转让份额时更难找到合适的买家，并且与大型私募基金相比，中小规模私募基金可能缺乏更多的并购、IPO或其他退出途径，投资者在退出时只能依赖有限的选择，这不仅可能延长退出时间，也可能降低退出时的估值和收益。不过，这并不意味着大型私募基金的投资者退出一定更加简单，例如考虑到投资者基础相对单一，通常为机构法人、上市公司或者其他汇集了投资者资金的资产管理产品（如母基金等），对基金退出的诉求有其各自考量和须遵守的规制，在不同情况下可能较难达成一致。我们只能认为，在不同募集规模下，私募基金投资者退出面对的处境可能有所区别。

最后，值得一提的是私募股权基金开放募集的安排亦不在少数，即在存续期间接纳新的投资者，对于既有投资者来说，由于所持份额对应出资比例的稀释，以及可能因此导致的基金重大事项决策机制、表决比例等发生变化，将对从该基金中退出的方案执行或最终可收回的本金及收益造成影响。

2）利润分配安排

在私募股权基金运作机制中，利润的分配安排是对基金管理人进行约束或激励的核心手段之一，实务中这些条款在基金合同中的约定方式一般比较固定，并可根据商业安排进行适当调整。具体而言：

第一，从分配顺序来看，常见的分配安排可以区分为平层与分层。所谓平层是相对简单的分配安排，一般是指全体投资者按其各自出资比例进行分配；而分层则是更为常见的分配安排，一般认为对管理人的利益绑定更密切、更有激励效果，其基本方式为收益分配遵循一定的顺序，如首先返还本金，然后支付优先回报（或称为门槛收益），最后是业绩报酬。在平层或分层分配的基础上，如进一步规定部分投资者优先于基金管理人或其他投资者取得本金的，则构成最基本的结构化安排。

对投资者退出来说，通过退出策略取回的款项归属或受偿的主体可能是基金本身（而非提出和执行该策略的投资者），须根据分配顺序向全体投资者进行分配，因此可能影响投资者在不同退出策略下的考量。此外，在特殊情况下分层分配方式可能不被执行，而仅由投资者根据其出资比例进行分配，此时根据既有基金合同的约定进行分配时显然处于更有利地位的投资者，可能不愿采取或配合相关退出行动。

第二，从分配基数或者说分配款项的来源来看，常见的分配安排可以区分为按项目分配（by-case distribution）与按资金流入分配（by-fund distribution）。按项目分配是指在盲池基金或称组合投资基金中，私募股权基金投资于多个项目，并就每一项目单独核算成本与收益，在任一项目退出时根据该项目的投资情况进行分配。这种分配方式，通常伴随着分配款项的预留或者回拨机制，即在基金清算时根据全部项目的投资情况进行最终核算，并按照“多退少补”的基本原则，调整已分配款项以匹配基金整体的收益情况。按资金流入分配则是指分配时不区分可分配款项来自哪一项目，而是根据基金合同约定的分配顺序进行分配，在基金清算时结算剩余可分配款项即可，通常不涉及调整已分配金额。

对投资者来说需要特别关注的是，在基金清算前退出的，应当注意份额价值的核算以及结算等款项中是否涵盖基于不同的分配方式可能导致的待分配款项、有返还义务或可主张的权益等如何处置，该等处置安排不仅影响投资者所持有基金份额的价值，也对投资者不再持有基金份额后是否仍可能负有责任或义务产生决定性影响。

第三，从分配标的来看，分配安排可以区分为现金分配与非现金分配。顾名思义，现金分配意味着私募股权基金需将其所持有的投资组合变现后，向投资者分配现金；非现金分配，即是向投资者直接分配基金所持有的资产，主要是非上市公司股权、股份，上市公司股票，以及其他基金的份额等。

显然，对于投资者来说，非现金分配可以是一种兜底的选项，特别是在基金从其投资项目中退出有困难时，或在基金存续期限届满而投资标的仍具有长期持有的价值时，通过非现金分配可以满足投资者不同的诉求，但该种分配方式需要投资者衡量包括相关的非现金资产分配时估值定价、业绩报酬核算等问题，以及自身对项目的投后管理能力、后续处置变现安排、税务筹划与成本核算等与利益切实相关的因素，而在具体执行时也须应对诸多问题，例如严格的事前决策程序（如部分投资者出于自身投资策略的限制可能不同意进行非现金分配）、权属变更可能涉及第三方（如被投资企业其他股东）的配合，以及监管的许可（如股票的非过户交易）等限制。

当然，实务中亦有针对在私募股权基金开放募集期间被接纳的投资者不参与已投资项目的分配，或者同一基金中针对不同投资者设置不同的分配安排等特殊情况，也都可能对最终结算时投资者通过退出可收回的款项计算造成影响。

除分配安排外，投资者的收益分配可能被延期支付，除笔者在上文分配基数部分已经提到为最终调整已分配款项提供便利外，通常管理人还会基于可预见的费用支付、现金流管理等理由进行预留，对于投资者来说则须特别关注该等款项在其退出时的核算和归属事宜的明确。

2. 基金投资：范围、策略与管理机制

根据《登记备案办法》等基金业协会相关自律规则，私募股权基金的投资范围包括未上市企业股权，非上市公众公司股票，上市公司向特定对象发行的股票，大宗交易、协议转让等方式交易的上市公司股票，非公开发行或者交易的可转换债券、可交换债券，市场化和法治化债转股，股权投资基金份额，以及中国证监会认可的其他资产。

实务中，每一私募股权基金都应在合法合规的范围内明确其投资范围与策略，同时基于专业度、投资者诉求等匹配相应的投资决策、投资执行以及投后管理机制，并妥善设置关联交易、利益冲突处理机制和信息披露机制，也就是本书将讨论的私募股权基金投资投前、投中及投后的管理机制。

可以想见的是，绝大多数投资者的退出困境或纠纷均因基金投资不及预期所导致，而导致投资不及预期的原因有很多，包括商业风险、经济环境、法律与政策变化等外部原因，也可能是由于基金投资范围与策略、投资管理机制的设置与执行失当等导致的内部因素，下文将对该内部因素进行具体讨论。

（1）私募股权基金的投资范围与策略

私募股权基金的投资范围与策略实际上是相互补充的有机整体，实务中并不对二者概念和内涵进行严格区分，而是要求在基金合同中将其中相关要素进行明确约定。

从通常基金合同的约定来看，私募股权基金的投资范围指的是某一基金主要投资标的或产业、行业，以及投资阶段的选择，这些选择不仅是正向的例举或描述，还包括对投资限制或禁止领域的框定，这种框定通常出于满足法律法规或监管政策的要求，以及为进一步明晰该基金投资范围、控制基金投资风险所必要，例如某一基金明确约定其将主要投资于生物医药行业，同时明确约定不得投资二级市场股票、房地产等。私募股权基金的投资策略则包括投资集中度、投资方式等，具体而言某一基金是单一投资标的还是组合投资，以直接投资为主要方式还是通过设立特殊目的载体实施投资，是否允许循环投资，是否允许以可转债方式进行投资，是否允许为投资项目提供借款或提供担保等，均可被认为属于广义上的投资策略内容。

对投资者退出而言，投资范围与策略首先可能影响其获得投资收益的大小，在外部因素的同时作用下，还可能使其收回投资成本或取得投资收益面临不同程度的风险。

1）投资范围

在私募股权投资基金的投资范围中，首先值得一提的是部分基金可能明确投资标的中包括其他基金份额，根据投资方式的不同对应通常所说的母基金或 S 基金。与以非上市公司股权或其他资产为直接投资标的不同，以其他基金份额为投资标的而间接实施项目投资，可以进一步分散风险，特别是在同时投资于多个子基金的情形下，但这也可能增加投资者从基金退出的复杂性，因为需要依赖本基金所投资子基金的退出策略和实际情况，且在此过程中投资者可能无法通过代表诉讼等法定救济方式直接对底层投资标的主张权利，更进一步使得退出路径受到限制。

其次，在以具体项目为投资标的时，投资范围中还可能进一步明确被投资企业的发展阶段或成熟度，这实际上是对投资阶段的选择，也是创业投资与股权投资的一个基本区分标准，即一般理解创业投资选择的投资阶段是“投早、投小”——在企业初创早期进行投资，而股权投资则是针对成长期或成熟期企业进行投资。显然，创业投资相较于股权投资，由于早期估值较低而可能获得更多的潜在回报，同时也面临更大的投资风险和不确定性。此外，部分基金中的投资者——常见于产业基金、引导基金——可能对基金管理人提出返投要求，包括要求基金投资于某一地区及/或某一产业的金额不少于该投资者缴付出资的一定比例等。这些返投要求可能被约定于附属协议中，因而并不为全体投资者所知晓，同时还会约定返投未按约定实现时该投资者可不继续缴付出资、调减管理人的管理费等的“处罚机制”。虽然对于返投要求的达成标准在各基金的具体安排中不尽相同，但不能否认的是管理人将为达成其作出的返投承诺而努力，并客观上导致该基金在某一地区或产业的集中。这种集中通常并不违反基金合同的规定，因为返投要求应是基于基金合同已经明确的投资范围而进一步细化的内容，只是对于投资者，特别是未提出返投要求的投资者而言，需要关注这样的集中可能导致投资风险的增加或退出的复杂性，例如可能导致寻找潜在买家的难度等。

最后，根据商业安排、市场趋势和基金管理人自身投资团队对相关产业和行业的经验积累和专业能力，基金投资范围中限定不同的产业或行业，也当然将对投资者退出造成不同影响，因为这与项目退出路径是否清晰密切相关。例如，基金选择新兴产业可能面临更高的不确定性，但潜在的增长潜力较大，退出时可能依赖于行业的成长和市场的接受度；而选择传统产业可能提供更稳定的现金流和更明确的退出路径，包括通过并购或后续融资而实现项目退出等。又如，随着二级市场的进一步成熟和完善，对部分资产或标的的投资有机会通过公开发行不动产投资信托或者借由私募基金份额二级市场等相对新兴的市场实现退出，相较于传统意义上公开发行股份、寻找潜在买方等方式更为灵活。

2）投资策略

围绕私募股权基金的投资策略展开讨论分析时，核心之一是基金投资的集中度。与前述投资范围中已经表述过的出于商业安排而对某一地区、产业或行业的集中不同，在投资策略中讨论的集中度首先是指基金将仅针对其设立前就已经明确的单一投资标的进行投资，还是将进行组合投资，即所谓盲池基金，在基金运作过程中不断寻找合适的潜在项目进行投资；其次是在针对两个或两个以上的项目进行投资时，对单一项目的投资金额是否设置上限要求，即是否进一步要求分散投资。从投资者角度，组合投资相较于单一投资标的风险更小，也有助于提供更多的投资退出机会，但也有可能因投资分散导致由于少数项目无法退出而增加基金清算的耗时和成本，或导致在进行基金接续重组时须对投资组合进行优化甚至调减价格等不利影响。

另一投资策略的核心内容是，部分基金在设立时或运作过程中可能设立各种形式的特殊投资载体，或向不同主体提供特殊投资机会，例如设置核心条款和条件均一致的平行基金以分别接纳内资与外资背景的投资者，与第三方主体成立联合投资载体以实施对某一具体项目的投资，向部分投资者提供与基金共同投资某一项目的机会等。从投资者退出角度，特殊投资工具与共同投资机会可能产生的影响主要取决于管理人对潜在利益冲突的处理，包括设立特殊投资工具的原因以及收益测算、成本分摊安排，共同投资时投资条件是否保持一致，在项目投资期间是否构成一致行动，以及投资退出是否一并执行等。需要特别说明的是，在共同投资的情况下对退出机会的把握并非一概地保持一致就一定公平或者有利于投资者，而是应根据不同情况进行论证和处理，这要求投资者对可能存在的利益冲突进行识别和判断，对投资者的决策能力也提出了一定要求。

此外，是否允许基金以股权投资为目的进行短期的债权投资也是投资策略中被关注的事项之一。虽然债权投资相对而言比股权投资风险更小，但由于法律法规和监管规制要求，私募股权基金的投资范围已经相对明确，且实务中曾有大量以“明股实债”“夹层投资”进行的所谓股权投资一定程度上偏离了私募股权基金鼓励创新创业的本质，因此私募股权基金进行债权投资目前在我国仍然受到严格限制，在基金合同中通常对是否实施债权投资进行明确约定，以及强调如允许实施相应投资的，具体条款和条件受限于明确的监管要求。与之在某种程度上相关联的，是否允许循环投资也是应在基金合同中明确的另一投资策略事项。允许循环投资的基金可能会在某一项目投资退出后将资金重新用于投资而不向投资者进行分配，由于私募股权基金的项目投资周期较长，故实际可实施循环投资的基金通常允许债权（可转债）投资，并允许将未能转股的资金再次用于投资。循环投资将延长投资者的资金回收时间，一定程度上亦增加投资者退出基金的风险。

（2）私募股权基金的投资管理机制

投资管理机制并非正式名词，本书讨论的是在私募股权基金存续期间，与投资相关的投前、投中与投后管理机制，其中主要涉及投资决策和投资退出决策机制。由于在投后管理过程中如发生重大风险事项亦可能触发是否实施项目退出或变更投资条款和条件，本书所指投资决策和投资退出决策机制亦包括该特殊情况。

投资管理机制将根据各基金的投资范围、策略，并结合投资者诉求进行个性化设置。一如笔者在前文已经明确的，在私募基金规制下，无论私募股权基金采取何种形式，投资管理职责应属基金管理人，由基金管理人履行，投资者原则上不应干涉。但这并不意味着投资者不能参与项目投资及退出决策，除投资或退出事项涉及利益冲突时，基于基金管理人的信义义务，相关事项应当由投资者事前决策外，其他投资及退出事宜亦可由投资者与基金管理人共同决策，通过在基金合同、基金投资决策制度等基金文件中明确约定，经基金管理人和全体投资者的同意后方可构建私募股权基金内部的投资管理机制。

需要指出的是，虽然投资者参与决策过程将明显有利于对每一具体投资项目的了解，并可更充分地监督和考察基金管理人的履职情况与管理能力，但这些通过其他方式亦可以实现，包括通过协议约定扩大投资者的知情权范围等。另外，投资者参与决策机制意味着其须承担审慎的判断和注意责任，应当根据投资者本身的专业性、能力和精力加以考虑，而不能盲目地要求获得权利。

1）决策架构安排

实务中，为基金组建投资决策委员会和咨询委员会（或称顾问委员会等）是最为常见的架构安排。简单来说，投资决策委员会将负责投资与退出，以及投后管理相关事项的决策，而咨询委员会则负责关联交易、利益冲突事项的决策，在咨询委员会决策同意后，可再由投资决策委员会就相关事项的具体执行进行讨论决策。投资决策委员会的组成成员可以全部由基金管理人委任，亦可由投资者提名部分人选，在一些基金中还设置了专家委员，由科学家、资深从业者等参与项目投资与退出的决策。咨询委员会由于其职权的特殊性，一般由全体投资者组成，但也有部分基金仅由部分投资者参与。此外，在投资决策委员会与咨询委员会内部关于有效表决的设置也至关重要，或者说投资者所持表决权对决策将产生多大影响，在不同程度上决定了基金相关事项的决策效率。

从投资者退出角度来看，对于关联交易、利益冲突事项应有更特殊的安排，由于基金管理人在这些事项中的微妙地位，本身应回避表决并交由投资者审议决策。但实务中情况更为复杂，一方面，基金管理人通常在基金设立之初便在基金合同中明确关联交易的范围，排除部分主体作为关联方或排除部分交易安排被认定为关联交易，以及特定事项豁免于被认定为利益冲突。这些事前的排除和豁免或是基于效率的考虑，更可能是基金管理人基于其自身未来业务的开展而事前争取的空间。对此，投资者须审慎考虑，事前被排除或豁免的事项可能在后续退出时对切身利益造成影响，例如在基金的接续重组中，投资者可参与决策的权限和范围不应被事前架空。另一方面，投资者须注意对相关事项的具体决策机制设置，包括有效会议、有效表决等，同样是考虑自身对相关事项的知情权与影响力。如上文所述，在部分基金的设置中，关联交易、利益冲突事项并不要求全体投资者参与决策，由于决策机制在事前已经取得全体投资者的确认和同意，通过事后调整机制改变或者挑战决策效力有相当的难度。因此对于与切身利益相关的重大事项，投资者不应轻易地事前同意对决策事项和范围限缩，或对其自身参与决策权限的放弃。

针对其他与投资决策和退出相关的事项而言，不同投资者的分歧可能主要在于商业判断、投资偏好、风险厌恶程度以及对未来的预期和信心等。仅从机制设置角度需要考虑，如参与决策的投资者数量较多或投资者内部决策机制较为复杂，而投资或退出交易的窗口期又有限，可能导致投资者须仓促作出决定，或者无法及时作出决策而错过交易机会。在一些交易场景中，由于不同投资者的退出策略各不相同，如何通过机制设置处理不同诉求就对投资者的退出造成影响，典型如被投资企业公开发行上市后，不同投资者对于股票的出售价格、时点可能有不同的诉求。此外，部分基金中的强势投资者，如基石投资者等，可能对于部分决策事项要求享有否决权，在这种特殊情况下，其他投资者可能受限于此而无法实现自身利益诉求。如果基金内部机制不能达到有效平衡和高效决策，最终将对全体投资者的退出造成不利。

2）决策前提、内容与执行

除了根据商业安排和各方诉求组建基金决策架构外，这些决策架构中应当决策的事项和范围同样十分重要。首先，显而易见的原因是如果过分细致地要求投前、投中、投后（包括退出决策）相关事项均提交复杂的讨论和审议，大概率会造成基金运作的效率低下，且缺乏灵活变通性。其次，如决策事项的内容和范围过于宽泛，可能使得各方对决策标准本身即发生争议，而进一步导致决策时间过长或无法作出科学决策。典型的例子是基金对某一项目实施投资后的风险把控，在决策内容中具体体现为被投资企业或其他主体发生重大风险事项时触发提前退出的相关决策，包括如何界定“重大风险事项”，以及在此过程中制订何种退出计划及其具体执行方案，这些事项可能在事前无法穷尽，也可能无法预见，但又要求在较短时间内作出判断，对于决策架构专业水平提出了很高要求，也就是说，对于决策内容的明确，包括决策事项范围、标准的明确，最终对投资者退出基金的效率甚至收益将造成影响。

此外，对某一项目作出投资决策时，是否同时要求对投资退出的具体路径进行决策可能由于投资标的的不同情况而有不同的安排，但是如果项目投资在决策时未论证较为清晰的退出路径，显然也将对基金从项目成功退出造成不利影响，进而影响投资者退出。

如果投资者或其提名人士对投资及退出事项进行决策的，行使表决权之前应取得全部、完整的必要信息，并且基金管理人应当接受质询。这是因为充分的信息对称是作出合理和科学决策的必要条件，如果投资者并未获得合理的信息披露，那么不仅在事前将导致集体决策的失效，事后也可能导致各方在投资不及预期的情况下发生争议。

事实上，即使部分投资者不参与相关事项的决策，将相关事项交由基金合同约定的基金管理人或者其他投资者组成的决策机制进行决策，亦应通过争取观察员席位或者事后的知情权范围与频次等约定以获取有关基金重大决策的基本情况，甚至是基础文件资料。这是因为，对于投资者退出来说，对基金及其投资事项的了解和知悉程度，将实质影响后续退出策略的可行性，以及主张司法救济时的证据、抗辩，特别是关于基金管理人对基金投资项目的筛选、调查是否勤勉尽责，基金投资决策过程中是否存在瑕疵，第三人应对基金承担的权利义务等事项。

这一事后的知情要求，对于投资决策的执行与投后管理也同样适用。由于这些事项的具体执行由基金管理人负责，对投资者来说最为核心和有效的方式即是通过要求基金管理人充分披露，包括基金管理人是否在事前协议中对潜在风险事项约定弥补方案或增信措施，对于具体投资项目发生或可能发生的风险事项是否披露、是否及时应对，是否在不违反利益冲突的原则下提供增值服务以提升投资价值等事项，都对最终基金成功退出项目投资至关重要，也对投资者从基金退出遇到阻碍时的追责主体、内容和范围等具有重要意义。

3. 基金投资者：风险识别、评估与应对的限制

私募股权基金作为一种高风险的资产管理产品，事实上对投资者也提出了较高要求，在基金或其所投资项目发生风险时，外部环境、政策和市场波动虽然是影响投资者退出的关键因素，但投资者自身的素质和能力同样决定了其能否在复杂的市场环境中获得最佳的退出回报。来自投资者自身而影响其退出的因素有很多，包括投资者自身的性质，例如机构投资者往往更具专业性，但可能因为风险厌恶程度过高缺乏一定的策略调整灵活性，而自然人投资者具有充分的灵活性，但专业性上可能相对欠缺，例如因缺乏足够的时间和精力判断基金管理人所披露的信息；此外还包括投资者可能掌握的关系网络，例如能够寻求或者储备潜在的基金份额买家或适当的替任基金管理人，直接决定了投资者选择和执行某一退出方式。

整体上而言，基金投资者参与私募股权基金，要求投资者具有相应的风险识别能力与风险承受能力。在基金投资退出这个意义上，具体包括对风险的识别、评估以及应对，这又与投资者自身的专业知识、经验策略、长期规划以及心态管理等密切相关，一方面体现在对基金投资性质的正确认识和合理预期上，另一方面则体现在退出策略的多重选择和执行能力上。可以说，基金投资者自身的素质与其成功退出基金投资正相关，具备专业能力和丰富经验、拥有更良好规划和心态的投资者，更有可能针对不同基金退出困境作出合理判断，基于基金运作和自身情况选择退出方案，甚至能够作出必要妥协，最终成功退出基金投资。当然，所谓的“成功退出”可能是最大化投资收益，也可能是最小化投资损失，取决于投资者所面临的处境。

需要说明的是，根据我国目前合规监管所要求的投资者适当性匹配，如欠缺必要的风险识别或承受能力，任一机构、组织或自然人不应成为私募股权基金的投资者。但本书要讨论的并不是在基金募集过程中，能够满足投资者投资基金时最基本或者说最底线要求的投资者风险识别能力和承受能力，而是在面对基金投资的重大风险或者面对实际发生的基金投资退出困局时，不同投资者的识别、评估与应对能力将如何

对退出所投资的私募股权基金造成影响。

（1）基金投资者的专业能力

由于私募股权基金的存续时限较长，在其运作期间可能发生各种内部或外部的变化，都可能对基金本身或其投资项目构成风险，但并非所有的风险都值得或者需要基金投资者采取退出基金投资这一应对措施；同时，针对基金管理人在基金存续期间所披露的信息，包括投资项目现状与预期、可能发生的风险及拟定措施、管理人自身的重大变化等，投资者可能与基金管理人对同一事项有不同的观点，特别是基金管理人认为尚可控制的风险，对于投资者来说是可能触发退出基金投资的事项。也就是说，对投资者退出而言，基金投资者应对基金运作过程中的各种风险有自身的识别和评估，并且据此相应采取合理可行的措施，且在过程中能够实现灵活调整。这将对其把握退出时机、选择退出方案、具体执行相关方案等产生直接影响。

实现这一目标，首先，依赖于投资者的专业知识和能力。这决定了投资者对其所面对处境的认知，即了解私募股权基金的运作原理、各类退出方式的利弊、市场趋势等，有助于投资者理解宏观环境和所投资基金的具体表现，理解所面临的风险和可能的后果，并最终在适当时机作出明智的退出决定。例如，了解某一行业的实际发展情况，更能理解估值泡沫的风险；而了解资本市场的运作机制，投资者也更能理解基金投资组合的退出难题和机遇。此外，金融知识较为丰富的投资者也能够更好地评估退出时的收益、风险和成本，优化退出策略。在与基金管理人协商退出时，投资者的专业知识还能助其提升议价能力，确保退出时获得公正的回报。

同时，私募股权基金的合同条款通常较为复杂，涉及决策机制、知情权安排、转让安排、赎回限制、分配安排等重要内容。投资者能否充分理解合同条款，直接影响其退出时的权益保障。素质较高、经验丰富的投资者通常能够仔细审阅合同，理解并能够预期退出基金投资的合法合规途径及其可行性。需要注意的是，上述合同条款受限于商业安排，体现各方的谈判能力，更具专业性的投资者能够通过有效的合同谈判为未来退出时的顺利进行奠定基础。并且，如上文所述，如果投资者希望在基金投资管理机制中取得更多主动，以及保有后续选择退出策略的灵活性，需以其专业知识和能力作为支撑，才可最大限度地保障通过基金合同所取得的投资者权利。

其次，对于私募股权基金投资而言，需要投资者更有“耐心”。也就是说，投资者在进入私募股权基金时，通常需要为退出制定清晰的长期规划和目标，不仅关注短期回报，而且要有明确的投资退出计划，如在何种情况下选择份额转让，在基金投资项目成功发行上市或者投资项目经营不及预期等情况下如何调整退出预期，在哪些特殊情形发生时应为基金退出困局开始准备等。长期的退出规划使得投资者能够更加从容地应对市场波动，减少情绪化决策。

此外，私募股权基金的退出过程可能充满波折，投资者的心态管理在退出过程中起着关键作用。素质较高的投资者通常具备良好的心理承受力，能够在面对市场下行或基金表现不佳时依然保持理性，避免在不利的市场条件下作出仓促的退出决策。经验丰富的投资者更有可能理解市场的波动是长期投资中的常态，因此更倾向于通过分析市场数据和项目进展，冷静判断是否应该调整退出计划或持有更长时间，以最大化保证收益。

（2）基金投资者的风险管理

根据采取措施的阶段，风险管理可以区分为事前管理与事中管理。其中，事前管理是指在所投资基金发生风险之前，甚至在投资于该特定基金之前，投资者即通过其专业知识和能力识别、评估风险后，通过投资组合的多样化进行风险管理。如果投资者有能力保持投资组合的多样化以降低集中风险，从而减少个别私募股权基金表现不佳对整体投资回报的影响，则可以帮助投资者在面临单一基金退出困境时仍然有其他投资带来稳定的现金流，并为本基金的退出决策和路径选择提供更从容的心态、更多的灵活性，包括选择接受基金延期，甚至接受折价转让基金份额等。

事中管理，即事中应对能力，是指在所投资基金发生或可能发生退出困局时，对退出时机的精准把握，并灵活调整退出策略的能力。所谓时机的把握，是指通过对宏观经济、行业趋势、基金运营状况的深刻洞察，抓住最佳退出时机。不过，在面对基金投资退出困局时，最佳的时机未必能够获利最多，也有可能是损失最少的机会。同时，由于市场环境和法规监管等可能发生变化，私募股权基金投资者需要具备一定的灵活性，及时调整退出策略，否则可能在市场波动中陷入恐慌，过早或过晚退出，导致投资回报大幅降低。相比之下，具备应对能力的投资者能够在市场调整期间保持冷静，结合市场信号和基金表现，灵活调整退出计划。例如，投资者可能会发现基金所投资的标的企业在短期内表现欠佳，但长期来看仍有较好的发展前景，因而选择持有而非立即退出，或者可能选择同意基金延期而非要求立即低价处置以便基金清算。

此外，与基金管理人保持良好的沟通和关系，对于投资者把控投资风险、顺利退出至关重要。如在上文风险识别和评估能力部分笔者已经说明的，并非所有风险都可能立即触发基金退出，或者并非所有的退出要求都可能立即得以实现，为了能够在恰当的时机以投资者自身希望的方式实现退出，在不同的情况下均需要与基金管理人密切沟通和维护关系。这主要是由于私募股权基金的管理团队对投资项目的了解最为深入，而且他们对投资者退出的态度和支持力度将直接影响退出的进度和成功率，投资者在基金运作过程中与基金管理人保持密切的联系，能够确保及时了解项目进展和基金运作情况，并在拟退出基金投资时获得更积极的支持。另外，由于基金管理人作为专门的私募基金管理机构，能够接触和获得更多的基金退出机会，例如基金份额转让、非现金分配的资产变现等，依托于基金管理人对商业机会的把控能力，也增加了投资者退出基金投资的可能性。

与其他投资者的良好沟通也对退出策略的实现非常重要，例如在进行基金的接续重组时，现有基金的投资者通过紧密的联系可以迫使基金管理人同意提供更为有利的投资条款和条件，包括管理费的下调、超额收益分配方式的调整等。除了实施退出策略的情况外，在基金存续和运作过程中，如能够与其他投资者之间达成合作和信息共享，也有助于了解其他投资者的退出计划或对基金运作情况的看法，为把控基金投资风险提供信息支持，并提前为自己的退出制定应对策略，显然能够促进最终成功退出基金投资。

综上，投资者自身的素质、经验和策略在私募股权基金的退出过程中起到至关重要的作用，具备这些因素不仅有助于投资者准确把握市场时机、制定灵活的退出策略，还能够通过与基金管理人和其他投资者的良好关系提高退出的成功率。与此同时，投资者的长期规划、心理承受能力以及风险管理意识也是确保退出顺利的重要因素。

（二）投资者退出面临的现实挑战

对于我国私募股权市场的投资者来说，在退出所投资的私募股权基金时面对的客观现实是，无论基金投资项目还是投资者所持的基金份额，都面临着退出渠道的限制，而且私募股权基金及其各方参与者须遵守一系列相应的法律、法规和监管规制，与商业安排目的可能存在差距。但笔者认为，这些限制和差距本身并不直接构成投资者退出其基金投资不可逾越的现实挑战，通过基金管理人恪尽职守、诚实守信、谨慎勤勉地履行职责，所谓挑战不过是基金运作过程中可能或多或少面临的商业风险，能够以各种方式和各方的配合进行缓释或化解。

在此背景之下，实务中，部分基金管理人可能正是催生或加剧投资者基金退出困境的原因，本书中将此归纳为基金管理人失职、失能或失联。其中，“失职”表现为基金管理人未履行其职责，无论其主观意愿如何，客观上均造成了未完全履行法律规定、监管要求或基金合同约定的义务；“失能”是指基金管理人主动申请注销登记或者被注销、撤销登记，被依法宣告破产，客观上已无能力或资格履行其职责；“失联”在基金业协会有其认定标准，本书亦遵循该标准，根据该协会于2023年7月14日发布的《私募基金管理人失联处理指引》明确：“通过电话、电子邮件、短信等形式均无法与私募基金管理人取得有效联系的，协会以公告形式通知私募基金管理人；私募基金管理人应当在公告发布后的五个工作日内向协会报送情况报告。逾期未报告的，协会即认定该私募基金管理人为失联私募基金管理人。”

下文中，笔者仍将投资者退出其所投资私募股权基金时面临的现实挑战分为渠道与规制两个层面，并结合上文所述基金管理人的失职、失能或失联进行探讨。

1. 退出渠道的限制

在一个运作顺利的私募股权基金中，基金管理人应在投资期内使用投资者所缴付的本金进行投资，并在退出期内完成全部投资项目的变现，最终通过自行清算完成向投资者的本金返还和收益结算。

在这个过程中可能导致发生投资者退出困境的重要环节，显然是基金投资期届满而未完成基金文件约定的投资，或者退出期将要到期但投资项目尚未完全变现。这些事项的发生与基金所投资项目退出的渠道不通畅密切相关，包括地缘政治所导致的跨境投资和退出更为复杂，整体经济增速调整可能导致的企业运营风险加剧、传统高回报行业震荡等外部因素，以及产业转型、公开发行上市途径、企业再融资或者并购重组不活跃等市场环境因素。例如，在新兴产业中，市场上的估值泡沫使得基金在进入项目时的成本偏高，而在退出时，市场对该产业的热情下降，或者产业发展未能实现预期的成长，可能导致难以找到合适的买家或者退出价格可能大大低于预期，从而影响投资者的整体回报；又如，在一个企业 IPO 受到严格审核限制的市场中，股权与创业投资的退出路径面临更大的不确定性。正如上文已经说明的，这些外部因素虽然直接导致投资者的基金投资退出困境，但并非本书想着重讨论的话题，本书希望为读者解决的是在外部因素已经导致投资者退出困境时，投资者结合自身情况应如何考虑可采取的退出途径及其具体执行方案。

根据笔者的观察，仅从私募股权基金内部而言，投资者退出面临的现实挑战是投资者退出渠道的限制，主要由私募股权基金本身的运作机制所导致，一方面是私募股权基金退出及其相关机制本身的条件限制，另一方面投资者的知情权受限更加剧了主动退出基金的困难。

私募股权基金的一个显著特点是缺乏流动性，其投资和运作周期较长，一般为五年以上。在我国目前的监管要求下，私募股权基金作为

“权益类”资产管理产品被要求封闭运作，即原则上投资者不能随意通过赎回方式退出；即便在允许投资者以转让方式退出的基金中，也通常设置有不同程度的条款和条件。简言之，投资者从私募股权基金中退出并不“自由”，只是根据不同基金文件的约定所遭受的“不自由”程度有所差异，而实务中常出现的问题也是投资者与管理人在具体适用某一关于基金投资退出的条款时，可能对其所约定的程序和要求有不同的理解，恶意的基金管理人也可能利用条款的模糊性来延迟投资者退出或降低投资者的退出回报。

特别值得一提的是，虽然近年来随着政策鼓励和法律规则的健全完善，我国的私募股权基金二级市场在不断发展，但与欧美发达市场相比仍然不够成熟，缺乏足够的流动性。许多私募股权基金的投资者希望通过转让其持有的基金份额顺利退出，但现实中却很难找到买家，即便找到了买家，也可能由于买家对基金的未来表现不确定，投资者在转让过程中不得不接受较大的折价，导致退出时的实际收益低于预期。

目前，私募股权基金的退出很难形成标准化的退出流程，除了基金运作顺利，在退出期内完成全部投资项目的变现并实现自行清算的流程相对标准外，不同基金的退出流程可能差异较大，部分私募股权基金的退出程序较为烦琐。例如，同样是在涉及份额转让的情况下，投资者往往需要与多方（基金管理人、其他投资者、第三方买家等）协商，通过交易所挂牌的方式出售基金份额的，还涉及满足交易所规则的要求，而在接续重组、替换管理人、强制清算等情况下更无法通过一概适用的机制进行处理。由于缺乏标准化的退出机制和工具，这种复杂性延长了退出时间，并增加了成本。在市场表现不佳的情况下，投资者还可能被迫同意基金期限的进一步延长，否则私募股权基金也可能被迫进入清算程序。对于投资者而言，这不仅意味着基金未能达到预期的目标回报，还可能因为清算程序中的复杂法律程序和成本，进一步降低最终获得的收益，最后使得投资者被迫在不利的市场环境下退出，尤其是在基金业绩表现欠佳时，清算所能提供的资金回收往往较少。但即便是基金期限的延长往往也只是权宜之计，在缺乏市场机会和事前计划的情况下，投资者在延长后的期限届满时还将继续面临“两难”局面。

如果我们再进一步研究私募股权基金的各种形式还会发现，基金所采取的组织形式和运作方式也会加剧投资者退出渠道的限制，典型的体现比如契约型基金难以适用强制清算这一重要机制，或者在有限合伙型基金的“外部管理”模式中，投资者难以直接通过除名的方式替换不合格的基金管理人，等等。

此外，私募股权基金的运作职责由基金管理人承担并履行，通常情况下投资者很难掌握基金运作的全部细节信息，包括但不限于对被投资企业的投后管理和风险事项处置。在投资者不熟悉基金的具体运作情况或基金管理人未及时披露关键信息的情况下，退出程序会变得更加复杂，许多基金管理人在面临投资者退出时，可能不愿过多披露项目进展或真实估值情况，导致投资者难以作出明智的退出决策。同时，由于基金管理人收取的管理费与基金存续期限相关，而通常并不与基金收益情况相关，因此基金管理人可能更有动力推迟基金清算，而投资者之间如果不通过基金管理人传递，很难直接建立联系。在这个意义上，虽然投资者希望给管理人施加更大的压力，迫使其推进投资项目变现或者为投资者提供更有利的条款和条件，但是现实中可能显得“势单力薄”；而如果投资者拟采取某一整体上有利于基金的措施时，也可能由于缺乏必要的信息而无法实现，或者缺乏其他投资者的支持和配合而存在较大的不确定性，因此也就在客观上限制了投资者可以适用的退出渠道。

2. 监管与法律的规制

我国私募股权基金行业的监管环境近年来发生了显著变化，监管要求逐渐趋严，基金运作过程中须遵守越来越多的合规要求，特别是资金募集、投资决策等方面的规定，事实上私募股权基金退出过程中的每一个环节都受到监管政策的影响，例如基金份额赎回这一退出途径被监管所排斥。不仅是针对私募股权基金的监管，不同投资者还可能有自身所应受的监管要求。例如，上市公司、国资背景投资者、保险等金融机构背景投资者须另行满足与投资、交易或资产处置等相关的监管要求；又如，因涉及资金的出入境而可能涉及的特殊投资载体设立要求、严格的外汇管理和资金审查程序等。这些复杂的政策流程可能延长退出的周期，增加退出的成本。

除此之外，税务政策是影响投资者退出策略的另一大关键因素。投资者在退出时，往往会面临所得税、增值税等税务负担。在我国，不同的退出途径可能面临不同的税务处理。例如，份额转让和赎回的税务处理可能不同，现金分配与非现金分配的税务处理可能不同，基于不同资产进行的非现金分配也可能有不同的税务处理。而且，投资者自身的不同情况也将导致不同的税务待遇，例如，自然人、法人或其他组织可能适用不同的税务政策。此外，对于跨境投资者而言，税务处理可能更加复杂。投资者在退出时需要基于自身情况，详细评估各种退出方式的税务影响，而这种评估的复杂性又可能影响投资者在退出时可能获得的投资回报，甚至限制其将要选择的退出途径。

更加严格的监管要求虽然有助于市场的透明化和规范化，但一定程度上加大了投资者退出的复杂性，比较典型的问题是监管明令禁止的行为可能在法律上有不同的认定。例如，普遍认为监管不允许基金管理人通过关联方提供差额补足承诺的方式为投资者的基金投资进行保本保收益，但这种方式在司法实践中未必无效，法院基于不同的事实情况等进行法律适用，进而可能作出对投资者有利的裁决。笔者认为，监管是为了规范行业发展，但法律是为公平正义而评价某一行为，各有不同的功能和目的，但确实在客观上就该机制的实务适用使得投资者与基金管理人之间存在诸多争议。

我们必须承认，对于私募股权基金的投资者来说，在某些情况下退出过程中的争议无法通过协商解决，这时司法路径成了最后的救济手段。但由于司法路径成本往往较高，投资者需要承担较高的律师费、诉讼费以及时间成本，此外，投资者还需面对法律程序中的不确定性，如证据收集、判决执行等问题。

目前实务中投资者与基金管理人之间发生的纠纷仍占大多数，主要案由包括基于基金合同的合同效力纠纷，基于管理人履职瑕疵的损害赔偿请求纠纷，以及基于组织体内部的出资人权益纠纷等。值得注意的是，由于私募股权基金本身的特殊性，对于公司型和有限合伙型基金来说须特别考虑基于合同的法律适用与组织法之间如何衔接的问题，体现于实务中则是投资者仅基于合同而主张自身权利以退出基金的，未必能够当然实现，还须考虑受限于组织法相关的规定。此外，在投资者主张损害赔偿的案件中，结合私募股权基金的运作方式，核心争点包括在基金尚未清算情况下如何计算投资者的损失金额这一棘手问题。

除投资者直接向基金管理人提出主张外，投资者还可能需要通过代表诉讼（派生诉讼）的方式维护自身权益，适用情形包括基金管理人并非直接与投资者签订合同的“外部管理”模式，亦包括在基金管理人失职、失能或失联，或者进行利益输送损害基金利益等情况下，投资者通过代表诉讼向被投资企业、基金管理人关联方等相关主体提出主张。代表诉讼的胜诉虽然可以为投资者带来一定的赔偿或救济，但这一过程通常复杂且耗时，而且与损害赔偿请求不同，通过代表诉讼所取得的收益首先将进入基金，再向全体投资者进行分配，对于实际执行代表诉讼的投资者来说还需考虑实际付出的成本是否可能通过基金获得补偿，否则亦将导致其利益受损。

除此之外，出于保密性等考虑，许多基金文件中将争议解决方式约定为仲裁，就可能使得实务中在进入实体问题审查前，首先发生诸多关于管辖的问题。例如，是否投资者提出的请求应一概适用仲裁，而不能通过司法途径？或者经论证可通过诉讼途径解决，那么应当采取何种诉讼方案？作为基金载体的有限合伙企业并未签署合伙协议，则有限合伙企业亦作为诉讼当事方的案件中应如何适用仲裁条款？等等。对投资者来说，这些都需要事前充分考虑。

二、本书的主要内容：私募股权基金投资者退出路径及其适用

（一）主要术语说明

1. 私募基金／基金／私募股权基金

在我国，私募投资基金的定义一直以来沿用《私募暂行办法》第

二条的规定，即“以非公开方式向投资者募集资金设立的投资基金”。2023 年 9 月 1 日起施行的《私募条例》中虽未明确定义私募投资基金，但通过其适用范围的描述可以看到，私募投资基金具备的核心要素是以非公开方式募集、以进行投资活动为目的、为投资者利益，由专门人士/机构（基金管理人或普通合伙人）管理。通过对核心要素的厘清，对于私募投资基金的识别具有重要的实践指导意义。

相关规定

《私募条例》

第二条 在中华人民共和国境内，以非公开方式募集资金，设立投资基金或者以进行投资活动为目的依法设立公司、合伙企业，由私募基金管理人或者普通合伙人管理，为投资者的利益进行投资活动，适用本条例。

根据基金业协会网站所载内容[1]，私募投资基金类型包括私募证券投资基金、私募证券类 FOF、私募股权投资基金、私募股权投资类 FOF、创业投资基金、创业投资类 FOF、私募资产配置基金。

上述分类主要基于投资范围，本书拟讨论的私募股权基金即包括私募股权投资基金、私募股权投资类 FOF、创业投资基金、创业投资类 FOF。其中，所谓 FOF 即“母基金”，根据《基金备案指引 2 号》，具体是指主要基金财产组合投资于其他私募基金的私募基金。

本书中如无特别说明或通过上下文进行限定，“私募基金”“基金”等表述指向的是前述私募股权基金。

2. 基金投资者／投资者／投资人

基金投资者（投资者或投资人）也就是基金份额的持有人，其认购基金份额、缴付出资。作为私募股权基金的募集对象和主要参与者，投资者参与私募基金的主要目的即在于分散风险、取得投资收益，当然取

① 参见：https://km.amac.org.cn/kmsWeb/InfoPage/showArticlePage?docId=c4aa3dc742b04bfe9d3e11a5b8552dd0&defaultCityId=310000，最后访问时间：2024 年 6 月 26 日。

决于后续私募股权基金运作情况，也可能承担投资亏损。

由于投资者从私募股权基金中退出涉及多方主体，为充分说明各主体在此过程中所享有的权利、负担的义务以及可能承担的责任，本书在讨论相关问题时，原则上均以基金投资者视角出发加以论证和阐述。

3. 基金管理人／管理人

基金管理人是私募股权基金中的另一主要参与者，负责私募股权基金的募集、备案、投资、清算等职责。对基金管理人的规范要求包括行业监管与法律规制，在基金设立和运作过程中须满足一系列合法合规义务，这些义务与投资者从基金中退出密切相关。

本书中，“基金管理人”或“管理人”指向的是已经在基金业协会完成登记，且根据法律和监管要求承担某一私募股权基金募集和管理职责的主体。

4. 基金合同

除前述基金业协会根据投资范围对私募投资基金进行分类外，私募投资基金还可根据不同的组织形式进行分类，即契约型、公司型和有限合伙型，其中私募股权基金尤以有限合伙企业形式最为多见。《私募条例》与《私募暂行办法》均将投资者在不同私募股权基金组织形式下所签署的基金合同、公司章程、合伙协议统称为基金合同。

本书中如无特别说明或通过上下文进行限定，“基金合同”这一表述亦指向相同含义，这是约定了全体投资者与基金管理人在私募股权基金中各自的责任、义务和权利的最基本和最主要文件。

5. 基金文件

除基金合同外，投资者为投资于某一私募股权基金可能取得或另行签署其他协议文件，包括在私募股权基金募集过程中由基金管理人或其他募集机构提供的推介文件、风险揭示函、要求投资者签署的承诺函等；某一投资者为其自身投资于私募股权基金所享有的权利补充、义务或责任豁免，以及其他重大商业安排，与基金管理人单独签署的附属协议；基金管理人或其关联方或其他主体，为投资者投资于私募股权基金提供增信措施，另行与投资者签署、单独出具的同意、保证、承诺或其他形式的协议或文件。

本书中如无特别说明或通过上下文进行限定，“基金文件”的内涵包括所有前述涉及投资者权利、义务和责任的文件。

（二）主要内容说明

造成私募基金投资者退出困局的因素有很多，其中的复杂因素和现实挑战客观上导致了私募股权基金投资者退出困局，对这些因素和挑战进行识别、理解、分析和应对正是本书的主题。围绕这一主题，本书主要内容可分为三个部分，共十章。

1. 第一部分

第一部分为第一章绪论，主要内容包括影响投资者自私募股权基金中退出的因素，以及在笔者撰写本书时投资者所面临的私募股权基金投资退出现实困境。这一部分内容除了是对本书写作背景的交代之外，更是投资者和管理人在私募股权基金的设立、运作等存续期间应关注的事项。如果能在事前部署这些事项，可以为各方顺利实现投资者退出私募股权基金提供帮助，包括在基金文件中明确关于投资者退出的权利义务、触发情形和执行程序以减少不必要的争议，或者在过程中把控基金事项的透明度以减少不必要的投资者退出成本和时间成本等。

2. 第二部分

第二部分为投资者退出的主要途径和适用，由第二章至第五章组成。主要内容包括投资者退出基金投资时最为常见的路径，即基金清算、基金接管、权益转让以及份额赎回。在这一部分中不仅将对这些常见路径的一般实施程序进行说明，更将重点提示实务中可能发生的障碍，并对可能的解决方案进行探讨。具体而言：

第二章主要讨论基金清算相关事项，包括：基金清算的一般程序及其基本要求和事项；在基金清算过程中如果发生程序上的僵局而导致无法顺利进行清算时如何适用强制清算程序；如果发生投资项目短期内变现不可能或不经济而导致清算分配不能完成时，如何分别适用代表诉讼和实物分配的方式进行应对，同时也将延伸探讨上市公司股票这一受到市场好评的实物分配方式，以及债权人代位诉讼难以适用的原因。此外，由于清算（包括强制清算）、代表诉讼等方式的适用因基金的不同组织形式而有不同，笔者将分别针对有限合伙型、公司型和契约型基金展开具体说明，其中特别需要明确的是对于有限合伙型基金和公司型基金来说，适用强制清算程序和投资者（出资人）代表诉讼或有比较明确的法律依据和实际操作可能，但对于契约型基金来说却并非如此。

第三章主要讨论权益转让相关事项。这是投资者退出私募股权基金投资最为常见的方式。本书中之所以将该机制称为“权益转让”而非基金份额转让，是因为除此之外尚有基金接续重组即基金所持有投资组合的转让。此二者构成广义上的私募股权基金二级市场交易，即S交易。针对基金份额转让，笔者将首先讨论交易启动前须关注的触发条件与前置程序设置，这是投资者与基金管理人在事前对该机制的适用所进行的博弈，也直接影响后续投资者希望通过转让其所持有的份额时可能受到的限制和基金管理人的支持程度。该章节还将对优先购买权的处置问题作出特别讨论，其中笔者认为有限合伙人转让份额时，其他合伙人并不享有法定优先购买权，但实务操作中持相反观点的并不在少数，也因此一定程度上对投资者转让份额造成不利影响。此外，投资者在转让基金份额时还须特别关注的问题是对于其约定于附属协议中的权利是否可一并转让，这实质上影响基金份额的定价。笔者认为，投资者所持有基金份额对应的本基金权益应包括该等内容，即在转让基金份额时可以被认为一并转让，但现实是约定于附属协议中的事项具有特殊性，例如部分特殊优待系基金管理人专门给予现有基金投资者的，其本意并非由基金份额的受让方继续享有，实务中也可能因此导致争议。针对基金接续重组，笔者将从接续基金交易出发，着重讨论现有基金的投资者在该等交易中应如何作出选择，即该等交易的优势、可能产生的问题以及可考虑的应对方案，特别是投资者应避免仓促作出决定，着重要求基金管理人以现有基金投资者的利益为核心，保持高度的透明度，充分披露全部交易细节以完成必要的利益冲突决策机制，并在接续基金中继续绑定和约束基金管理人。

第四章主要讨论基金份额赎回相关事项。受限于私募股权基金的合规监管要求，投资者通过基金份额赎回方式退出基金原则上并不被允许，但尚有一些特殊情况下或可适用。由于合规义务的违反后果主要由基金管理人承担，因此除非有明确的依据，否则该等要求很有可能被基金管理人拒绝。在得以适用该机制退出的情况下，投资者还需要注意赎回价款的结算和支付问题。首先，这个问题是典型的与基金组织形式密切相关的问题，契约型基金由于并无实体，基金份额赎回机制相对标准化，但是对于有限合伙型基金来说，基金份额的赎回对应有限合伙人的退伙机制，这又涉及《合伙企业法》下关于退伙结算的相关要求；对于公司型基金而言，投资者的赎回则涉及公司进行定向减资问题，即须根据《公司法》的规定履行必要的程序。其次，投资者还需要注意，由于私募基金本身的特殊性，法律和监管不允许基金管理人为投资者提供保本保收益或实质上通过各种机制间接实现该结果，《合伙企业法》中亦有关于“不应由部分合伙人承担全部亏损”的内容，因此在基金退出其投资项目前投资者即通过赎回方式退出基金的，须关注是否可能因此导致赎回价款的结算和支付遭受阻碍。最后，部分有限合伙型基金的投资者可能与其基金份额的受让方通过“名为赎回、实为转让”的方式实现投资退出，实务中须关注的是双方真实意思表示应明确、清晰，否则如果被认为实际上构成了退伙的，反而招致上述风险。

第五章主要讨论基金接管相关事项，主要是指在原基金管理人失联、失职或失能情况下，通过将其替换并由其他投资者认可的替任基金管理人接管以实现基金继续运作。对于委托管理的公司型基金和外部管理模式下的有限合伙型基金而言，特别是涉及与管理人所签署的委托管理协议解除的问题，进一步延伸到对上述基金形式和运作模式下，各方法律关系应被认为是信托还是委托的讨论。对于基金管理人本身即作为执行事务合伙人的有限合伙型基金则特别涉及除名机制的运用，这又会涉及诸多包括除名程序、除名异议之诉等需要投资者在适用该机制时审慎考虑的情况。此外，有赖于基金业协会允许实施“基金注销”这一机制，即有限合伙型和公司型基金可申请注销私募股权基金的备案，并在完成名称、经营范围、基金管理人退出等变更后可不再作为私募基金而运作，而仅作为有限合伙企业、公司存续，在此背景下，该有限合伙企业/公司可由投资者自行管理，包括持有投资项目以待时机实现退出，进而实现收益等，但这样的基金接管方式对投资者的素质要求较高，并且要求该基金内的投资者数量不多且能够形成统一意见、互相配合。

3. 第三部分

第三部分为投资者退出的司法救济路径，由第六章至第十章组成。主要内容包括投资者一般可提起的诉请，包括基金合同无效、解除基金合同、撤销基金合同、损害赔偿，以及刑事救济路径。投资者如无法通过第二部分所提及的常见路径实现自身退出，可寻求司法救济方式维护自身权益，或通过二者相结合的方式实现退出基金投资的目的。在这一部分将对典型案例进行梳理，并提供投资者制定争议解决方案时应关注的基本要点。

第六章主要讨论基金合同无效相关事项。实务中认定基金合同无效并不十分常见，主要争议在于行政监管与司法认定的衔接，包括相关监管规定是否属于法律、行政法规的效力性强制规定等，以及结合私募股权基金本身的特征，“违反公序良俗”应如何被适用为认定基金合同无效的理由。基金合同被认定无效后将产生财产返还及损害赔偿的效果，对于有限合伙型基金和公司型基金还有可能发生组织法上的解散清算效果，而不能简单地认为基金合同无效后投资者直接取回自己的投资本金及收益。

第七章主要讨论解除基金合同相关事项。经分析现有司法裁判，笔者认为解除基金合同可能难以达到投资者退出私募股权基金的目的，该问题须区分不同的基金组织形式进行讨论，契约型基金由于不具有实体在所不论，但也须面对当契约型基金存在多个投资者时，某一基金投资者是否可解除基金合同的问题；对于公司型基金和有限合伙型基金须进一步区分其实体设立的阶段，分别讨论合同关系的法律适用与组织体内减资或解散的相关法律适用问题。

第八章主要讨论撤销基金合同相关事项。投资者主张撤销私募基金合同，理论上也可以作为其退出私募股权基金投资的一种方式。司法实践中，此种撤销退出一般发生在签署私募基金合同的当事方（如基金管理人），或相关基金销售主体就基金基础交易事实存在隐瞒或虚假陈述行为的情形。但通过本章节的讨论分析，笔者需指出的是，如投资者希望通过此途径实现基金投资退出目的的，须特别关注相关证据的收集和程序性要求，因为通过撤销基金合同退出的情形下，投资者往往需要承担较重的要件举证责任，并且撤销权存续期间也受到严格的除斥期间限制。

第九章主要讨论损害赔偿相关事项。投资者主张基金管理人、托管人或服务机构就其所受损害承担赔偿责任是最为常见的一种案件类型。就举证责任而言，投资人须证明基金管理人、基金托管人、基金服务机构等主体存在义务违反（违约、缔约过失或侵权）、损害、因果关系等要件。本章节将主要讨论实践中争议最大的问题，即损害认定及赔偿范围如何确定，特别是在项目未退出 / 基金未清算情况下投资者应如何在司法实践中保护自身权益。

第十章主要讨论刑事救济相关事项。刑事手段由于其威慑力，被投资者认为是维护自身权益的有力手段，但实务中仅通过刑事程序真正追回投资款并非易事。在此章节笔者将具体展开讨论如何判断基金管理人或第三方募集、推介机构等主体存在有涉刑可能，向公安机关报案后面临的司法程序，以及自身权益又可否得到救济等核心问题，其中特别值得投资者注意的是刑事程序中的退赔范围仅限于本金，且不足时按比例清偿，对于根据基金合同的约定可能获得更有利分配安排的投资者来说须根据实际情况作出取舍。

无论是实际操作中较为常见的基金清算、权益转让，或者是特定情形下可能适用的份额赎回，以及值得期待和探索的基金接管方式，在具体执行过程中都将受制于各种不同的现实条件、法律规范、合规要求以及各方商业诉求，因此造成了投资人“退出难”的局面，而对司法救济的寻求过程也面临投资者举证、执行等困难。因此笔者认为，在复杂情况下投资者退出私募股权基金投资应寻求整体性的解决方案，而非孤立、择一地选择某一方式。

第二章　基金清算

基金清算是私募股权基金运作的最后阶段，标志着投资者自其所投资的私募股权基金中彻底地退出，这一过程涉及一系列复杂的程序，包括由于私募股权基金采取不同的组织形式，要求其适用组织法下所规定的清算程序事项，以及作为私募股权基金本身根据行业监管要求所应完成的清算程序。这两套程序的各自执行和衔接均已形成了较为标准化的操作方式。本章将详细分析一般基金清算过程中的关键步骤，以及基金管理人和投资者在这一过程中的角色和责任。

不过从投资者退出角度，尽管清算是私募股权基金生命周期的自然组成部分，但其面临的挑战和不确定性有待解决，包括资产估值、税务处理、流动性问题，以及投资者由于信息不对称或投资亏损而将面临的利益协调甚至妥协问题。

本章节的核心目的即在于深入探讨私募股权基金清算的多维度问题，包括清算的一般程序、强制清算的触发和执行机制、实物分配的复杂性以及投资者代表诉讼的实践。希望通过对这些关键问题的分析，帮助投资者更好地准备和应对基金清算的复杂性，确保自身利益得到最大限度的保护。

一、一般清算程序概述

根据清算发生的时点，基金清算可以分为到期清算、提前清算和延期清算，但一般清算程序原则上并无区别。

在具体讨论基金的一般清算程序之前，需要厘清的是私募基金的清算与实体法上的清算并不等同，原因在于：第一，私募基金中有契约型这种并无实体的形式；第二，私募基金的清算是触发资产管理产品的清算事由后，对基金财产进行处置，而实体的清算是触发实体的解散事由，清算是解散的后果；第三，实体清算完成后须进行实体的注销，而私募基金的清算并不意味着实体注销，而仅要求其注销作为私募基金产品的身份。但同时，对于有限合伙型基金和公司型基金而言，如果实体注销，作为基金产品而言本身存续的载体已不存在，那么基金产品必然也要清算。也就是说，私募基金产品清算并不意味着实体将要注销，而实体的注销则意味着私募基金产品已经清算。

由于实务中私募股权基金多以有限合伙企业的形式出现，更为常见的基金清算程序均同时涉及私募股权基金产品清算和实体注销，图 2-1 系以此为基础展示的一般基金清算流程，各环节中涉及的相关事项在本节下文中具体阐述。

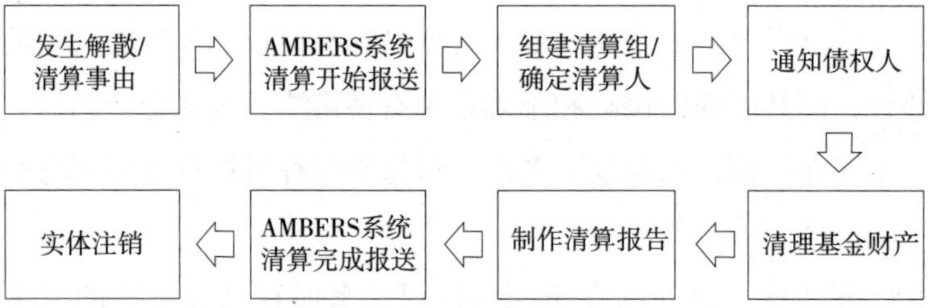

图 2-1　一般基金清算流程

（一）事由发生

发生基金解散 / 清算事由（“基金清算事由”）是私募股权基金进入清算程序的前提和基础，只有满足了一定的法定条件，才能启动对该基金的清理步骤。

结合《公司法》第二百二十九条与《合伙企业法》第八十五条，组织法下常见的解散事由，即有限合伙企业和公司适用的解散事由包括：存续期限届满，不再展期；发生约定的解散事由；决议解散；依法被吊销营业执照、责令关闭或被撤销。此外，有限合伙企业还特别适用不具备法定人数、合伙目的无法实现等解散事由。

对于无实体的契约型基金而言，其基金清算事由一般认为可参照适用《证券投资基金法》第八十条的规定，严格来说该法适用范围为证券投资基金，而不明确包括私募股权基金，但考虑到基金清算事由的适用并不与基金投资标的密切相关，而与其组织形式更为有关，因此笔者亦认为可以类推适用。另从笔者的观察来看，《证券投资基金法》第八十条规定的事项通常是基金合同中所约定的清算事由，概因 2016 年 7 月基金业协会发布的《契约型基金合同指引》第五十六条中对该等事由进行了列示，由此在后续实务基金合同中广泛使用。此外，契约型基金下投资者与基金管理人构成何种法律关系尚有争议，典型之争为信托法律关系还是委托法律关系。有观点认为“应当通过其所签署的私募基金合同中各方显著的权利义务内容来判定”[①]，而不应一概认定为构成信托法律关系。在不同的法律关系之下可适用的基金清算事由自然有所不同，典型如构成信托法律关系的，则将适用《信托法》第五十三条规定的信托终止事由。

另外，值得一提的是，在私募基金语境下，除了上述事由外，根据基金业协会 AMBERS 填报提示[②]，可能触发私募基金产品清算的事由另有基金管理人或托管机构被依法解散、被依法撤销或被依法宣告破产、被依法取消相关资质。

实际操作中，投资人可首先通过主张构成约定事由而要求私募股权基金解散 / 清算，在约定事由无法依凭的情况下，进而根据基金组织形式的类型等主张适用相应的法定事由。此外，如有限合伙型基金或公司

---

① 王羽中、施磊：《私募基金典型法律疑难问题解析》，人民法院出版社 2024 年版，第 8 页。

② 根据 AMBERS 填报提示，系统中可选的基金清算原因如下（截至查询日 2024 年 3 月 1 日）：（1）本基金存续期满且不展期；（2）本基金展期协议期满，结束运作；（3）本基金存续期间，所有投资者全部赎回；（4）本基金触发合同约定清算条件（包括止损机制等），导致本基金提前终止；（5）依基金合同约定，基金合同当事人协商一致决定终止；（6）份额持有人大会 / 股东会 / 合伙会议通过，决定终止；（7）基金管理人依法解散、被依法撤销或被依法宣告破产；（8）基金管理人被依法取消私募基金管理人相关资质；（9）托管人依法解散、被依法撤销或被依法宣告破产；（10）托管人被依法取消基金托管资格；（11）其他。

型基金仅发生了产品清算的事由，在实务中受限于基金合同的约定、基金本身运作情况等可能进一步触发实体的解散事由。

相关规定

《公司法》

第二百二十九条 公司因下列原因解散：

（一）公司章程规定的营业期限届满或者公司章程规定的其他解散事由出现；

（二）股东会决议解散；

（三）因公司合并或者分立需要解散；

（四）依法被吊销营业执照、责令关闭或者被撤销；

（五）人民法院依照本法第二百三十一条的规定予以解散。

公司出现前款规定的解散事由，应当在十日内将解散事由通过国家企业信用信息公示系统予以公示。

《合伙企业法》

第八十五条 合伙企业有下列情形之一的，应当解散：

（一）合伙期限届满，合伙人决定不再经营；

（二）合伙协议约定的解散事由出现；

（三）全体合伙人决定解散；

（四）合伙人已不具备法定人数满三十天；

（五）合伙协议约定的合伙目的已经实现或者无法实现；

（六）依法被吊销营业执照、责令关闭或者被撤销；

（七）法律、行政法规规定的其他原因。

《证券投资基金法》

第八十条 有下列情形之一的，基金合同终止：

（一）基金合同期限届满而未延期；

（二）基金份额持有人大会决定终止；

（三）基金管理人、基金托管人职责终止，在六个月内没有新基金管理人、新基金托管人承接；

（四）基金合同约定的其他情形。

《信托法》

第五十三条 有下列情形之一的，信托终止：

（一）信托文件规定的终止事由发生；

（二）信托的存续违反信托目的；

（三）信托目的已经实现或者不能实现；

（四）信托当事人协商同意；

（五）信托被撤销；

（六）信托被解除。

（二）提交基金“清算开始”

根据《登记备案办法》等基金业协会要求，私募股权基金出现终止事由时，基金管理人应当在 AMBERS 进行“清算开始”操作，上传基金清算承诺函和基金清算公告。同时在 AMBERS 中亦有说明，如基金管理人预计清算程序可在 20 个工作日内完成的，无须勾选“清算开始”按钮提交基金开始清算时的有关信息，只需待基金清算完成后直接勾选“清算结束”按钮，提交完整清算信息。

此步骤系私募股权基金根据行业监管要求所应完成，与基金本身采取何种组织形式无关。

（三）组建清算组

当出现基金清算事由后，即应当组成清算组、清算小组或确定清算人（以下统称清算主体），由清算主体负责开展后续基金清算工作。这一程序无论是从组织法还是私募股权基金的监管规则，以及私募股权基金本身顺利完成清算程序方面考量，都是必需的，而在组建清算主体过程中发生的障碍即可能导致强制清算程序的适用，相关讨论在本章下文将具体展开。

为保证整个清算过程的效率和公平，清算主体的确定一般遵循密切联系的原则，由实际参与基金经营的当事人来担任。如基金合同无其他约定，则按照法律法规和监管规则确定清算主体。其中，对于有限合伙型基金而言，根据《合伙企业法》第八十六条规定，由全体合伙人或经全体合伙人过半数同意指定或委托第三人担任；对于公司型基金而言，根据《公司法》第二百三十二条规定，由其董事担任，公司章程另有规定或者股东会决议另选他人的除外；对于契约型基金而言，尚无法律、行政法规予以明确规制，但参照上文已提及的法律关系性质分析，并结合私募基金合规监管要求，通常认为由基金管理人担任。

值得一提的是，对于有限合伙型基金与公司型私募股权基金来说，由于组织法与私募基金监管规制下关于清算的规定同时适用，涉及两套体系环节嵌套，其中对于清算义务人的认定并不冲突。在基金清算程序中，须遵照私募基金合规监管的要求确定清算义务人；而在基金清算程序外，仍要注销市场登记实体的，则须遵照《公司法》或《合伙企业法》的相关规定确定清算义务人。此时需要明晰两个不同的概念，即“清算义务人”与“清算人”。清算义务人，是指法人解散后依法负有启动清算程序的主体，其义务在于根据法律规定及时启动相应的清算程序以终止组织体；而清算人，在我国通常即被理解为清算组，具体负责清算事务的主体，其义务在于依照法定程序进行组织体的清算。

在私募基金语境下，私募基金产品的清算义务人为基金管理人，而在部分私募股权基金架构中，基金管理人与上述法律规定的清算主体并不重合，例如在公司型基金中，基金管理人作为机构不可能担任该公司董事，或者在有限合伙型基金“外部管理模式”下，基金管理人并非该有限合伙企业的合伙人。针对这些特殊情况，还需通过法定的决策程序以绑定基金管理人的清算义务。

此外，根据法律规定，有限合伙型基金和公司型基金在确定清算主体或成立清算组后，应当在十日内将清算人/清算组成员、清算组负责人名单向企业登记机关备案，并按要求提交办理清算备案所需的书面材料。

相关规定

《合伙企业法》

第八十六条　合伙企业解散，应当由清算人进行清算。

清算人由全体合伙人担任；经全体合伙人过半数同意，可以自合伙企业解散事由出现后十五日内指定一个或者数个合伙人，或者委托第三人，担任清算人。

自合伙企业解散事由出现之日起十五日内未确定清算人的，合伙人或者其他利害关系人可以申请人民法院指定清算人。

《公司法》

第二百三十二条　公司因本法第二百二十九条第一款第一项、第二项、第四项、第五项规定[①]而解散的，应当清算。董事为公司清算义务人，应当在解散事由出现之日起十五日内组成清算组进行清算。

清算组由董事组成，但是公司章程另有规定或者股东会决议另选他人的除外。

清算义务人未及时履行清算义务，给公司或者债权人造成损失的，应当承担赔偿责任。

（四）发布公告通知、登记债权

在确定清算主体之后，清算主体所要完成的首要工作一般是根据法律要求发布公告和通知。这一步骤是组织法上的具体要求，其主要目的在于保护债权人。

有限合伙型基金与公司型基金的清算根据分别适用的组织法要求，应当履行债权人申报的程序，清算主体应当在成立之日起十日内将基金终止事项通知债权人，并于六十日内在报纸上公告，将解散事项通知债权人。在私募股权基金的运作中，通常不存在因基金本身作为借款或担

① 《公司法》第二百二十九条第一款规定："公司因下列原因解散：（一）公司章程规定的营业期限届满或者公司章程规定的其他解散事由出现；（二）股东会决议解散；（三）因公司合并或者分立需要解散；（四）依法被吊销营业执照、责令关闭或者被撤销；（五）人民法院依照本法第二百三十一条的规定予以解散。"

保义务人的债权人，更有可能的是存在中介机构等服务费用未支付完毕的合同，在其项目投资过程中也可能存在一些未了结的债权债务。即便私募股权基金本身不存在任何未了结的债务，对于有限合伙型基金和公司型基金而言，也因该通知义务系法律规定义务而必须履行。

对于契约型基金而言，尚无法律法规明确规定其清算时应通知债权人，但如可能存在债权人的，为避免后续风险，可参照《合伙企业法》和《公司法》的相关规定，考虑程序性地向债权人发送债权申报的通知并进行公告。

为保障清算程序的效率，根据相关法律规定，清算主体接受债权申报的法定期间为债权人接到通知之日起的三十日或公告之日起的四十五日。如私募股权基金存在债权人，且债权人根据公告或通知向清算主体提交了债权申报材料的，清算主体就要接受申报并对债权人申报的债权进行处理，主要是审查债权形成的材料，对于债权是否成立、债权金额、是否存在担保等事实进行认定，形成债权审查意见。

相关规定

《合伙企业法》

第八十八条 清算人自被确定之日起十日内将合伙企业解散事项通知债权人，并于六十日内在报纸上公告。债权人应当自接到通知书之日起三十日内，未接到通知书的自公告之日起四十五日内，向清算人申报债权。

债权人申报债权，应当说明债权的有关事项，并提供证明材料。清算人应当对债权进行登记。

清算期间，合伙企业存续，但不得开展与清算无关的经营活动。

《公司法》

第二百三十五条 清算组应当自成立之日起十日内通知债权人，并于六十日内在报纸上或者国家企业信用信息公示系统公告。债权人应当自接到通知之日起三十日内，未接到通知的自公告之日起四十五日内，向清算组申报其债权。

债权人申报债权，应当说明债权的有关事项，并提供证明材料。清算组应当对债权进行登记。

在申报债权期间，清算组不得对债权人进行清偿。

（五）清产核资

清产核资是清算主体的主要履职内容，在这一阶段清算主体的职责往往包括编制资产负债表和财产清单，处理与基金有关的未了结事务，清缴税款、社保款及其他公共事业性款项，代表私募股权基金参加诉讼或者仲裁等。

对于私募股权基金而言，清算主体在清产核资阶段主要是对所投资各个项目的退出情况进行排查，并基于排查情况核算已经获得的以及可能获得的收益情况。在此阶段，如果私募股权基金仍有投资项目未实现退出，对基金清算的完成以及最终可能实现的投资回报将造成较大影响。造成基金进入清算阶段仍有投资项目未退出的原因有很多，例如市场环境导致投资项目难以实现并购、再融资，投资项目具有首发上市的可能但由于监管政策的调整无法在基金存续期内实现，其中对于投资者退出来说最为棘手的情况是基金管理人受限于自身能力和精力怠于向被投资企业等相关主体主张约定和法定的权利，导致基金的项目退出陷入困境，对此本章下文将在投资者代表诉讼中具体展开论述。

（六）制定和执行清算方案

清算主体的前期工作基本完成后，可着手编制清算方案，一般清算方案的内容主要包括：（1）债务情况；（2）财产情况；（3）员工安置情况；（4）财产处置安排；（5）清算费用支付安排；（6）债务清偿安排；（7）剩余财产分配安排等。其中，财产情况、财产处置安排及剩余财产分配安排等与基金财产和分配有关的报告内容一般是投资者应关注的重点，不过基金财产在未支付完毕清算费用、职工的工资、社会保险费用和法定补偿金、缴纳所欠税款以及清偿完毕基金债务（如有）之前，不得分配给投资者。

在兼顾财产价值最大化及处置效率的基础上，清算主体可结合实际情况提出公开拍卖、变卖、折价、核销等多种法律上允许的财产处置方式，但对于投资者而言，上述方式都可能造成投资亏损的客观结果。诚然，私募股权基金作为高风险产品本身即伴随着投资亏损的可能，但实操中除非基金管理人能够说服投资者接受，该等财产处置安排被通过的可能性较小。由此引申出另一个问题，即在财产分配安排中也存在不同方案的协商空间，一般以现金分配最为常见。在特殊情况下，例如私募股权基金所投资标的企业退出存在短时困境但仍具有长远投资价值，又例如被投资企业已成功上市但由于尚处于锁定期而导致私募股权基金不能将股票变现后进行分配，或者不同投资者对于风险的承受能力不同而导致对股票变现的价格和时点有较大争议，实物分配即可能成为值得被考虑的分配方式，本章下文将对此具体展开探讨。

（七）编制清算报告

清算方案妥善执行后，清算主体还需编制基金清算报告，作为前述主要清算工作完成情况的书面记录，且系应通过 AMBERS 上传的基金清算申请材料之一。清算报告内容通常包括：（1）基金清算说明；（2）基金基本概况；（3）基金清产核资情况；（4）清算费用支出及债务清偿情况；（5）基金剩余财产分配情况等。在私募股权基金托管的情况下，该清算报告须经基金托管人的审核确认。

值得注意的是，不管是《公司法》《合伙企业法》等组织法，还是诸如《私募条例》《登记备案办法》等专门规制私募基金的规定，均未针对清算报告编制阶段是否需要对整个清算过程进行审计作出要求，考虑到成本等因素，实务中除非基金文件中有明确约定，基金管理人通常不会另行审计。当然，任一投资者可以在基金清算启动前或清算过程中提出审计要求，但该等要求可能受限于全体投资者一致的合意，并需要基金管理人的积极配合。

（八）提交基金“清算结束”

根据《登记备案办法》等有关规定，基金管理人应当在基金清算完成起十个工作日内在AMBERS内提交“清算结束”的申请，根据要求上传相关文件，并经基金业协会对文件齐备性及合规性进行审查。经基金业协会审查通过后，至此私募股权基金作为资产管理产品已经完成清算。

在私募基金的相关规定中并不要求对实体进行注销，且基金业协会的具体流程中亦不作此要求。但是，如果有限合伙企业或公司的清算系由于触发实体的解散事由，则还须完成实体的注销，故此投资者须关注后续注销程序，如涉及实体注销的，从保护自身角度应督促基金管理人尽快完成。

（九）办理注销

承上文所述，作为实体消亡的标志，对于公司型及有限合伙型基金而言，触发实体解散程序的，清算主体在完成清算后还须完成税务注销及工商注销的工作，此时涉及向税务机关结清应纳税款、滞纳金、罚款、归还空白发票等事项，并取得清税证明、主体注销备案登记通知书等文件。此外，清算主体还应当留意注销基金募集监管账户、托管账户等银行账户。

二、清算执行僵局应对：强制清算

（一）基金强制清算概述

私募股权基金“募、投、管、退”的生命周期中，如无例外情形，在基金清算开始前实际已完成投资项目的退出并取得投资退出款项，投资者仅待基金管理人向其进行财产分配并配合签署必要的文件和材料即可，具体程序事项的执行由基金管理人负责实施。在此背景下，在将基金清算作为退出路径的实务中，投资者可能面临的困境之一是基金管理人失能、失职或失联，导致清算程序不能被启动和执行。根据私募基金监管要求，基金管理人是清算义务人，负有及时启动基金清算的义务，但在其失能、失职或失联情况下客观上未履职，也就导致私募股权基金清算的困难。

针对这一情况，2023年以来发布的一系列私募基金监管规则提供了一个解决路径，包括《私募条例》第三十四条，即通过基金合同约定或者有关规定确定的其他专业机构，可以行使组织私募基金清算等职权。当然，包括《登记备案办法》在内的基金业协会规则，在此之前就已经明确基金合同应当对私募基金管理人因失联、注销私募基金管理人登记、破产等原因无法履行或者怠于履行管理职责等情况时，私募基金变更管理人、清算等相关决策机制、召集主体、表决方式、表决程序、表决比例等相关事项进行约定。此外，基金业协会还提供了建议的条款表述，该条款一般被称为“维持运作机制”，具体是指在管理人客观上丧失继续管理基金的能力时，为保障基金份额持有人利益，基金合同中应当约定基金财产安全保障、维持基金运营或清算的应急处置预案和纠纷解决机制。也就是说，通过在基金合同中提前约定不同先后顺序的清算义务人，以便在面对第一顺位的清算义务人（基金管理人）未履职时，投资者可依据基金合同的事前约定，通过更换管理人等方式来实现基金的继续运作，提前或到期进行清算，最终实现投资者的退出。在近几年设立的私募股权基金中几乎都能见到类似条款的身影。

相关规定

《私募条例》

第三十四条 因私募基金管理人无法正常履行职责或者出现重大风险等情形，导致私募基金无法正常运作、终止的，由基金合同约定或者有关规定确定的其他专业机构，行使更换私募基金管理人、修改或者提前终止基金合同、组织私募基金清算等职权。

但是，由于私募股权基金通常周期很长，比较早期设立的基金中并没有关于“维持运作机制”的约定。而且，即便是约定了相应的机制，但是在实际操作中也可能由于投资者不同的利益考量而导致无法执行，例如投资者之间就是否延长基金期限、是否折价变现资产、是否接受实物分配等无法达成一致，也就导致了基金虽已经发生解散事由，却无法启动和执行具体的清算程序。

此时申请强制清算，即主张有限合伙企业或公司“应当解散并进行清算”这一方式给了投资者另一种出口。在具体介绍相应机制前，相信读者已经注意到，强制清算机制的法律依据系为组织法，因此契约型基金投资者并没有明确可申请强制清算的路径。对此，虽有观点指出“基金财产不具有主体性，不能直接适用民商事主体的清算制度，但原理可以互参……因公司和基金内在关联颇多，而不具备任何实体组织形态的契约型私募基金并无‘破产’之说，公司的非破产清算制度值得借鉴。除此之外也要注意基金自身的特殊性，以现有的基金清算制度作为立法的基本框架”[①]，但是在目前尚无明确制度机制的情况下，契约型基金难以通过直接求助于司法机关的方式申请完成清算程序。

（二）公司型基金强制清算机制

对于公司型基金的投资者而言，具体须借由《公司法》第二百三十一条规定的机制，通过法院指定清算人来实现强制清算。在2024年7月新《公司法》实施前，实务中关于公司强制清算的机制和程序已经相对完善，《最高人民法院关于适用〈中华人民共和国公司法〉若干问题的规定（二）》第七条中规定了股东在“公司解散逾期不成立清算组进行清算的、虽然成立清算组但故意拖延清算的、违法清算可能严重损害债权人或者股东利益的”情形下可以申请法院强制清算公司。参照上述规定，持有公司百分之十以上表决权的投资者作为股东，在符合上述规定的情形下即可申请法院强制清算公司；而《最高人民法院关于审理

① 吴弘、陆瑶：《论契约型私募基金强制清算的制度建构》，载《金融发展研究》2022年第6期。

公司强制清算案件工作座谈会纪要》中亦详细规定了强制清算的具体程序、审理原则等相关事宜。

延伸阅读：强制清算程序概述

1. 法院举行听证会审查是否符合强制清算的受理标准

根据《最高人民法院关于审理公司强制清算案件工作座谈会纪要》第七条规定，股东向人民法院申请强制清算应当提交清算申请书。申请书应当载明申请人、被申请人的基本情况和申请的事实和理由，被申请人已经发生解散事由的有关证据，申请人对被申请人享有股权的有关证据、拖延清算或存在违法清算可能严重损害债权人或者股东利益的证据。

提出强制清算申请后，由管辖法院对申请书及相关证据进行初步审查。合议庭对申请进行审查的，通常情况下以召开听证会调查为原则、以书面审查为例外。

2. 法院裁定受理强制清算，指定清算组清理私募基金资产、债权

管辖法院受理强制清算案件的，会及时指定有关人员组成清算组。在整个强制清算程序中，清算组在清算期间需要承担的工作包括：清理公司财产，分别编制资产负债表和财产清单；通知、公告债权人；处理与清算有关的公司未了结的业务；清缴所欠税款以及清算过程中产生的税款；清理债权、债务；处理公司清偿债务后的剩余财产；代表公司参与民事诉讼活动等。对于私募基金而言，其特殊性在于，其清算组应确认所投资各项目的退出情况并核算各投资项目所取得的收益情况，根据清算方案确定的方式完成对基金财产的核算工作，进而向投资者分配剩余财产。

3. 清算组制定清算方案、清算报告提请法院确认

人民法院受理公司强制清算案件后，清算活动可能出现三种情况：（1）清算组依法完成清算，制作清算报告报人民法院确认，人民法院宣告裁定终结清算程序；（2）因公司主要财产、账册、重要文件等灭失，或者被申请人人员下落不明，公司无法进行清算或者无法全

面清算的，人民法院宣告裁定终结清算程序；（3）公司财产不足清偿债务，又无法达成合法有效的债务清偿方案的，根据法律规定，清算组应当向法院申请进入破产清算程序。

4. 清算组开展注销登记程序

财产分配结束、清算组制作清算报告并报人民法院确认后，人民法院裁定终结清算程序。清算组持终结裁定办理公司税务注销登记及向工商登记机关备案并申请注销登记。

（三）有限合伙型基金强制清算机制

对于有限合伙型基金而言，《合伙企业法》第八十六条第三款是关于合伙企业司法强制清算的原则性规定。虽然强制清算程序是在《公司法》中作出的明确规定，但并不意味着规定强制清算只用于公司，不适合其他企业，不属于排他性的规定。[①] 根据《民法典》第七十一条规定，法人的清算程序和清算组职权依照有关法律的规定；没有规定的，参照适用公司法律的有关规定。

根据《民法典》的该等规定，结合《合伙企业法》第八十五条关于合伙企业解散的相关规定，使用强制清算程序已经成为破解有限合伙企业的清算僵局重要方式之一，在实践中已被接受，典型案例如表 2–1 所示。

① 参见广东省深圳前海合作区人民法院（2020）粤 0391 清申 4 号民事裁定书。

表 2-1 有限合伙企业强制清算案例

案号	裁判摘录	申请强制清算的事由
（2020）粤 0391 清申 4 号	2019 年 7 月 4 日，广东省深圳市中级人民法院作出（2019）粤 03 民终 5935 号民事判决，依法判决解散某股权投资基金企业。前述生效判决作出后，李某、某股权投资基金企业的执行事务合伙人孙某均未对某股权投资基金企业进行清算。某股权投资基金企业已经生效判决解散，应按照《合伙企业法》第八十六条的规定确定清算人进行清算，现某股权投资基金企业的两位合伙人即李某、孙某均确认尚未确定清算人，且李某、孙某均陈述无法与对方取得联系。在此情况下，李某申请人民法院指定清算人对某股权投资基金企业进行清算符合法律规定，依法应予支持	《合伙企业法》第八十六条第三款：自合伙企业解散事由出现之日起十五日内未确定清算人
（2021）沪 7101 强清 120 号	由于上海某商股权投资基金中心（有限合伙）的合伙期限已届满，并且出现了《合伙企业法》规定的解散事由，应在解散事由出现之日起十五日内成立清算组开始自行清算。如果上海某商股权投资基金中心（有限合伙）逾期未成立清算组进行清算，上海某人电气有限公司作为公司股东可以向法院申请指定清算组对其进行清算	《合伙企业法》第八十五条第一款：合伙期限届满，合伙人决定不再经营
（2023）沪 03 强清 118 号	根据某伏合伙合伙人会议决议，符合合伙协议约定的解散事由，且某伏合伙已长期未经营，合伙协议约定的合伙目的无法实现，符合合伙企业法定解散事由，应当依法在解散事由出现之日起十五日内确定清算人。现某伏合伙逾期未指定清算人，作为合伙人之一的某鼎公司已进入破产清算程序，管理人无法组织自行清算，故其申请人民法院指定清算人对某伏合伙进行清算具有合法正当事由	《合伙企业法》第八十五条第二款：合伙协议约定的解散事由出现；第五款：合伙协议约定的合伙目的已经实现或者无法实现

相关规定

《公司法》

第二百三十一条 公司经营管理发生严重困难，继续存续会使股东利益受到重大损失，通过其他途径不能解决的，持有公司百分之十以上表决权的股东，可以请求人民法院解散公司。

《合伙企业法》

第八十六条 合伙企业解散，应当由清算人进行清算。

清算人由全体合伙人担任；经全体合伙人过半数同意，可以自合伙企业解散事由出现后十五日内指定一个或者数个合伙人，或者委托第三人，担任清算人。

自合伙企业解散事由出现之日起十五日内未确定清算人的，合伙人或者其他利害关系人可以申请人民法院指定清算人。

三、清算分配障碍应对：实物分配

对于实际进入清算程序的私募股权基金而言，无论是自行清算还是强制清算，都将面临一个实质性的问题——尚未变现的对外投资如何处理？私募股权基金持有的权益通常是被投资企业的股权或者股票。实践中常见的处理方式是通过各种手段实现项目退出，并将因此归集的现金收入分配给投资者。但受限于市场环境等因素，特别是在基金从其投资项目中退出有困难时，或在基金存续期限届满而投资标的或许更具有长期持有的价值时，投资项目的变现可能并非最优解，而通过实物分配则有可能满足投资者不同的诉求。

（一）实物分配概述

实物分配，又称非现金分配、原状分配，顾名思义，是指不向投资者以现金方式进行分配，而是将私募股权基金所持有的资产直接分配给投资者。该种分配方式在美英等国的发展可以追溯到20世纪后期，在更加成熟的私募股权市场，该机制的作用不再仅是帮助基金管理人解决清算分配时的困难，而是已经使得基金管理人能够根据投资者的需求和偏好，事前提供定制化的投资方案以增强其募资能力的一种手段。

在我国，私募股权基金所持有的资产主要是上市公司股票以及非上市公司股权，法律上并无对此类资产进行实物分配的禁止性规定。进一步来说，对于不同形式的私募股权基金，根据《信托法》《民法典》相关规定，无论投资者与管理人之间被认定为信托还是委托法律关系，进行实物分配时均有依据可循。但在实际操作中，非现金分配面临着包括资产估值、权属变更、税务处理、分配后权利义务内容的确定等重大问题，下文将区分不同资产类型分别展开探讨。

在此之前，投资者在适用实物分配机制时应首先特别关注的事项之一，即如何匹配基金合同已经约定的收益分配安排，特别是如何计算基金管理人的超额收益。有观点认为，完成非现金分配并不意味着投资者已经取得了其投资回报，通过该分配取得的资产实际变现时投资者的投资才最终完成、其投资回报才最终得以确认，而受市场波动等种种因素影响，实物资产的价值具有不稳定性，超额收益的计算也就可能存在偏差。在解决这一问题之前，笔者需首先说明，基金管理人的超额收益应同样可以实物方式进行支付，而上述这种争议其实更多发生在管理人的超额收益系通过现金支付的情形。对于这一问题，笔者认为，所谓“偏差”实质上意味着对风险的分配，从投资者的角度，其可能由于资产的升值而获得更多回报，同时免去了向基金管理人支付更多超额收益的义务，也可能因资产的贬值而客观上导致向基金管理人过多地支付了超额收益。因此，实务中亦有投资者委托基金管理人继续协助处置实物资产，而该问题的解决核心在于全体基金份额持有人基于充分的沟通与磋商达成收益计算方式并严格遵守，特别是确定明确的实物资产定价方法及超额收益核算基准日，以降低收益分配不确定性，包括超额收益结算在内的不确定性，同时亦可根据实际情况设置相应的定价调整机制与管理人收益回拨等安排，具体可见本章下文关于实物分配股票与非上市公司股权典型问题的讨论。

还需要特别提醒投资者的是，私募股权基金在实物分配过程中涉及的税务处理问题较为复杂，须区分不同阶段、不同主体、不同申报情况，并且可能涉及与税务部门就实际情况进行沟通确认。以有限合伙型基金实物分配股票为例，基金在分配阶段涉及纳税义务，税种包括增值税、印花税，而其各自缴纳基数存在争议，特别是对于增值税而言，受限于股票分配是否可视为“无偿转让”尚有争议，因此对纳税基数的计算方式存在不同理解。投资人则在分配阶段和后续股票减持阶段均涉及纳税义务，其中在分配阶段主要涉及所得税，即是否须就股票公允价值高于投资成本的差额缴纳所得税；在后续处置阶段除所得税外，还涉及增值税、印花税，并且受限于前一阶段完税情况将涉及所得税缴纳基数的不同，而对于个人投资人来说在此阶段还须特别考虑转让股票免征个人所得税的税收优惠以及转让金融商品免征增值税的税收优惠政策适用问题。

相关规定

《信托法》

第五十四条 信托终止的，信托财产归属于信托文件规定的人；信托文件未规定的，按下列顺序确定归属：

（一）受益人或者其继承人；

（二）委托人或者其继承人。

《民法典》

第九百二十七条 受托人处理委托事务取得的财产，应当转交给委托人。

（二）实物分配上市公司股票特殊关注事项

对于实物分配而言，一个基本原则是，由于其本质上与资产的转让不同，投资者不应额外支付对价以取得相应资产的分配。这一原则在股票这类资产的实物分配中即体现为非交易过户的适用。根据中国证券登记结算有限责任公司相关业务规则的规定，证券过户分为交易过户和非交易过户。证券交易过户是指投资者通过证券交易所的交易系统按照场内竞价原则进行，非交易过户则不进入交易系统，而是直接通过中国证券登记结算有限责任公司办理证券过户。目前实际操作中，非交易过户主要依据的是中国证券登记结算有限责任公司于2023年2月17日发布的《证券非交易过户业务实施细则（适用于继承、捐赠等情形）》（以下简称《非交易过户细则》）。遗憾的是，私募股权基金向投资者实物分配股票尚未在该规则中直接找到明确的适用依据。

根据《非交易过户细则》第三条第四项所规定的“法人终止所涉证券过户”，理论上存在有限合伙型基金或公司型基金通过实体的解散、清算，基于持有股票主体的注销而进行非交易过户，从而将股票过户给投资人的操作，[①]实务界亦认为在现有规则下该路径应为合理可行。对于契约型基金而言，由于其本身并不具备经企业登记管理部门所登记的实体，适用“法人终止”的规定实现股票非交易过户有较大障碍，而对《非交易过户细则》第三条第五项所规定的“私募资产管理所涉证券过户”进行适用也可能存在障碍。虽然从条款表述上来看，这一规定更为适合私募股权基金，且不限制基金的组织形式。但严格来说，《非交易过户细则》所引用的相关上位规定为《证券期货经营机构私募资产管理业务管理办法》，而其中所指的“私募资产管理”系指证券公司、基金管理公司、期货公司及前述机构依法设立的从事私募资产管理业务的子公司非公开募集资金或者接受财产出资，设立私募资产管理计划并担任管理人，由托管机构担任托管人，依照法律法规和资产管理合同的约定，为投资者的利益进行的投资活动。[②]根据过往的实际操作，仅有员工持股计划或单一资管计划等少数类型的资管产品被允许适用，而申请非过户交易时是否可将私募股权产品纳入“私募资产管理”尚有待实务观察。

对此，笔者持乐观态度，原因在于证监会于 2022 年 7 月 8 日发布的《启动私募股权创投基金向投资者实物分配股票试点支持私募基金加大服务实体经济力度》（以下简称《股票分配试点》），即允许私募基金在运营过程中向投资者通过非交易过户的方式进行股票（限于其持有的上市公司首次公开发行前的股份）的实物分配。这一试点政策使得包括契约型在内的私募股权基金有可能不再通过实体的解散和注销即可实现实物分配股票，相信随着私募基金在股权投资市场作用的愈加凸显，更为具体、可执行的监管规范将弥合现实需求与程序机制的衔接裂痕。

---

① 《证券非交易过户业务实施细则（适用于继承、捐赠等情形）》第十九条规定：合伙企业等非法人组织办理过户业务的，比照本细则中法人相关规定办理。

② 《证券期货经营机构私募资产管理业务管理办法》第二条第一款、第二款规定：“在中华人民共和国境内，证券期货经营机构非公开募集资金或者接受财产出资，设立私募资产管理计划（以下简称资产管理计划）并担任管理人，由托管机构担任托管人，依照法律法规和资产管理合同的约定，为投资者的利益进行投资活动，适用本办法。本办法所称证券期货经营机构，是指证券公司、基金管理公司、期货公司及前述机构依法设立的从事私募资产管理业务的子公司。”

需要注意的是，《股票分配试点》所进行的非交易过户将占用集中竞价或大宗交易的减持额度，而通过法人资格丧失进行的非交易过户通常认为可一次性完成所有股票的过户登记。这两种方式在基金清算中的适用，除受限于减持规则外，还取决于投资者是否可就实物分配及各自分配数量、定价等核心事项达成合意，具体可参见本节下文。

延伸阅读：上市公司股东减持股份规则要求

《股票分配试点》明确，私募投资基金向投资者实物分配股票，应当适用《上市公司股东、董监高减持股份的若干规定》[①]《上市公司创业投资基金股东减持股份的特别规定》（2020 年修订）等有关减持规定。

根据《上市公司股东减持股份管理暂行办法》（以下简称《暂行办法》）、《上市公司创业投资基金股东减持股份的特别规定》等相关减持规定，主要减持限制总结如表 2-2、表 2-3 所示。

表 2-2 一般减持规则

类型	减持要求
适用范围	上市公司持有 5% 以上股份的股东、实际控制人（以下统称大股东）、董事、监事、高级管理人员减持股份，以及其他股东减持其持有的公司首次公开发行前发行的股份
减持额度要求	●集中竞价：大股东通过证券交易所集中竞价交易减持股份，或者其他股东通过证券交易所集中竞价交易减持其持有的公司首次公开发行前发行的股份的，三个月内减持股份的总数不得超过公司股份总数的百分之一。 ●协议转让：大股东通过协议转让方式减持股份，或者其他股东通过协议转让方式减持其持有的公司首次公开发行前发行的股份的，股份出让方、受让方应当遵守证券交易所有关协议转让的规定，股份受让方在受让后六个月内不得减持其所受让的股份。 ●大宗交易：大股东通过大宗交易方式减持股份，或者其他股东通过大宗交易方式减持其持有的公司首次公开发行前发行的股份的，三个月内减持股份的总数不得超过公司股份总数的百分之二；股份受让方在受让后六个月内不得减持其所受让的股份

① 《上市公司股东、董监高减持股份的若干规定》已于 2024 年 5 月 24 日起失效，被《上市公司股东减持股份管理暂行办法》代替。

续表

类型	减持要求
禁止减持情形	●违法违规情形 （1）大股东： ①涉嫌与本上市公司有关的证券期货违法犯罪，被中国证监会立案调查或者被司法机关立案侦查，或者被行政处罚、判处刑罚未满六个月的； ②涉及与本上市公司有关的违法违规，被证券交易所公开谴责未满三个月的； ③涉及证券期货违法，被中国证监会行政处罚，尚未足额缴纳罚没款的，但法律、行政法规另有规定，或者减持资金用于缴纳罚没款的除外。 （2）上市公司控股股东、实际控制人 ①上市公司因涉嫌证券期货违法犯罪，被中国证监会立案调查或者被司法机关立案侦查，或者被行政处罚、判处刑罚未满六个月的； ②上市公司被证券交易所公开谴责未满三个月的； ③上市公司可能触及重大违法强制退市情形，在证券交易所规定的限制转让期限内的； ④中国证监会规定的其他情形。 ●破发破净[①]、分红不达标情形：控股股东、实际控制人在破净破发、分红不达标等情形下不得通过集中竞价或者大宗交易方式减持
信息披露义务	●披露主体：大股东 ●减持方式：集中竞价交易、大宗交易 ●披露对象：证券交易所 ●披露时间：首次卖出前十五个交易日 ●披露内容： （1）拟减持股份的数量、来源； （2）减持的时间区间、价格区间、方式和原因（减持时间区间应当符合证券交易所的规定）； （3）不存在大股东不得减持股份、控股股东实际控制人不得减持股份情形的说明； （4）证券交易所规定的其他内容。 ●减持计划实施完毕的披露：在二个交易日内向证券交易所报告，并予公告； ●若在预先披露的减持时间区间内，未实施减持或者减持计划未实施完毕的：在减持时间区间届满后的二个交易日内向证券交易所报告，并予公告

① 根据《暂行办法》的规定，“破净”系指最近二十个交易日中，任一日股票收盘价（向后复权）低于最近一个会计年度或者最近一期财务报告期末每股归属于上市公司股东的净资产的；“破发”系指最近二十个交易日中，任一日股票收盘价（向后复权）低于首次公开发行时的股票发行价格的；“分红不达标”系指最近三个已披露经审计的年度报告的会计年度未实施现金分红或者累计现金分红金额低于同期年均归属于上市公司股东净利润的百分之三十的，但其中净利润为负的会计年度不纳入计算。

表 2-3　创业投资基金特殊减持规则

类型	减持要求
适用范围	在中国证券投资基金业协会（以下简称基金业协会）备案的创业投资基金，其所投资符合条件的企业上市后，通过证券交易所集中竞价交易减持其持有的发行人首次公开发行前发行的股份
减持份额	●截至发行人首次公开发行上市投资期限不满三十六个月的，在三个月内减持股份的总数不得超过公司股份总数的1%； ●截至发行人首次公开发行上市日，投资期限在三十六个月以上但不满四十八个月的，在二个月内减持股份的总数不得超过公司股份总数的 1%； ●截至发行人首次公开发行上市日，投资期限在四十八个月以上但不满六十个月的，在一个月内减持股份的总数不得超过公司股份总数的 1%； ●截至发行人首次公开发行上市日，投资期限在六十个月以上的，减持股份总数不再受比例限制

实务中，投资者在进行股票的实物分配前可能面临的挑战主要有两个。一个挑战是定价及其调整机制。其中最为典型的场景是，如果在作出分配决定之日与完成分配之日的期间股票价值发生了较大变化，由于投资者的收益水平将影响管理人可以取得的超额收益，因此存在对各方利益或者说风险分配的问题。可以考虑的解决方式是，在确定各投资者最终应分配的股票数量前预留一部分股票，以便根据最终分配时的股票价值进行灵活调整。

另一个挑战则更具根本性，即由于各投资者的不同背景——例如投资者是国有企业时，其对于成为某一公司的股东是需要有特别决策的，又如投资者是资管产品时，直接持有上市公司股票不符合其本身投资策略的——可能导致股票的实物分配不被接受，因此无法在私募股权基金层面获得同意。笔者认为，仅从《股票分配试点》而言，部分投资者接受股票实物分配无须其他投资者一致同意，并且可以实现在其他既定条件满足的情况下，仅向部分投资者实物分配，或仅就某一投资者的部分份额采用非现金方式分配。[①]但需注意的是，在清算程序中，如果一部分投资者接受非现金分配，而另一部分投资者接受现金分配的分配方式有两种：常见方式之一是首先假设全体投资者均接受非现金分配，在计算出仅接受现金分配的投资者对应所持有的股票数量后对其进行变现，并将所得资金向投资者进行分配；另一种方式是根据确定全体投资者可获得的股票对应价值，并将该私募股权基金中持有的全部股票实物分配予接受非现金分配的投资者，同时将基金留存的全部现金（如有）向仅接受现金分配的投资者进行分配，并且，在该私募股权基金本身现金不足的情况下，不同投资者之间可能存在资金支付的安排，以平衡接受不同分配的投资者之间利益。

（三）实物分配非上市公司股权特殊关注事项

对于非上市公司股权来说，情况只会更复杂。除同样涉及上文已经提到的定价机制调整以及投资者内部决策问题外，在定价上，因为非上市公司股权不像上市公司股票那样存在可作为定价依据的既有市场价值，实际操作中往往通过第三方评估定价，程序相对来说较长，更重要的是为完成评估需要充分的底稿材料，而这些材料通常仅由基金管理人掌握或者需通过基金管理人与被投资企业进行沟通取得，在基金管理人或者被投资企业不配合的情况下，评估可能难以实现或取得合规、合理的结果。当然，目前亦存在通过估值方式进行定价，但同样的问题是如果缺乏基本的依据和合理的方法，不准确的结果将导致定价偏离。在实际操作过程中还需关注的是，不同背景的投资者对于资产评估或估值的要求可能有所不同，为满足全体投资者的这些要求很可能进一步导致资产定价的复杂性。

此外，与股票这类具有流通性的资产可由投资者自行处置不同，非上市公司的股权实物分配，可能很大程度上受限于包括被投资企业及其股东等第三方的配合，即并非在私募股权基金内部事前安排或协商一致

---

① 参见上海临理投资合伙企业（有限合伙）已完成的实物分配股票首单试点：澜某科技股份有限公司《关于股东进行股票实物分配的进展公告》（2023 年 4 月 27 日）。

即可解决，而是涉及与第三方之间作出事前或事后的安排。其中最直观的表现是，如无被投资企业及其他股东的配合，将无法取得股东名册以及完成企业登记信息变更等，对投资者的确权造成阻碍。事实上，在实物分配非上市公司股权时可能遭遇以下两个典型问题：

典型问题一是股权转让限制。其中既涉及客观现实，如向投资者分配后被投资企业的股东人数是否被突破《公司法》的法定限制，也包括实际控制人、创始团队等的主观配合，如实物分配是否导致被投资企业股权过于分散、公司内部治理架构是否面临实质调整等。如果被投资企业的章程或股东协议中设置有关于股权转让限制的情形，也可能同时影响私募基金管理人将股权分配给投资者的意愿和能力，包括对股权的实物分配在股东内部是否不被视为股权转让，因而即便存在针对股权转让事先设置的限制条件，在实物分配股权时也不至于触发。

典型问题二是取得分配的股权后，投资者享有的权利和承担的义务不清晰。其中主要涉及被投资企业的其他股东是否允许或配合，包括优先受让、反稀释调整等股东特殊权利，以及投资协议中是否有对应的机制安排，允许投资者基于实物分配后取得的股权继受私募股权基金在相应协议下的全部权益和义务，例如私募股权基金依据其出资比例而享有委派董事的特殊权利，在其将股权向投资者分配后，投资者是否仍享有该权利，以及当存在多名投资者分散持股的情况下如何行使该权利。针对这一问题，笔者认为，一般而言，股权所有权的转移不应也不会直接向新的权利人创设新的权利义务。如果投资者仅是通过股权实物分配方式取得标的企业的股权，那么其所应享有的特殊权利均应以私募股权基金原享有的权利和承担的义务为限，但若特定权利或义务是基于私募股权基金合计持有的股权比例而来，那么在股权向多名投资者进行分配导致任一投资者所持股权比例根据公司章程及股东间协议的约定不满足相应条件的，则其享有的权利或承担的义务将可能受限。

综上，在拟进行实物分配前，首先，投资人应检视基金合同中是否有关于定价机制（如定价依据、操作程序）的安排，如无该等约定的，可区分不同的资产类别确认具体的定价机制，包括基准日确定、公允价值计算、第三方评估等。此外，定价机制在设计时即应考虑调整方案，为实物分配的适用留出空间。其次，投资人应关注实物分配不同类别资产后其自身的权利、义务的具体内容，对于需要第三方配合的事项应尽早展开沟通磋商，通过协议等书面方式予以确认，并通过设置明确的交割方式、后续变现协助义务等，以确保基金管理人不会通过实物分配而过早地从其职责和义务中解脱。

四、清算分配障碍应对：投资者代表诉讼

在基金管理人失联、失职或失能的情况下，与基金投资相关的债权追偿、资产处置等事宜或无人负责，基金项目的风控措施（诸如回购条款、差额补足条款、担保条款等）面临超过诉讼时效或保证期间而失效的风险，此时及时向交易相对方主张权利关系投资者的切身利益。实务中还有的情况是，私募股权基金进入了自行清算程序，但基金管理人或相关主体作为清算人怠于履行职责，也可能使得基金退出投资项目面临风险。

对此，基金业协会作了机制上的回应，即建议在基金合同中载明管理人因失联、注销私募基金管理人登记或者出现重大风险等情形无法履行或者怠于履行职责导致私募基金无法正常退出时，为妥善处置基金财产、保护投资者合法权益建立的退出机制。如管理人、托管人、基金份额持有人大会或者持有一定份额比例以上的投资者成立专项机构或者委托会计师事务所、律师事务所等中介服务机构行使相关职权。其中特别值得一提的是，前述“相关职权”中包括代表私募基金进行纠纷解决，即在私募股权基金与被投资企业就投资退出发生争议等情况下投资者可以进行代表诉讼。

实务中，并非所有的基金合同都已经落实上述机制，而代表诉讼是基于法律规定赋予出资人的救济措施，可以通过该措施自交易相对方收回投资款项等。在《公司法》下有相对明确的机制，即公司型私募股权基金的投资者借由该机制去推进基金从其直接投资的企业中退出或主张

相关权益并无法律上的障碍，而笔者认为依据《合伙企业法》第六十八条第七项规定，有限合伙企业可通过类推适用《公司法》项下的相关规则，但是对于契约型基金而言则可能欠缺适用投资者代表诉讼的合理依据。通过该机制，公司型基金和有限合伙型基金或可退出被投资企业或自其他主体取得应取得的款项等，以促使基金完成清算。而在实际适用该等代表诉讼时，投资者还需关注一系列包括在搭建了SPV公司（特殊目的公司）的情况下是否可穿透至被投资企业、诉讼程序中主体资格、程序以及管辖等问题，笔者在下文将进行相应分析说明。

相关规定

《公司法》

第一百八十九条 董事、高级管理人员有前条规定的情形的，有限责任公司的股东、股份有限公司连续一百八十日以上单独或者合计持有公司百分之一以上股份的股东，可以书面请求监事会向人民法院提起诉讼；监事有前条规定的情形的，前述股东可以书面请求董事会向人民法院提起诉讼。

监事会或者董事会收到前款规定的股东书面请求后拒绝提起诉讼，或者自收到请求之日起三十日内未提起诉讼，或者情况紧急、不立即提起诉讼将会使公司利益受到难以弥补的损害的，前款规定的股东有权为公司利益以自己的名义直接向人民法院提起诉讼。

他人侵犯公司合法权益，给公司造成损失的，本条第一款规定的股东可以依照前两款的规定向人民法院提起诉讼。

公司全资子公司的董事、监事、高级管理人员有前条规定情形，或者他人侵犯公司全资子公司合法权益造成损失的，有限责任公司的股东、股份有限公司连续一百八十日以上单独或者合计持有公司百分之一以上股份的股东，可以依照前三款规定书面请求全资子公司的监事会、董事会向人民法院提起诉讼或者以自己的名义直接向人民法院提起诉讼。

《合伙企业法》

第六十八条 有限合伙人不执行合伙事务，不得对外代表有限合伙企业。

有限合伙人的下列行为，不视为执行合伙事务：

（一）参与决定普通合伙人入伙、退伙；

（二）对企业的经营管理提出建议；

（三）参与选择承办有限合伙企业审计业务的会计师事务所；

（四）获取经审计的有限合伙企业财务会计报告；

（五）对涉及自身利益的情况，查阅有限合伙企业财务会计账簿等财务资料；

（六）在有限合伙企业中的利益受到侵害时，向有责任的合伙人主张权利或者提起诉讼；

（七）执行事务合伙人怠于行使权利时，督促其行使权利或者为了本企业的利益以自己的名义提起诉讼；

（八）依法为本企业提供担保。

（一）公司型基金：股东代表诉讼

在公司型基金中，投资者作为公司股东可以提起的是股东代表诉讼（shareholder representative litigation），又称股东代位诉讼、派生诉讼或衍生诉讼（shareholder derivative litigation），指公司利益受到侵害而公司不能或怠于起诉时，股东为了公司的利益以自己的名义代表公司提起的诉讼。如上文所述，我国现行《公司法》第一百八十九条对此进行了规定。

股东代表诉讼起源于英国 19 世纪的衡平法院，被誉为衡平法院的天才发明。在公司控股股东或管理层滥用控制地位、损害公司利益，而公司由于被控股股东或管理层控制而无法提起诉讼时，股东代表诉讼可以有效地破解这个矛盾。从性质上看，股东代表诉讼系代位诉讼，在公司内部机构怠于或拒绝维护公司利益时，将公司原有的诉权流转至股东手中，由股东以自己的名义代表公司行使诉权。

那么在实际可以适用的范围内，投资者作为股东应如何提起代表诉讼呢？下文笔者将从前置程序、诉讼主体两个大的方面进行分析。

1. 股东代表诉讼的前置程序

股东提起代表诉讼前要穷尽公司内部救济手段，只有在公司不起诉或情况紧急的情况下，股东才可以提起代表诉讼，也就是说，股东代表诉讼原则上有其应适用的前置程序。具体而言，依《公司法》第一百八十九条第一款的规定，股东在正式提起诉讼之前，负有先行向公司内部机构书面请求的义务，即使损害来自公司外部（被投资企业或受托履行管理职责的基金管理人、提供服务的其他第三方等），股东亦应当按照前述程序先书面请求公司董事会、监事会提起诉讼。只有当公司相关机构拒绝起诉、怠于起诉（收到书面请求三十日内未提起诉讼）时，符合资格条件的股东才能代表公司提起诉讼。

“穷尽公司内部救济”规则尊重了公司自治，同时也有效地保护了公司的利益，这一规则在双重股东代表诉讼中同样适用。为了简化程序，提升诉讼效率，《公司法》第一百八十九条并不要求母公司股东履行双重前置程序，母公司股东只需书面请求全资子公司的监事会、董事会向人民法院提起诉讼即可，无须向母公司董事会、监事会再行请求。

为避免僵化的前置程序可能带来的消极影响，《公司法》还规定了前置程序的豁免情形。

第一，根据《公司法》第一百八十九条第二款的规定，情况紧急、不立即提起诉讼将会使公司利益受到难以弥补的损害的，股东可以直接起诉，典型情形如诉讼时效即将届满、保证期间即将届满、相对人财产可能被其他主体处置等。

第二，公司内部机构（董事会／执行董事、监事会／监事）没有提起诉讼可能性的，股东可以直接起诉。根据《九民纪要》第二十五条[①]

① 《九民纪要》第二十五条规定：“【正确适用前置程序】根据《公司法》第151条的规定，股东提起代表诉讼的前置程序之一是，股东必须先书面请求公司有关机关向人民法院提起诉讼。一般情况下，股东没有履行该前置程序的，应当驳回起诉。但是，该项前置程序针对的是公司治理的一般情况，即在股东向公司有关机关提出书面申请之时，存在公司有关机关提起诉讼的可能性。如果查明的相关事实表明，根本不存在该种可能性的，人民法院不应当以原告未履行前置程序为由驳回起诉。”

的规定，股东提起代表诉讼的前置程序之一是，股东必须先书面请求公司有关机关向人民法院提起诉讼。一般情况下，股东没有履行该前置程序的，应当驳回起诉。但是，该项前置程序针对的是公司治理的一般情况，即在股东向公司有关机关提出书面申请之时，存在公司有关机关提起诉讼的可能性。如果查明的相关事实表明，根本不存在该种可能性的，人民法院不应当以原告未履行前置程序为由驳回起诉。最高人民法院在公报案例周某春、某士中国投资有限公司损害公司利益责任纠纷案[①]等案件中，认为交叉请求的规定意在避免利益冲突，但为及时维护公司利益，在特殊情况下，应予免除股东履行前置程序的义务。此外，《〈全国法院民商事审判工作会议纪要〉理解与适用》[②]也就股东代表诉讼前置程序的豁免情形作出了具体的列举：（1）公司相关机关不存在或者因公司陷入经营僵局当中，相应的公司机构或者有关人员已不在其位或不司其职，股东无从提起请求。（2）董事与监事受到同一名股东或者实际控制人控制，监事根本不可能起诉该董事。（3）应当向其进行先诉请求的董事或者监事本身即为被告。（4）董事会多数成员或者执行董事本身与他人损害公司利益的行为有利害关系。（5）虽然董事会成员或者执行董事本人与所诉称的损害公司利益行为不存在利害关系，却可能受到与行为有关的利害关系人的控制而失去其独立性。

对于公司型基金来说，如其董事、监事由基金管理人提名，系为其员工或关联方，在基金管理人不能履职或怠于履职的情况下，或者投资者拟通过代表诉讼的方式解决其与基金管理人之间的纠纷，基金管理人提名的董事及／或监事亦可能无法或不愿履行相应职责，虽然投资者可以通过向其提出书面请求后经过相应期间主张其怠于起诉而自行启动诉讼程序，但是如果涉及财产保全等对时效要求较高的程序时，可能因此延误而导致包括执行落空等风险，此时上文提及的前置程序豁免即非常

① 周某春、某士中国投资有限公司损害公司利益责任纠纷案，最高人民法院（2019）最高法民终1679号二审民事裁定书。

② 参见最高人民法院民事审判第二庭编著：《〈全国法院民商事审判工作会议纪要〉理解与适用》，人民法院出版社2019年版，第211~213页。

重要，在实务中须对此进行充分论证。

2. 股东代表诉讼的诉讼主体

在完成或被豁免前置程序后，首先，诉讼过程中需关注的问题是原告资格，即是否任一股东都有权利提起诉讼呢？根据《公司法》第一百八十九条的规定，提起股东代表诉讼的股东需要具备一定资格：对于有限责任公司，有资格代表公司提起诉讼的股东为全体股东；对于股份有限公司，连续一百八十日以上单独或者合计持有公司百分之一以上股份的股东方可提起诉讼。这样区别规定的主要原因在于，股份有限公司资合性较强、股东人数也更多，适当提高门槛，可以更好地平衡各方利益，避免股东滥用诉权。

股东提起股东代表诉讼需要具备股东资格，是应有之义。实践中，股东资格也可能出现变化，进而影响提起股东代表诉讼的适格性。第一种情况是，损害行为发生时不是股东，其后才成为股东，根据《九民纪要》第二十四条规定："股东提起股东代表诉讼，被告以行为发生时原告尚未成为公司股东为由抗辩该股东不是适格原告的，人民法院不予支持。"故该情形下只要在提起诉讼时作为公司股东即应认为具有原告资格。第二种情况是，起诉后因股权变更等原因丧失股东身份。此时诉的利益已经丧失，原股东不再是适格的原告。如最高人民法院在上海某金股权投资合伙企业与许某荣、谢某楠等损害公司利益责任纠纷案[①]中认为，在案件审理过程中，有限责任公司的股东会有权以股东会决议形式解除股东资格，且关于解除股东资格的决议已经生效；之后股东并没有依法提起申请撤销股东会决议诉讼或申请确认股东会决议无效诉讼，因此，股东在该案中丧失了股东资格，无权提起股东代表诉讼。

笔者认为，股东代表诉讼实质上是股东维护自身利益的手段，只是其路径为通过维护公司利益而实现，故结合上述法院裁判，有资格提起代表诉讼的股东身份应自提起诉讼时起至法院作出生效判决时止持续，因为在这一期限内该等诉讼能否推进及其结果与股东切身利益

① 上海某金股权投资合伙企业与许某荣、谢某楠等损害公司利益责任纠纷案，最高人民法院（2015）民申字第2204号申请再审民事裁定书。

相关。

其次，就被告范围而言，根据《公司法》第一百八十九条的规定，股东代表诉讼指向公司管理层与“他人”，此处的“他人”包括控股股东、实际控制人及其关联人、管理层的关联人，以及解散清算组成员等。需要注意的是，此处的“他人”并不限于公司内部人，也包括公司之外的任意第三人，凡是对公司实施了不当行为而致公司利益受损的人都可能成为股东代表诉讼的被告。对于公司型基金的投资者来说，基于此即可考虑以基金被投资企业、受托管理基金的基金管理人等为被告，从而维护基金及其自身的权益。在这个意义上，理论上投资决策委员会的成员亦可能成为被告，但“决策错误”属于商业风险抑或存在过错有一定争议。

再次，在股东代表诉讼中，公司应当参加诉讼且其诉讼地位为第三人。根据《最高人民法院关于适用〈中华人民共和国公司法〉若干问题的规定（四）》（以下简称《公司法解释四》）第二十四条第一款的规定，股东代表诉讼中，股东直接对董事、监事、高级管理人员或者他人提起诉讼的，应当列公司为第三人参加诉讼。并且，根据《公司法解释四》第二十四条第二款的规定，一审法庭辩论终结前符合规定条件的其他股东，以相同的诉讼请求申请参加诉讼的，应当列为共同原告。

最后，就管辖问题而言，股东代表诉讼的管辖需要根据具体的诉由来判断，对于“损害公司利益责任纠纷”管辖法院的确定，司法实践中有不同的观点。

一种观点认为，损害公司利益责任纠纷属于与公司有关的诉讼，根据《民事诉讼法》第二十七条和《最高人民法院关于适用〈中华人民共和国民事诉讼法〉的解释》（2022 年修正）（以下简称《民诉法解释》）第二十二条的规定，应由公司住所地人民法院管辖。公司住所地是指公司主要办事机构所在地。公司主要办事机构所在地不明确的，由其注册地或者登记地人民法院管辖。

另一种观点认为，《民事诉讼法》第二十七条规定的公司诉讼类型为公司组织诉讼，损害公司利益的行为是一种侵权行为，不属于公司组织诉讼，应按照《民事诉讼法》第二十八条的规定，由侵权行为地或者被告住所地人民法院管辖。司法实践亦多采此观点，即以侵权行为地、结果发生地或被告住所地作为损害公司利益责任纠纷的管辖法院。例如，最高人民法院在谭某仁、云南某保特种水泥有限责任公司损害公司利益责任纠纷案[①]中指出，关于公司设立、股东资格确认、利润分配、解散等公司组织行为的诉讼，常涉及多方利害关系人和复杂法律关系变动，因此为避免管辖分散，法律对公司诉讼管辖作出特殊规定。但公司因特定董事、股东损害利益提起的诉讼，不符合前述特征，应适用一般地域管辖规定。

需注意的是，当公司与相对方的讼争合同约定了仲裁条款，股东是否应受该仲裁条款约束？司法实践中对此问题存在争议。2021 年 7 月 30 日，司法部起草的《中华人民共和国仲裁法（修订）（征求意见稿）》第二十五条规定："公司股东、合伙企业的有限合伙人依照法律规定，以自己的名义，代表公司、合伙企业向对方当事人主张权利的，该公司、合伙企业与对方当事人签订的仲裁协议对其有效。"该条规定若最终颁布实施，将解决上述争议。

（二）有限合伙型基金：有限合伙人代表诉讼

一般认为，《合伙企业法》第六十八条第二款第七项规定的"执行事务合伙人怠于行使权利时，督促其行使权利或者为了本企业的利益以自己的名义提起诉讼"，为有限合伙人代表诉讼提供了原则性的法律依据。虽然该条规定实际上是针对有限合伙人基于其身份在有限合伙企业运作中享有的权限范围，但从文义来看将其作为有限合伙人代表诉讼的法律依据应无障碍，作为有限合伙人代表诉讼的典型案例，最高人民法院在焦某、刘某等与安徽某智房地产开发有限公司金融借款合同纠纷

① 谭某仁、云南某保特种水泥有限责任公司损害公司利益责任纠纷案，最高人民法院（2019）最高法民辖终 325 号二审民事裁定书。

案[①]中也对此作了确认。

但不同于《公司法》对股东代表诉讼的前置程序、原告资格、被告范围等进行规定，《合伙企业法》除提供了上述法律依据外，未就程序事项作出进一步规定，也就导致实务中作为最为常见的私募股权基金组织形式——有限合伙型基金代表诉讼在实务中存在一些争议，笔者下文将比照上文中公司型基金相关事项，对有限合伙型基金代表诉讼的前置程序、诉讼主体等进行分析。

1. 有限合伙人代表诉讼的前置程序

根据《公司法》第一百八十九条的规定，作为股东代表诉讼的前置程序，除非事从紧急，否则投资者作为公司股东须先行寻求公司内部治理机构（董事／董事会或监事／监事会）的履职。笔者理解该等规范目的实质在于，公司作为具有独立人格的民事主体，理应维护自身权利且应为维护自身权利采取行动，而其内部治理机构中的成员也应基于勤勉尽责义务为此采取行动；在且仅在这一规范目的可能落空的情况下，股东作为公司经营成果的利害相关主体可采取进一步行动，由此既保护股东切身利益，也防范股东代表诉讼的滥用。

显然，有限合伙企业的内部治理方式与公司不同，有限合伙企业中并无董事以及监事职位，其日常经营管理和执行均由执行事务合伙人负责。而且在私募股权基金的语境下，就投资项目的退出（包括提起诉讼等方式）方案可能被约定为投资决策委员会职权，或者替换基金管理人的事项被约定为合伙人会议职权。

在此背景下，并结合上述规范目的和有限合伙企业本身亦作为独立主体地位，有观点认为，有限合伙人的代表诉讼应类推适用《公司法》第一百八十九条的规定，即将《合伙企业法》第六十八条第二款第七项中规定的“执行事务合伙人怠于行使权利”解读为包含前置程序，有限合伙人必须事前请求执行事务合伙人提起诉讼，并且如果合伙协议约定该等提起诉讼的权限由特殊机构（如投资决策委员会），则在有限合

---

① 焦某、刘某等与安徽某智房地产开发有限公司金融借款合同纠纷案，最高人民法院（2016）最高法民终 756 号。

伙人以自己名义提起诉讼之前，为达到穷尽内部救济手段之目的，除请求执行事务合伙人提起诉讼外，还应事前请求该等合伙协议约定的机构提起诉讼。[①]

笔者亦同意该观点，也因此，有限合伙人代表诉讼的前置程序也应同样可适用在上文公司型基金中股东代表诉讼的豁免机制，即在紧急情况下或请求执行事务合伙人以及合伙协议约定的特殊机构起诉不具“可能性”时，有限合伙人代表诉讼的前置程序可予豁免。对于私募股权基金的投资者来说可适用的典型场景，即当提起诉讼的职权归属于基金管理人暨执行事务合伙人，而其本身已经失联或失能时。

此外，《合伙企业法》中没有如《公司法》一般明确前置程序完成的标志（相关请求被拒绝或被请求主体应提起诉讼的合理期限届满），而是仅规定“执行事务合伙人怠于行使权利”。对此应作何理解呢？笔者认为，投资者作为有限合伙人提起代表诉讼时，可以参照上述《公司法》中规定的期限，即“自收到请求之日起三十日”，同时经梳理最高人民法院、地方高级人民法院在该领域的相关案例，可以认定“执行事务合伙人怠于行使权利”的情形包括：（1）讼争合同约定的借款到期后，执行事务合伙人既不及时提起诉讼，也未与债务人达成保障合伙企业债权尽快实现的协议，或者虽提起诉讼，但仅涉及部分债权而放任其他到期债权。[②]（2）讼争合同相对人履行股权（包括其他资产或收益权）回购义务的条件已触发，执行事务合伙人无正当理由，既不提起诉讼，

---

① 参见王羽中、施磊：《私募基金典型法律疑难问题解析》，人民法院出版社2024年版，第139页。

② 参见焦某、刘某、李某红与安徽某智房地产开发有限公司、上海某发展银行股份有限公司淮南支行、北京某信恒轩投资中心（有限合伙）借款合同纠纷案，最高人民法院（2016）最高法民终756号民事判决书；中某投资有限公司与北京某华房地产开发有限公司、中某（平潭）科创园投资合伙企业（有限合伙）之间金融借款合同纠纷案，北京市高级人民法院（2021）京民终732号民事判决书；深圳某晟硕恒创业投资中心与海南某科技集团有限公司、邢某川、海南某财首泰农业产业股权投资基金合伙企业（有限合伙）、海南某财首泰股权投资基金管理有限公司合同纠纷案，海南省高级人民法院（2020）琼民终40号之一民事裁定书。

也未与相对人达成保障合伙企业权益尽快实现的协议。[①]（3）执行事务合伙人在诉讼中与相对人共同对抗有限合伙人，如周某光与杭州某权投资管理合伙企业（有限合伙）、杭州某麦投资管理合伙企业（有限合伙）、杭州某工品科技有限公司股权转让纠纷案[②]中，法院认为："某权合伙企业与某麦合伙企业的执行事务合伙人均为林某峰，从诉讼抗辩立场上看，某权合伙企业不仅没有与合伙人周某光站在同一立场，反而与某麦合伙企业一同对抗周某光。由此可见，执行事务合伙人是属于拒绝代表合伙企业提起诉讼，'怠于行使权利'是显而易见的。"

2. 有限合伙人代表诉讼的诉讼主体

与公司型基金的投资者作为股东类似，在具体诉讼实务中，投资者作为有限合伙型基金的有限合伙人是否须具备一定资质才可提起诉讼？《合伙企业法》中尚无明确规定，但类比适用《公司法》下相关规则，有限合伙企业与有限责任公司的出资人资格类似，故任一有限合伙人应均可提起代表诉讼，司法案例中亦多采用此观点，[③]同时该等有限合伙人资格应自其提起诉讼时起至法院作出生效判决时止持续。

就被告范围、有限合伙企业诉讼地位等问题，笔者认为均与上文公司型基金中股东代表诉讼的相关论证类似，即有限合伙人代表诉讼可起诉对象也应包括任意第三方主体，如未按期足额履行交易文件的被投资

---

① 参见浙江省某资产经营有限公司与宁波梅山保税港区某京壹号股权投资管理合伙企业（有限合伙）、刘某强、某京股权投资基金管理（上海）有限公司、宁波梅山保税港区某成股权投资管理合伙企业（有限合伙）合同纠纷案，浙江省高级人民法院（2021）浙民终1650号民事判决书；光大某陇信托有限责任公司与白某三、上海某目天影视传播有限公司、北京某义祯投资管理有限公司、海宁某尔福慧文化投资管理合伙企业（有限合伙）合同纠纷案，北京市高级人民法院（2020）京民申4390号民事裁定书。

② 周某光与杭州某权投资管理合伙企业（有限合伙）、杭州某麦投资管理合伙企业（有限合伙）、杭州某工品科技有限公司股权转让纠纷案，浙江省杭州市中级人民法院（2019）浙01民终3828号民事判决书。

③ 参见某欣荣和投资管理股份有限公司与某安国际信托股份有限公司、天津某晖股权投资一期基金（有限合伙）、天津某高圣诚成股权投资合伙企业（有限合伙）等信托合同纠纷案，最高人民法院（2016）最高法民终19号民事判决书；焦某、刘某、李某红与安徽某智房地产开发有限公司、上海某发展银行股份有限公司淮南支行、北京某信恒轩投资中心（有限合伙）借款合同纠纷案，最高人民法院（2016）最高法民终756号民事判决书；某达投资有限公司与河北某投置业有限公司、某银行股份有限公司石家庄分行、石家庄某实投资中心（有限合伙）等借款合同纠纷案，最高人民法院（2016）最高法民辖终94号民事裁定书。

企业，或在“外部管理模式”下的基金管理人等，而有限合伙企业被列为第三人参加诉讼。

在管辖问题上存在的主要问题如下：一是应根据合伙企业与相对人的讼争合同确定管辖，还是应适用民事诉讼管辖一般规定；二是如果合伙企业与相对人的讼争合同约定了仲裁条款，有限合伙人是否受该仲裁条款的约束。司法裁判主流观点认为，有限合伙人是为了合伙企业的利益代为提起诉讼，此时仍应尊重合伙企业与相对人的契约约定，包括争议管辖约定。

第一，应当以合伙企业与相对人的讼争合同确定管辖，如果讼争合同未作约定，适用民事诉讼管辖一般规定。例如，在最高人民法院审理的一起合同纠纷案[①]中，最高人民法院认为：“本案某地公司即是作为某琦融云的有限合伙人，基于王某一、某丁格尔公司等未按照《投资协议书》的约定向某琦融云履行财务报告、股权回购、业绩承诺等义务，以某琦融云执行事务合伙人杭州某辰投资管理有限公司拒绝履行职责，长期未主张违约责任为由，提起本案诉讼，故本案应以某琦融云与王某一、某丁格尔公司等签订的《投资协议书》作为争议审查依据。”

第二，当合伙企业与相对方的讼争合同约定了仲裁条款，有限合伙人应受该仲裁条款约束。例如，在楼某梅与黑河某兴牧业有限公司、上海某成沐伊投资合伙企业合同纠纷案[②]和黄某宝与刘某和、新余某投资管理中心（有限合伙）、曹某、常州某有限公司、杭州某绎投资合伙企

---

① 参见某地金融投资控股集团有限公司与王某一、山东某丁格尔护理服务有限公司、杭州某琦融云股权投资基金合伙企业（有限合伙）等合同纠纷案，最高人民法院（2020）最高法民辖终 24 号民事裁定书。

类似观点另可参见赣州某瑞新能源汽车产业发展有限公司与上海某华新能源科技有限公司、合肥某航新能源科技有限责任公司、赣州某新投资中心（有限合伙）等合同纠纷案，最高人民法院（2019）最高法民辖终 470 号民事裁定书；某达投资有限公司与河北某投置业有限公司、某银行股份有限公司石家庄分行、石家庄某实投资中心（有限合伙）等借款合同纠纷案，最高人民法院（2016）最高法民辖终 94 号民事裁定书。

② 参见楼某梅与黑河某兴牧业有限公司、上海某成沐伊投资合伙企业合同纠纷案，黑龙江省高级人民法院（2019）黑民终 142 号民事裁定书。

业（有限合伙）合同纠纷案[①]中，裁判法院均认为，因合伙企业与相对人之间的讼争合同约定了仲裁条款，人民法院应当不予受理。

但实践中对该问题确实存在不同认识。例如，刘某、王某与上海某丰投资管理股份有限公司、彭某、宁波某通投资管理中心（有限合伙）其他合同纠纷案[②]中，裁判法院认为，有限合伙人代表诉讼不属于《最高人民法院关于适用〈中华人民共和国仲裁法〉若干问题的解释》第八条[③]、第九条[④]规定的仲裁协议适用主体范围扩张情形，有限合伙人与讼争合同相对人之间不存在仲裁协议，不应受仲裁条款约束，遂撤销了上海金融法院（2020）沪 74 民初 411 号民事裁定，案件应当由上海金融法院审理。当然，该案有其特殊背景，根据刘某、王某的上诉理由，该案是在讼争合同约定的华南国际经济贸易仲裁委员会不受理的情况下，才依据民事诉讼管辖一般规定向上海金融法院提起诉讼，如果人民法院仍不受理，有限合伙人将无权利救济途径。实践中，因各地仲裁委对于该问题的认识并不一致，笔者建议，宜先根据讼争合同的仲裁条款申请仲裁，如仲裁不受理再向人民法院提起诉讼，避免在权利救济途径上陷入窘境。

当然，如在上述公司型基金中已经说明的，如果，《中华人民共和国仲裁法（修订）（征求意见稿）》第二十五条规定最终通过实施，也将解决上述争议问题。

---

① 黄某宝与刘某和、新余某云投资管理中心（有限合伙）、曹某、常州某有限公司、杭州某绎投资合伙企业（有限合伙）合同纠纷案，江苏省常州市中级人民法院（2021）苏 04 民终 2148 号民事裁定书。

② 刘某、王某与上海某丰投资管理股份有限公司、彭某、宁波某通投资管理中心（有限合伙）其他合同纠纷案，上海市高级人民法院（2020）沪民终 711 号民事裁定书。

③《最高人民法院关于适用〈中华人民共和国仲裁法〉若干问题的解释》第八条规定："当事人订立仲裁协议后合并、分立的，仲裁协议对其权利义务的继受人有效。当事人订立仲裁协议后死亡的，仲裁协议对承继其仲裁事项中的权利义务的继承人有效。前两款规定情形，当事人订立仲裁协议时另有约定的除外。"

④《最高人民法院关于适用〈中华人民共和国仲裁法〉若干问题的解释》第九条规定："债权债务全部或者部分转让的，仲裁协议对受让人有效，但当事人另有约定、在受让债权债务时受让人明确反对或者不知有单独仲裁协议的除外。"

（三）契约型基金：持有人大会名义诉讼

由于契约型基金并无组织实体，投资者权益系基于与基金管理人等主体签署的基金合同而实现。在现行法律法规并无明确规定的情况下，笔者认为，受限于“合同相对性”原则，投资者以自身名义直接起诉、追索他人难以实现。

在管理人失联、失能或失职时，基金份额持有人或可尝试通过行使委托人介入权、信托委托人撤销权、债权人代位权、解除基金合同并请求原状返还底层权益等方式构建与底层债务人的关系，从而在个案中直接起诉追索第三方。但总体而言，以上方案在法律层面仍存在诸多限制，须满足不同的要求前提，能否获得支持仍取决于个案具体情况。

此外，投资者亦可尝试通过持有人大会作出相关决议，并以持有人大会的名义提起诉讼。例如，在张某红与黔东南州财政局等委托合同纠纷案[①]中，法院认为，李某斌、张某红作为全部基金份额持有人，有权以基金份额持有人大会名义主张权利。基金管理人的职责为代表基金份额持有人利益行使诉讼权利或者实施其他法律行为，在私募基金管理人无法履行职责的情形下，法院认为可参照适用《证券投资基金法》第十九条第十一项公募基金关于基金份额持有人大会的规定，允许基金份额持有人大会为基金份额持有人利益，代行基金管理人的责任。因此，法院认为：“本案中，双方在《基金合同》中未就基金份额持有人大会作出约定，但考虑到基金份额持有人仅剩李某斌与张某红二人，其二人的意见可视为基金份额持有人大会的意见，该意见亦不损害其他主体的合法权益，故对于二人以基金份额持有人大会形式作出的关于要求某宏公司将第四期应付款项支付至基金托管专用账户的诉讼请求，本院予以支持。”

---

① 张某红与黔东南州财政局等委托合同纠纷案，北京市朝阳区人民法院（2020）京0105民初9387号一审民事判决书。

（四）多重架构下代表诉讼的适用受限

上述代表诉讼的适用场景均是公司或有限合伙企业作为私募股权基金直接投资于标的，实务中另有一常见的架构是嵌套特殊目的载体（SPV）实施投资，或是作为母基金投资于其他子基金，在外观表现上均是投资者所投资的私募股权基金间接投资于标的。那么在这种多重架构下，作为架构顶层的投资者能否继续适用代表诉讼呢？

自我国 2013 年《公司法》第一百五十一条[①]确立股东代表诉讼制度后，2024 年 7 月 1 日开始施行的《公司法》第一百八十九条在原《公司法》第一百五十一条股东代表诉讼的基础上，首次引入了双重股东代表诉讼制度，明确全资子公司的董事、监事、高级管理人员有损害公司利益情形的，或者他人侵犯公司全资子公司合法权益造成损失的，有限责任公司的股东、股份有限公司连续一百八十日以上单独或者合计持有公司百分之一以上股份的股东，可以依照股东代表诉讼的规定书面请求全资子公司的监事会、董事会向人民法院提起诉讼或者以自己的名义直接向人民法院提起诉讼。

针对双重股东代表诉讼，可作出如下解读：第一，从文义解释看，双重股东代表诉讼制度的适用范围仅限于全资子公司，并不包括控股子公司，即其适用范围有严格限定。第二，具有起诉资格的原告为有限责任公司的股东和股份有限公司连续一百八十日以上单独或者合计持有公司百分之一以上股份的股东。第三，母公司股东通常需要按照股东代表

① 2013 年《公司法》第一百五十一条规定："董事、高级管理人员有本法第一百四十九条规定的情形的，有限责任公司的股东、股份有限公司连续一百八十日以上单独或者合计持有公司百分之一以上股份的股东，可以书面请求监事会或者不设监事会的有限责任公司的监事向人民法院提起诉讼；监事有本法第一百四十九条规定的情形的，前述股东可以书面请求董事会或者不设董事会的有限责任公司的执行董事向人民法院提起诉讼。监事会、不设监事会的有限责任公司的监事，或者董事会、执行董事收到前款规定的股东书面请求后拒绝提起诉讼，或者自收到请求之日起三十日内未提起诉讼，或者情况紧急、不立即提起诉讼将会使公司利益受到难以弥补的损害的，前款规定的股东有权为了公司的利益以自己的名义直接向人民法院提起诉讼。他人侵犯公司合法权益，给公司造成损失的，本条第一款规定的股东可以依照前两款的规定向人民法院提起诉讼。"

诉讼的要求履行前置程序，先申请监事会或董事会提起诉讼。第四，被告的范围广泛，包括侵犯公司利益的董事、监事、高级管理人员，以及其他外部第三人。简言之，双重股东代表诉讼允许符合条件的母公司股东代表子公司的利益，以自己的名义向法院提起诉讼，本质上是股东代表诉讼在子公司层面的一种复刻。

因此，对于公司型基金来说，如果 SPV 系为其全资子公司，则投资者作为母公司的股东，可依据《公司法》第一百八十九条的规定，书面请求公司的监事会、董事会向人民法院提起诉讼或者以自己的名义直接向人民法院提起诉讼。但如果 SPV 并非全资子公司，根据现行法律法规的规定，此时穿透公司型基金直接起诉 SPV 公司的董事、监事、高级管理人员或第三人存在法律层面的困难。而根据笔者过往经验，实务中更多情况下，SPV 组织形式可能是由基金管理人或其指定方（通常为关联方）担任普通合伙人暨执行事务合伙人，由公司型基金担任唯一或其中一名有限合伙人的有限合伙企业。这种架构已经明显突破了“全资子公司”，笔者认为，也可能因上述适用范围的限制导致提起代表诉讼的权利受到限制。

对于有限合伙型基金来说，笔者亦认为可类推适用上述《公司法》项下的机制，仅有 SPV 系有限合伙型基金的全资子公司时，投资者作为架构顶层的有限合伙人可适用代表诉讼。[①]但同样的，实务中另有有限合伙形式的 SPV，由有限合伙型基金的管理人、执行事务合伙人或其指定方（通常为关联方）担任普通合伙人暨执行事务合伙人，且由于有限合伙企业再嵌套一层有限合伙企业进行投资并无实际意义，故有限合伙型基金通常将作为该 SPV 的其中一名有限合伙人，与其他主体共同组建该 SPV。笔者认为，在这种架构下也难以直接主张投资者作为架构顶层的有限合伙人提起代表诉讼的权利。

在投资者得以提起代表诉讼的双重架构下，笔者认为应将母公司和全资子公司同时列为第三人。除此之外，有关前置程序、诉讼主体等问

① 在部分企业登记实务中，有限合伙企业不能登记为公司的全资股东。故该等预设场景在实务中能否实现可能受限于最终的股权架构登记情况。

题应类似于上文所述，此处不再赘述。

（五）债权人代位权的适用受限

《民法典》第五百三十五条规定了债权人代位权，根据该规定，这是一种债的保全措施，是指当债务人怠于行使其对第三人（次债务人）的权利，从而影响债权人债权实现时，债权人有权以自己的名义代位行使债务人的权利的一种法律制度。这是一种法律赋予债权人的辅助权利，用以保护其债权不因债务人的行为或疏忽而受到损害。

债权人代位权和代表诉讼在某些方面有相似之处，例如外观上都是因某一主体不积极行使权利进而可能危害自身利益，以及在程序上都需要通过法院诉讼来实现权利等，但它们的法律基础、目的和适用范围都有明显不同。具体而言：（1）债权人代位权的主体是债权人；代表诉讼的主体如上文所述，是股东或合伙人。（2）债权人“代位”的目的是债权人保全自己的债权，防止因债务人怠于行使其对他人的权利而受损；代表诉讼的目的是保护组织的利益，防止因第三人的行为损害组织的整体利益。（3）债权人代位权的权利来源于债务人对第三人的权利，债权人代位行使这些权利；代表诉讼的权利来源于公司或合伙企业对他人的索赔或其他权利主张，股东／有限合伙人代表其组织体行使这些权利。（4）债权人代位权适用于债权人与债务人之间的债权债务关系，以及债务人与第三人之间的债权债务关系；代表诉讼适用于组织体与他人之间的法律关系。

根据《民法典》第五百三十五条的规定，一般认为债权人代位权的要件包括：（1）债权人对债务人存在合法有效的到期债权。（2）债务人对次债务人存在合法有效的到期债权。（3）债务人怠于行使其权利，即债务人不履行其对债权人的到期债务，又不以诉讼方式或者仲裁方式向相对人主张其享有的债权或者与该债权有关的从权利，致使债权人的到期债权未能实现。（4）债务人怠于行使权利影响债权人债权的实现。（5）债务人的债权不是专属于债务人自身的债权，例如基于人身关系的债权。

在私募股权基金语境下，如上述要件均成就的，投资者或可以依据债权人代位权获得救济，但实务中最难以成立的要求是上述第一项，即投资者对基金，以及基金对被投企业的债权均已到期，盖因在私募股权基金中，投资者的主要权利是从私募股权基金获得收益，而基金退出被投资企业前，基金能否盈利存在不确定性，难以认为投资者对基金的权利已成为“到期债权”。故在一般的投资者穿透基金而主动向被投资企业等第三方主体追索的情形下，适用债权人代位权机制较为困难。笔者认为，实务中或更有可能成立的是，在投资者通过减资等方式退出基金时的基金应付而未付减资价款，针对该等款项或更有可能构成“到期债权”，但以减资方式退出，即基金份额赎回又可能面临“私募股权基金应封闭运作”这一合规原则而较难实现，或即便可以实现，投资者还可能面临其他程序上的风险，具体可参见本书有关基金份额赎回的相关内容。

笔者认为，事实上对于投资者来说，更值得特别关注的是《民法典》第五百三十六条，该条规定了在债权人的债权到期前，如果债务人的债权或者与该债权有关的从权利存在诉讼时效即将届满或者未及时申报破产债权等情形，影响债权人的债权实现的，债权人可以代位向债务人的相对人请求其向债务人履行、向破产管理人申报或者作出其他必要的行为。这一规定使得那些持有尚未到期债权的债权人，也能直接要求次债务人采取积极行动，以维护自身利益。对于投资者来说，也就是债权尚未到期的债权人，在基金管理人失能、失联或失职，而基金对第三方所持债权处于紧迫情况下，可要求第三人采取措施，从而使得私募股权基金可向第三人主张的债权得到保护，避免基金财产的减损。

相关规定

《民法典》

第五百三十五条 因债务人怠于行使其债权或者与该债权有关的从权利，影响债权人的到期债权实现的，债权人可以向人民法院请求以自己的名义代位行使债务人对相对人的权利，但是该权利专属于债务人自身的除外。

代位权的行使范围以债权人的到期债权为限。债权人行使代位权的必要费用，由债务人负担。

相对人对债务人的抗辩，可以向债权人主张。

第五百三十六条 债权人的债权到期前，债务人的债权或者与该债权有关的从权利存在诉讼时效期间即将届满或者未及时申报破产债权等情形，影响债权人的债权实现的，债权人可以代位向债务人的相对人请求其向债务人履行、向破产管理人申报或者作出其他必要的行为。

总结来说，在基金清算中可能发生的典型情况，包括私募股权基金可能因管理人失能、失职或失联，或者基金所投资项目等原因而导致各种情形的清算僵局，而强制清算、实物分配以及投资者代表诉讼则是三种典型的僵局应对途径，这些途径能够在一定程度上被投资者所用，以主动推进基金清算。

其中，强制清算系应对清算程序具体执行时的程序僵局，投资者尚可依赖于司法救济方式实施基金清算，即当私募股权基金无法通过正常程序进行清算时所采取的法律手段和措施；实物分配既可能是不同投资者之间利益平衡的解决方案，也可能是针对特殊投资标的（典型如股票）的最优解，以此破解清算分配可能面临的困境，但实物分配将面临资产估值、流动性和税务处理等需要特别关注的问题；代表诉讼则是投资者维护自身权益的有力手段，特别是在基金管理人已无法或不愿为私募股权基金退出其所投资项目履行职责时，投资者尚有可能直接向被投资企业等相关主体提出诉求和主张以实现基金投资项目变现，最终完成基金清算。

基金清算是任何私募股权基金最终都会走向的阶段，也可以认为是投资者退出私募基金最彻底的方式，其中涉及的程序性事项总体来说较为标准化，但由于现实情况的复杂，投资者在通过基金清算实现退出时仍需保持警惕、保有自身的主动权，以维护自身权益。

第三章 基金权益转让

在我国的私募股权行业中，二级市场或称“S 交易”（Secondary Transactions）近几年几乎占据了中心地位。它被认为是促进行业发展的重要一环，笔者认为最主要的原因在于它能够为私募股权基金的投资者退出提供最为市场化的方式，能够形成相对标准化、可复制的交易模式，直面私募股权基金周期长、流动性较差的风险，为投资者退出私募股权基金提供通畅的渠道，进而增强投资者的投资信心，促进私募股权行业可持续发展。这种私募基金退出方式受到了监管政策的鼓励，包括北京、上海等地在内先后开设私募基金份额的交易场所。

从内涵来说，狭义的私募股权二级市场是指基金份额的转让，而更为广义的则还包括对基金已投资项目进行的交易。在真正形成市场化之前，基金份额的转让以投资者作为基金份额持有人为主导，这种交易的数量和规模相对有限，且具有偶发性；在后续发展过程中逐渐形成了由基金管理人所主导的交易模式。实务中通常所指的 S 基金（Secondary Funds）也就应运而生，实际上就是以基金份额或基金已投资项目为主要投资策略而设立的私募股权基金，其中从私募股权基金发展及投资者退出角度，笔者认为最值得期待的是“接续基金”（Continuation Funds），即某一基金管理人专为其在管基金设立并以该等在管基金已投资项目作为主要标的的 S 基金。

基金份额转让与基金已投资项目的转让有其各自不同的适用场景，取决于现有基金投资者的具体退出诉求、基金已投资项目运作情况、收购方可接受的条款与条件等，实践中有不同的架构设计。不过，无论多么复杂的架构设计，只要是以“S 交易”，也就是将权益转让作为退出方式的架构都有其共性问题，也是投资者在参与这些交易或通过这些交易实现自身退出目的时须关注的核心事项，以下笔者试从投资者退出角度进行相应分析。

一、基金份额转让

基金份额转让是指投资者将所持有的全部或部分基金份额转让予其他主体的交易。该类交易大多由投资者基于监管合规、流动性需要甚至内部考核的自身特殊需求而发生，例如无力继续缴付出资、基于内部决策或监管要求不再继续投资、受限于本身期限届满须退出投资等。

从投资者退出角度而言，仅针对某一投资者持有的基金份额的转让交易，是该投资者单独从私募股权基金中退出，实务中或者是与利益相关方有在先的安排或事后的单独谈判，或者是投资者在需求发生时通过市场化方式自行寻找到受让方。同时，实务中也存在着由基金管理人所主导的基金份额转让，包括潜在投资者以受让本基金全部或大部分份额的方式间接取得已投资项目的权益，[①]以及基金管理人基于投资者或者被投资企业的要求主动寻找并引入新的投资者。

在具体交易中，由基金管理人所主导的基金份额转让通常是以基金的接续重组为目的，并不是典型的基金份额转让，下文主要针对由投资者主导基金份额转让时应关注的问题、风险以及对应方式展开。

（一）份额转让的交易启动

1. 触发条件与前置程序

实务中，基金合同和附属协议可能对投资者转让所持基金份额设置有一定的触发条件，并约定有前置程序。

---

① 实务中有观点认为，此类交易由基金管理人主导，且是对现有基金已投资项目权益的重大调整，因而是以现有基金已投资项目的接续重组，而非基于份额转让的“S交易”。笔者认为，典型的接续重组涉及更为复杂的投资组合筛选、现有基金投资者与新投资者间的利益调整等，与典型的基金份额交易有较大区别。因此，本书中将此交易仍认定为基金份额转让交易的一种。

一方面，基金份额转让的触发条件可能是投资者主动选择退出私募股权基金投资的风险事件或监管要求，[①]例如在约定时间未完成基金业协会的基金备案或者未实际开展投资、关键人士重大变动且无替代方案以及一些重大违约情况等。份额转让触发条件是否设置及其具体内容将取决于投资者与基金管理人的磋商，对于投资者来说，如果希望借此退出基金投资的，则对相应触发条件的约定应尽可能具体、明确。同时须关注的是，如该等触发条件仅约定于投资者与基金管理人之间（例如在附属协议中体现）或者约定于投资者与其他远期份额受让方之间，则其他未签署该等协议文件的投资者并不受此约束。此外，如果相关触发条件系单独约定于投资者与管理人之间，亦可能因违反“公平对待投资者”原则而被其他投资者挑战，相关讨论可另见下文针对附属协议展开专门讨论的部分。

另一方面，基金份额转让的前置程序是对投资者退出的限制，以有限合伙型基金为例，该等程序可能为一定期限内提出合格的转让申请、提供符合要求的受让方加入现有基金合同的概括承诺、取得基金管理人/执行事务合伙人或者合伙人会议同意（通常为全体合伙人同意或者持有一定份额的有限合伙人以及普通合伙人的同意）等。出于维持私募股权基金投资者的稳定等考虑，投资者与基金管理人通常会在基金合同中对此前置程序进行明确约定。部分投资者则可能在此基础上与基金管理人在附属协议中进一步约定相应程序的执行机制，但因附属协议中的约定不能约束其他未签署该协议的投资者，因此基金合同中对于前置程序的约定在实际操作中应被严格遵守，除非基金管理人可依据基金合同行使特别的权利，如对部分程序的豁免或简化。实务中，受让方通常已经通

① 例如上海市国资委发布的《市国资委监管企业私募股权投资基金监督管理暂行办法》第十五条规定：“基金存续期内，出现下述情况时，监管企业及其子企业应当按照协议约定或与其他出资人协商，提前终止基金或以转让等方式退出基金：（一）按约定出资后超过一年，基金未开展投资业务的；（二）基金投资进度缓慢或资金长期闲置，且无法在短期内明显改善的；（三）基金投资策略发生重大调整，导致基金严重偏离投资目的的；（四）基金管理人资质出现重大问题，导致基金可能存在重大风险的；（五）监管企业因其他重大变化导致不再适宜继续持有基金的。”

过其尽职调查知晓份额的转让受限于前置程序的完成，而份额转让协议如签署于前置程序完成之前，此时严格来说可被认为处于效力待定状态。

此外，有观点认为应将契约型基金的份额转让作为债权与债务转让看待，因而须满足《民法典》中相关的程序要求，包括债权转让时通知债务人、债务转让时取得债权人同意等。笔者认为，契约型基金的份额转让不应被简单归类于适用债权、债务转让的规制，这是因为契约型基金构成信托应无争议，而从《私募条例》第一条在规定其上位法时仅提及《基金法》《信托法》《公司法》《合伙企业法》，而未明确提及《民法典》；契约型基金应受《信托法》规制亦应无争议，而事实上由于信托这类资产管理产品本身运作的特征，笔者倾向认为将转让基金份额视为转让信托下的“权益”为宜，与合同法律关系相比，应更类似于公司、合伙企业等组织体内的法律关系，即在无明确约定的情况下，契约型基金投资者对外转让份额的效力并不需要事前取得其他人的同意。但笔者仍要指出的是，契约型基金投资者转让其份额通知管理人和托管人是有现实意义和必要的，相关主体在内部应明确知晓其应履行义务和主张权利的对象，虽然这不意味着契约型基金投资者转让基金份额时有法律规定的前置程序。

故此，即便投资者可依据其签署的文件主张份额转让的权利及其程序的推进方式，但该等主张如仅基于其与基金管理人以及其他相关主体单独签署的协议文件，其他未签署该等协议文件的投资者并不知情且不受其约束。如果根据基金合同的约定，份额转让须取得其他投资者的同意或配合的，则受限于其他投资者的配合程度，可能对投资者通过转让基金份额方式退出造成不利，投资者虽可依据附属协议中的约定要求基金管理人给予积极配合，但份额转让过程本身并不可控。因此，从投资者退出角度，笔者建议在份额转让协议中特别注意有关完成前置程序的义务承担，为避免投资者因此而承担或有的责任，可将其约定为转让方与受让方应共同努力完成的义务，而非一概约定为转让方一方的义务。

2. 基金份额的优先购买权

基金份额转让还须遵守法律法规和监管规则之要求，其中典型问题即如何处理其他相关主体对拟转让基金份额可能主张的优先购买权。

首先需指出的是，在我国现行法律法规下，当事人之间可以对优先购买权进行特别约定，包括其设立、排除、行权方式等，而实务中发生争议的问题往往是在没有明确的约定情况下，其他投资者是否对拟转让的基金份额享有优先购买权。

对于契约型基金而言，目前《信托法》上并无优先购买权的规定，故契约型基金投资者对外转让份额时，其他投资者并不享有法定的优先购买权。

而对公司型基金而言，因法律法规的明确规定，投资者作为公司型基金的股东对外转让基金份额（公司股份或股权）时是否存在法定的优先购买权一般认为在法理与实务中均无争议，即根据《公司法》的规定，在章程没有特殊规定的情况下，有限责任公司其他股东享有优先购买权，而股份公司的股东则无此法定优先购买权。

但是在有限合伙型基金中情况则不同，根据《合伙企业法》第二十二条和第二十三条对普通合伙人转让财产份额的规定，除非合伙协议另有约定，普通合伙人对外转让财产份额须经其他合伙人一致同意且其他合伙人享有优先购买权，该法第七十三条则规定了有限合伙人转让财产份额时需提前三十日通知其他合伙人。但是，《合伙企业法》并未对有限合伙人对外转让财产份额时其他合伙人是否享有优先购买权进行明确规定，实务中对此有不同观点。

产生不同观点的原因主要是对法条的不同理解，一种理解是《合伙企业法》在第三章关于有限合伙企业的特别章节未就优先购买权进行明确规定，因此根据该章节第六十条，应适用《合伙企业法》第二章普通合伙企业的规定，即有限合伙企业的其他合伙人根据第二十三条的规定享有法定的优先购买权。另一种相反的理解则是认为，该法第七十三条已经对有限合伙人对外转让财产份额进行规制，不属于第六十条所表述的“未作规定”，不应参照适用普通合伙人转让财产份额的相关规定，即有限合伙人对外转让财产份额时其他合伙人并不享有法定的优先购买权。

对此，笔者认为第二种观点更为合理，即有限合伙人所持财产份额并无法定优先购买权。

形式上，可从《合伙企业法》的条文设置作进一步探究：首先，《合伙企业法》针对有限合伙企业份额出质（第七十二条）、份额对外转让（第七十三条）、份额偿债（第七十四条）等三种可能导致份额权属发生变化的规定中，仅在份额偿债的场景下明确规定了其他合伙人享有优先购买权，在份额对外转让、份额出质的场景中并没有承认其他合伙人享有优先购买权。其次，与普通合伙企业相比较，《合伙企业法》对有限合伙企业对外转让份额和份额质押所明确要求的“门槛”更低，《合伙企业法》对普通合伙企业的规定是严格限制对外处分，但在有限合伙企业中却并不是这样，普通合伙企业的合伙人对外转让份额和份额出质均需要其他合伙人一致同意，即其他合伙人可以通过行使同意权来阻止转让和质押，而对于有限合伙企业来说，却无对等设置，从条文中的规定来看，对外转让份额则仅明确规定了通知义务，对份额质押更是未设置任何限制。最后，《合伙企业法》中针对普通合伙企业的份额质押规定尤为严厉：未经同意的，质押即无效，而在有限合伙企业中份额质押的限制与否完全交由合伙人自行协商确定。在这种第三方通过法律规定方式处置份额权属的场景下，法律也未明确规定合伙人的优先购买权，而仅在份额偿债场景下明确规定了优先购买权，那么也未赋予转让场景下的优先购买权应是更符合逻辑的理解。

实质上，笔者认为有限合伙人对外转让份额时，似乎没有赋予其他合伙人法定优先购买权的必要。赋予优先购买权的一般预设前提是组织成员间关系紧密且进行合作，如《公司法》中法律的预设前提是有限公司股东不仅仅是财务投资人而且是共同参与公司管理，所以有限公司应当设置法定的优先购买权以确保这种关系与合作的延续，而股份公司的股东一般预设为不实质参与公司管理，《公司法》也未赋予股份公司股东法定的优先购买权。显然，普通合伙企业中考虑到连带的无限责任等因素，紧密性和合作程度甚至比有限公司更高，因此在普通合伙企业中设置法定的优先购买权理所当然，但有限合伙企业在这一点更加接近于股份公司，原则上有限合伙人在组织中所享有的法定权利甚至比股份公司股东所享有的权利更小，那么有限合伙人对外转让份额时显然也没有赋予其他合伙人法定优先购买权的必要。

然而实务中认为有限合伙企业中存在法定优先购买权的不在少数，因此投资者作为有限合伙人转让基金份额时为避免争议，须注意如合伙协议（包括用于基金业协会基金备案的基金合同以及用于企业设立登记的简版合伙协议）未就优先购买权进行明确约定的，可考虑要求基金管理人配合进行事前的充分沟通。

另外需要提示的是，对于国资背景投资者受监管要求或者其他自行决定通过特定交易所转让基金份额的投资者来说，还需关注各交易所对优先购买权问题的要求。实务中，为确保交易的稳定，交易所对优先购买权问题进行严格把控也属当然，例如合伙型基金中未对优先购买权的有无作出明确规定时，是否默认该基金设置了优先购买权，并要求交易程序须遵守相关规则，包括征询其他投资者的意愿和具体征询方式、事项，以及如果其他投资者确有意要求行权时应采取的具体方式、时点等。

相关规定

《公司法》

第八十四条　有限责任公司的股东之间可以相互转让其全部或者部分股权。

股东向股东以外的人转让股权的，应当将股权转让的数量、价格、支付方式和期限等事项书面通知其他股东，其他股东在同等条件下有优先购买权。股东自接到书面通知之日起三十日内未答复的，视为放弃优先购买权。两个以上股东行使优先购买权的，协商确定各自的购买比例；协商不成的，按照转让时各自的出资比例行使优先购买权。

公司章程对股权转让另有规定的，从其规定。

第一百五十七条 股份有限公司的股东持有的股份可以向其他股东转让，也可以向股东以外的人转让；公司章程对股份转让有限制的，其转让按照公司章程的规定进行。

《合伙企业法》

第二十二条 除合伙协议另有约定外，合伙人向合伙人以外的人转让其在合伙企业中的全部或者部分财产份额时，须经其他合伙人一致同意。

合伙人之间转让在合伙企业中的全部或者部分财产份额时，应当通知其他合伙人。

第二十三条 合伙人向合伙人以外的人转让其在合伙企业中的财产份额的，在同等条件下，其他合伙人有优先购买权；但是，合伙协议另有约定的除外。

第二十五条 合伙人以其在合伙企业中的财产份额出质的，须经其他合伙人一致同意；未经其他合伙人一致同意，其行为无效，由此给善意第三人造成损失的，由行为人依法承担赔偿责任。

第六十条 有限合伙企业及其合伙人适用本章规定；本章未作规定的，适用本法第二章第一节至第五节关于普通合伙企业及其合伙人的规定。

第七十二条 有限合伙人可以将其在有限合伙企业中的财产份额出质；但是，合伙协议另有约定的除外。

第七十三条 有限合伙人可以按照合伙协议的约定向合伙人以外的人转让其在有限合伙企业中的财产份额，但应当提前三十日通知其他合伙人。

第七十四条 有限合伙人的自有财产不足清偿其与合伙企业无关的债务的，该合伙人可以以其从有限合伙企业中分取的收益用于清偿；债权人也可以依法请求人民法院强制执行该合伙人在有限合伙企业中的财产份额用于清偿。

人民法院强制执行有限合伙人的财产份额时，应当通知全体合伙人。在同等条件下，其他合伙人有优先购买权。

《私募条例》

第一条 为了规范私募投资基金（以下简称私募基金）业务活动，保护投资者以及相关当事人的合法权益，促进私募基金行业规范健康发展，根据《中华人民共和国证券投资基金法》（以下简称《证券投资基金法》）、《中华人民共和国信托法》、《中华人民共和国公司法》、《中华人民共和国合伙企业法》等法律，制定本条例。

3. 尽职调查的应对

无论是基金份额转让还是基金投资项目的接续重组，新投资者都可能要求尽职调查，调查范围通常涵盖拟投资基金情况、基金管理人情况，以及与基金接续重组相比，基金份额转让交易中额外要求的拟转让基金份额情况。

从投资者退出角度，需要特别指出的是，新投资者所要求的尽职调查通常需要基金管理人的配合，特别是针对拟投资基金情况以及基金管理人情况的调查，因为私募股权基金的项目投资文件、重要信息、被投资企业运作情况细节等重要事项通常由基金管理人所掌握，实务中更为审慎的投资者可能还会要求与被投资企业和基金其他投资者进行访谈，与这些主体的联系和沟通更依赖于基金管理人的积极配合；即便投资者通过附属协议等方式事先有明确扩大的知情权，能够充分知晓本基金已投资项目等重要事项，但也可能受限于保密等义务而无法向新投资者直接披露。同时，基金运作取决于基金管理人自身的管理能力，以及在监管趋严的大环境下，基金管理人不满足持续合规的要求可能导致的严重后果之一是可能被限制开展相关业务，进而影响基金新增规模或投资。因此，尽职调查覆盖基金管理人情况是新投资者的必然选择，其内容通常包括其风险控制体系、过往业绩和管理能力以及其他持续合规事项等，这更依赖于基金管理人提供其内部资料和信息。

因此，如果现有基金文件中没有对基金管理人配合义务的明确约定，在投资者希望通过基金份额转让的方式退出基金投资时，须注意事前与基金管理人的充分沟通，以满足新投资者要求开展尽职调查的要求。

此外，特别需要说明的是，针对拟转让份额本身的调查相对而言可由投资者自行披露相关情况，对该等份额及其所对应权益、义务（包括他项权利设置）等事项并不像基金及其基金管理人本身一样有赖于其他主体的配合，并且由于拟转让基金份额本身权益、义务将涉及交易价款的定价等问题，实务中通常在启动交易之初便已经由交易各方进行明确，并在交易条款中作为核心事项进行特别约定，具体可参见本章其他内容以及下文“份额定价及调整机制”相关内容。

延伸阅读：私募股权基金及其管理人尽职调查内容与关注要点

在私募股权市场中，新投资者对其拟投资的私募股权基金及其管理人开展尽职调查已经成为相对标准的动作，对于国资背景投资者来说更是监管所要求必须完成的事项。法律尽职调查的程度、内容、范围等可能根据实际情况各有不同，以下笔者将介绍标的基金及其管理人相对充分、详尽的法律尽职调查应包括的内容及事项，以及实际操作中须重点关注的事项。

（一）标的基金

1. 设立、存续、备案情况

基金的合法设立及有效存续是其进行募集、开展运营并对外投资的基本条件，而向基金业协会的备案是基金合法合规经营的前提条件。可通过查阅标的基金的工商登记材料、备案时提交的相关材料进行核查，并调阅国家企业信用信息公示系统、基金业协会官方网站等核实标的基金的设立、存续和备案情况，并通过司法机关、监管部门等的官方网站查询标的基金是否存在法律规定需进行解散或清算的情形、是否存在行政处罚、是否有未决诉讼等。

2. 募集情况

基金的募集是其完成备案、开展运营并对外投资的必要条件，调查重点是标的基金目前各投资人的认缴情况和实缴进度，核查上述事项是否符合法律法规、自律规则以及基金合同的约定，一般通过基金合同、出资缴付通知书、企业登记资料、出资人出资凭证等进行核查。

此外，新投资者也将关注基金合同中对于出资义务履行的相关内容，包括：①出资缴付的方式和期限，例如是在规定时限内一次性缴付，还是按项目或按既定比例缴付；②出资缴付的先决条件，例如是否存在某一投资人将普通合伙人缴付出资作为其出资的前提；③是否允许后续募集及其实施方式，例如后续募集期的起止时点、决策机制、是否向既有合伙人支付补偿金；④出资违约的处置，例如违约金的计算、是否折算违约合伙人的实缴出资、是否剥夺其投票权等。

除此之外，标的基金是否存在外籍自然人/机构，或者国有企业等可能影响标的基金性质的投资者也可能成为调查的关注重点，原因在于该等投资者的存在可能对标的基金未来的项目投资或退出造成一定限制。

3. 资金监管

银行账户的托管事宜是为了从源头上保障投资人的资金安全。主要调查内容包括管理人就标的基金与监管行、托管行分别达成的监管协议、托管协议，标的基金募集和对外投资时收款及付款的银行账户等，以了解标的基金在其募集和运作过程中是否实现了资金的隔离和有效监管。

4. 资金运用

（1）利润分配和成本、亏损分摊

利润分配和成本、亏损分摊因为内容敏感，实践中通常无法对资金划付进行核实，主要调查方式是查看基金合同对这一问题的约定。

在利润分配方面，调查内容包括但不限于：①利润是按项目还是按期间分配（即所谓的 deal — based 或 fund — based）；②分配的具体时间是明确约定还是由普通合伙人/管理人自行决定（与普通合伙人/管理人留存和调配合伙企业收入有关）；③投资人之间、投资人与普通合伙人之间具体的分配顺序（体现了基金的结构化设计）；④分配时的资金留存、分配后的回拨、非现金分配等。

在成本分摊方面，包括但不限于：①标的基金成本的具体项目及其收取方式（除管理费）；②管理费的费率及收取方式；③应由普通合伙人/管理人自行承担的费用，以及由其垫付费用的报销方式；④亏损分摊方式等。

（2）债务和对外担保

标的基金如存在或可能存在重大负债，可能导致投资者投入的资金被用于清偿债务而不能用于进行项目投资或进行分配，也就是说，标的基金的对外负债和提供担保与投资者的资金用途和安全密切相关。

就这一问题的主要调查内容包括协议约定和实际情况两个方面。在协议约定层面，需关注是否允许标的基金对外进行借款及/或提供担保，以及该等事宜的最终决定是否包括投资人的事先同意等。同时在实际情况层面，可通过企业信用报告、财务报告、审计报告等财务文件，并结合管理人披露的信息，对标的基金的对外负债和提供担保情况进行调查。

5. 运营机制

标的基金的运营机制涵盖管理人委托方式及其职权、普通合伙人/执行事务合伙人职权、合伙人会议的职权及表决机制，投资决策委员会（以下简称投委会）及/或咨询委员会（以下简称咨委会）的设立、职权及表决机制等标的基金运营决策方式和机制。

除契约型基金外，公司型基金和有限合伙型基金的管理人委托方式是指标的基金的管理人是否同时持有标的基金份额（即一般认为的“内部管理模式”），或者以签署委托管理协议的方式确认基金管理人、其本身不持有基金份额（即一般认为的“外部管理模式”），此外公司型基金还可能存在“自我管理模式”，即该公司既是基金又是基金管理人。

投委会通常由普通合伙人/管理人以及出资较多的投资人负责委派人员组成，而咨委会通常由投资人负责委派人员组成。对标的基金的运营而言，管理人、普通合伙人/执行事务合伙人、合伙人会议、投委会、咨委会之间的职权划分尤为重要，因为这涉及投资人可以在何种程度上行使其知情权和监督权。了解标的基金的运营机制之本质目的，是确保在投资于标的基金之后，投资人对标的基金能够实施有效的监督，并在相关法律法规允许的范围内为其自身的利益而参与标的基金的运营并实现自我保护。

以有限合伙型基金为例，通常情况下关注要点可归纳为：①标的基金投委会的决策流程是否独立且清晰，是否与普通合伙人／管理人适用同一投资决策委员会，以及投资人是否享有列席或取得相应报告、文件的权利；②标的基金中是否对关联交易及潜在的利益冲突约定并执行了明确的处理机制，以避免标的基金发生资金挪用、利益输送等损害投资人权益的情况；③在发生重大事项时，投资人可否通过合伙人会议或咨询委员会等机制进行有效监督或自我保护，以避免因普通合伙人／执行事务合伙人及／或管理人单方面进行处置而损害其权益或出现僵局。

实践中，对标的基金运营机制的主要调查内容包括事先约定设置和实际落实情况两个方面：一方面就事先约定设置而言，一般了解标的基金本身或管理人就其运营机制所约定的具体制度以及基金合同中约定投资人在何等条件下能够如何参与什么事项的表决；另一方面就实际落实情况而言，通过在标的基金已实施的项目中抽取特定项目（抽取方法见下文“对外投资”中“对于已实施的项目”部分）进行穿行测试，核查相关项目从筛选到退出的全部相关文件，从而了解标的基金在投资过程中的实际流程，再与制度和基金合同的相关约定进行比对来确认相关制度和基金合同的落地情况。

6. 对外投资

标的基金的对外投资是标的基金设立的目的，具体是指标的基金受限于法律法规、自律规则以及基金合同约定的投资限制，在约定的投资领域内实施项目投资、进行投后管理并完成投资退出，以期取得投资收益的行为。标的基金对外投资的主要调查内容包括标的基金的投资领域和投资方式、已实施的对外投资项目以及未实施的储备项目

（如有）。

对于标的基金的投资领域和投资方向，关注要点在于其是否涉及相关法律法规或自律规则规定不允许或不鼓励私募基金从事的投资行业或投资方式，例如住宅类房地产开发、债权投资等。

对于已实施的项目，关注要点包括投资流程的完整、交易文件的完备、投后管理措施的有效和尽责、投资退出的回报，以及前述所有过程的合法合规。如果某一标的基金已实施的对外投资项目较多，则通常抽取重大项目进行调查，而判断是否“重大”的标准通常包括金额是否较大、是否存在关联交易、是否突破基金合同约定的投资限制、是否涉及跨境投资及／或敏感行业、退出时是否存在本金亏损的情况等。

对于未实施的对外投资项目，通常会了解储备项目的基本情况、拟投资金额、是否涉及关联交易、是否符合标的基金的投资限制及投资领域、是否涉及跨境投资及／或敏感行业、是否因涉及部分投资人不能投资或不能直接投资而需设立特殊投资载体等情况。特别需要指出的是，对投资于单一项目或绝大多数金额投资于某几个重大项目的标的基金，为保障资金安全，还可视具体情况在实施投资前要求对这些重大项目本身进行翔实的调查，以便了解投资风险，以及是否存在利益输送或虚假披露等情况。

7. 核心团队

标的基金的核心团队也是其有效开展经营及实施对外投资的必要条件，具体是指对基金的经营和投资产生实质影响的人员，通常包括关键人士、投委会成员、投资团队主要负责人以及其他实际履行该等职责的人员。需要特别注意的是，该等人员可能与其管理人的管理团队（详见下文）存在交叉，因此在调查时一般首先确认核心团队人员的构成。

此后，为了解标的基金核心团队的管理能力和专业能力，以便了解标的基金能否有序平稳运营和有效开展业务，主要调查内容和关注要点包括：①成员的基本情况，如教育背景、基金从业资格、相关行业从业经验、入离职情况、兼职情况等；②成员的既往基金和项目情况，包括参与设立或管理基金的数量、负责或参与项目的实施情况，例如该等基金的投资领域或已实施投资项目是否存在或可能存在与标的基金的关联交易或利益冲突等；③在标的基金中的锁定情况，参与业绩报酬分配或奖励及其具体方式，参与基金跟投及其具体方式（例如是否作为普通合伙人的股东/合伙人间接投资于标的基金），在基金投资期或投资本金未达到一定条件前，不得参与设立或管理其他类似基金，以及该等人员能够投入标的基金的实际工作时间和精力等。特别需要指出的是，核心团队如何参与业绩报酬奖励或分配在尽职调查过程中比较敏感，然而因为这一点涉及标的基金的最终运作效率，因此实践中不少投资者也选择直接与标的基金及其基金管理人沟通该等事宜。

8. 信息披露

对标的基金的信息披露要求是为了保障投资人的知情权并符合监管的合规要求。从时间上来说，包括定期信息披露和有关重大事项的临时信息披露；从披露对象来说，包括向基金业协会等机构的信息报送和向投资人进行的信息披露。

标的基金信息披露的主要调查内容包括基金合同中约定的信息披露义务履行方式及其实际执行情况（如有）两个方面。在协议约定方面，信息披露是投资人了解基金运作和营收情况最重要的途径之一，因此关注要点是约定的定期报告发送的时间、涵盖的基本内容，以及需要向投资人披露的重大事项之具体范围、披露时间及方式等。在实际执行方面，关注要点则是对上述约定的具体实施，主要包括是否及时且充分地向投资人发送报告、公告、邮件或其他形式的信息披露文件，向基金业协会及时且充分地提交的相关报告或信息，包括填报资产管理业务综合报送平台及私募基金信息披露备份系统。

（二）管理人

1. 管理人的合规情况

（1）设立、存续及登记情况

管理人的合法设立、有效存续是其发起设立基金并开展业务的基本条件，而其在基金业协会完成管理人登记是其合法合规经营的前提条件。

管理人的一般实体形式包括有限责任公司和有限合伙企业，作为一般的公司或企业，主要调查内容包括名称和经营范围是否符合《私募基金管理人登记指引第1号——基本经营要求》的相关要求、设立程序、是否存在法律规定需进行解散或清算的情形、是否被行政处罚，以及是否存在未决诉讼。

就管理人在基金业协会的登记而言，主要调查内容包括管理人在基金业协会的公示信息、管理人登记或进行重大变更时向基金业协会提交的相关文件（包括法律意见书）。了解管理人在基金业协会登记的基本信息，并通过与管理人现状进行比较，重点关注内容包括管理人是否在基金业协会完成登记且真实、完整、及时报送或披露信息，是否存在已报送或披露的信息与实际情况不一致的情形，且是否存在因未按时完成其向基金业协会进行信息报送的义务而被特别公示或列入异常名单。

（2）股东／合伙人、主要出资人、实际控制人以及关联管理人

一般而言，需要比照《登记备案办法》《私募基金管理人登记指引第2号——股东、合伙人、实际控制人》等相关规定核查确认其资质条件。重点关注最近三年是否存在严重失信或违规记录，最近五年是否存在从事冲突业务的情形。

此外在申请机构申请登记的时候，基金业协会要求实际控制人及其已经登记的管理人承诺对新申请登记管理人展业过程中产生的违法违规行为承担合规连带责任和自律处分后果，因此基金管理人存在关联管理人的，关联管理人的合规情况也可能作为重点核查对象。

（3）对外投资中未备案为私募基金的企业

在管理人自有资金投资企业中，特别被关注的是未备案为私募基金的企业，特别是管理人担任普通合伙人的合伙企业，原因在于近年来多有发生该等企业被认为构成私募基金性质而未履行基金备案程序的私募基金管理人被处罚案例。

通过公开信息查询其出资人以及核查对外投资情况，核查该企业是否存在两个以上相互之间无关联关系的出资人，该企业是否存在对外投资。同时与管理人核实对外投资中未备案为私募基金的企业具体情况，是否为管理人以自有资金投资的企业，是否存在募集以及投资行为但未进行私募基金备案的情况。

（4）经营情况

管理人的经营情况与其稳定存续且合法合规经营密切相关，本书中所指的管理人经营现状包括管理人的专业化经营情况、重大负债、与股东及关联方之间的资金往来或关联交易、出资人的认缴及实缴出资等。

管理人的专业化经营是其合法合规经营的基本底线，主要调查内容为管理人是否存在除基金管理业务之外的其他经营业务，而关注要点包括该等经营业务是否涉及相关法律法规或自律规则规定不得从事的行业或领域，例如民间借贷、民间融资、小额理财、小额借贷、担保、保理、典当、融资租赁、网络借贷信息中介、众筹、场外配资、房地产开发、交易平台等业务，以及是否就该等经营业务收取费用。

重大负债对管理人的存续和经营可能造成重大不利影响，主要调查内容包括管理人对金融机构的负债、民间借贷以及对外提供担保且金额较大的负债，而关注要点是该等负债是否存在逾期的情况。

与相关方之间的资金往来或关联交易可能影响管理人经营的独立性，主要调查内容是管理人与相关方之间是否有长期、大额或经常的资金往来或关联交易，而关注要点是该等资金往来或关联交易的必要性及公允性，是否存在利益输送的可能。

出资人对管理人及时、足额地缴纳出资，为管理人的经营和业务开展提供必需的资金支持，主要调查内容是出资人各自的认缴出资及历次实缴情况，而关注要点是该等资金是否足以维持管理人的经营以及是否符合《登记备案办法》《私募基金管理人登记指引第 1 号——基本经营要求》的相关实缴出资要求。

（5）内部治理

管理人的内部治理是为了规范管理人所发起设立基金的运营和投资行为，提高风险防范能力，有效防范与控制基金运营和投资项目运作风险，是其经营的必要支持。

此处的内部治理除管理人制定基金业协会相关规定要求的内部治理制度外，还包括管理人组织架构的设置及其各自职权，股东／股东会、执行董事／董事会、监事／监事会及高级管理人员的设置及其各自职权等维持管理人有序经营的制度、内部控制体系及流程。就整体而言，主要调查内容是前述制度、内部控制体系及流程的具体内容、是否清晰且完备以及是否可以得到有效执行。

通常情况下关注的要点可归纳如下：①公司内部决策机构和组织架构设置是否合理、分工及隶属关系是否清晰、各部门负责人是否明确，能够保证公司内部治理的有效实施；②与投前决策（包括项目开发、初步审查、项目立项、尽职调查）、投资实施、投后管理及投资退出有关的投资制度是否完备，与标的基金层面的投资决策机制如何关联及其具体的实施情况；③管理人的财务及人员管理能否保证管理人的运营具有独立性。

（6）人员

管理人的人员是其开展业务的必要条件，此处所指的人员包括管理人的管理团队及工作人员，其中管理团队是指对管理人运营进行决策的负责人员，通常包括法定代表人／执行事务合伙人或其委派代表、董事会成员／执行董事、投资决策委员会成员、总经理、副总经理、合规风控负责人、财务负责人、投资负责人或实际履行该等职责的人员。工作人员是指除前述管理团队之外，其他与管理人建立劳动关系、劳务关系或其他雇佣关系且参与管理人运营的全部人员。如上文已强调的，标的基金核心团队成员与管理人的人员可能存在重合，此处仅讨论管理人的人员情况，而不论其是否作为标的基金核心团队成员。

就这一问题，关注要点通常包括管理人是否有充足、稳定及专业的人员具体落实投前准备、投资实施、投后管理及投资退出等环节。基于此，主要调查内容包括：①人员的基本情况。包括专职员工是否达到5人、人员的入离职情况、从业资格、从业经历。人员的入离职情况能够体现管理人人员架构的稳定性和团队合作，而是否具有基金从业资格、是否具有丰富的从业经历均能够反映管理人能否有效且持续开展业务。②人员兼职情况。具体包括该等任职是否符合法律法规及自律规定，例如法定代表人/执行事务合伙人或其委派代表、高级管理人员不得在非关联私募基金管理人、冲突业务机构等与所在机构存在利益冲突的机构兼职；合规风控负责人不得兼任与合规风控职责相冲突的职务，不得在其他营利性机构兼职；法定代表人/执行事务合伙人或其委派代表、高级管理人员以外的其他从业人员不得在其他营利性机构兼职、是否可能影响管理人的业务开展（例如导致利益冲突或利益输送的可能）、是否影响其对标的基金的管理（例如过多地占用其工作时间和精力）等。③人员的激励机制。就公司运营而言，公司对其员工的激励机制往往是维持人员稳定性的重要保障。实践中，常见的激励机制包括基于业绩报酬的奖励、基于基金跟投的权利（或义务）。值得注意的是，各管理人实施该等激励机制的方式往往存在较大差别，例如实践中该等激励机制可能与相关人员参与设立及/或管理的标的基金直接挂钩，也可能与管理人整体营收相关，具体细节需通过制度及实施情况进行了解。

2. 管理人的管理能力

（1）管理人管理的其他基金

调查管理人除标的基金外正在管理的基金是为了解管理人的管理能力。在这一调查过程中，关注重点包括：①与标的基金的运营机制是否存在较大差异，从而了解管理人对标的基金的运作方式是否具有经验；②与标的基金的主要投资方向及领域是否重合或类似，或与标的基金的投委会组成和表决机制是否重合，即与标的基金之间是否可能存在投资机会分配、关联交易、利益冲突，以及针对该等情形的处置机制；③与标的基金是否存在核心团队成员的重合，从而确认标的基金的核心团队成员能够投入标的基金运作的时间和精力。

（2）关联管理人与其管理的基金

关联管理人是指与管理人受同一控股股东、实际控制人控制的私募基金管理人，关联管理人可能由管理人管理团队所实际参与管理或控制，有鉴于此，关联管理人及其正在管理的基金因同样能反映管理人的管理能力，也可纳入调查的范围。

关联管理人作为独立的实体，主要调查内容可集中于其设立、存续及登记、内部治理等。关注要点为其是否合法设立并有效存续，且已完成管理人登记，并能够合法合规地设立并管理基金，以尽可能确认管理人的管理团队不会因此而被处罚，从而影响标的基金的运营。

针对关联管理人正在管理的基金，主要调查内容及关注要点通常建议参照前述管理人除标的基金外正在管理的基金，不再赘述。

（二）份额转让的交易定价

在完成上述前置程序、尽职调查等事项后，标的基金份额的具体交易中应该关注哪些核心问题呢？对于基金份额转让来说，笔者认为，核心事项首先是定义投资者拟转让基金份额所代表的权益，投资者在私募基金中所享有的权益是否均可作为交易标的。这里所指的“权益”包括基金合同中所约定的权益应无争议，问题在于是否必然包括投资者通过附属协议等方式取得的特殊权益，比如管理费的减免、信息披露范围的扩大、共同投资机会的优先、特别的基金投资退出机会、投资者部分义务的豁免等。实务中有基金管理人反对附属协议下投资者权利义务的一并转让，事实上这一问题存在争议，相关内容可参见本章下文有关附属协议的专门讨论。

需要注意的是，如果拟转让的基金份额中不包括约定于附属协议中的投资者权利义务，则势必将影响标的基金份额的价值。基金份额的定价本身就是S交易中被讨论最多的难点，目前实务中，通常借助第三方评估、被投资企业最近一轮融资估值、经审计净资产等方式作为定价的基础，其中最为公允的方式是第三方的评估，但基金份额价值的评估与尽职调查一样需要获取基金本身及已投资项目的必要文件及信息，如上节内容中已经提及的，这一事项需要基金管理人甚至被投资企业的配合，在实际操作中可能难以实现。

而无论以何种方式确定基金份额的定价基础，毋庸置疑的是标的基金份额的买卖双方基于各自的判断将围绕此问题展开充分的谈判。同时，在标的基金份额转让协议签署、价款支付、确认交割等重要节点陆续发生的过程中，标的基金份额净值可能发生重大变化，对于买卖双方而言如何分配该等商业风险也是实际操作中须重点关注的问题。

此外，标的基金份额是否存在预先支付的基金费用、是否存在待分配收益、是否约定了收益的预留和特定情形下的返还、是否已完成缴付、是否存在出资违约情况、是否涉及补偿款的支付或抵扣等事项，均涉及标的基金份额买卖双方之间就标的基金份额对应权益的划分以及份额交割后买卖双方的责任与义务，进而将对标的基金份额的转让价格产生影响。例如，基金合同约定基金份额持有主体对于其认缴出资分阶段实缴，当转让方决定转让其持有的基金份额时，这些基金份额可能并未完全实缴，此时受让方仍需履行后续出资义务，应将此纳入确定转让价格的考虑因素内。又如，转让方存在出资违约的情况，基于基金合同的约定可能被要求承担支付违约金等违约责任，如果转让方尚未承担相应的违约责任，受让方通常要求在交易协议中约定由转让方承担或者在交易前根据基金合同中的约定取得相应的豁免文件或者相应调减交易价格。相同的受让方诉求亦可能发生在其他特殊情况下，如果转让方并不是在该基金设立时进入，而是通过基金扩募的方式进入，因转让方将参与扩募之前已投资项目的投资收益分享，考虑到扩募前的投资者承担的资金成本，转让方可能负有支付相应补偿款的义务，但该等补偿款尚未完全支付或有待于之后在可分配款项中抵扣。

特别值得一提的是，随着修订后的《公司法》于 2024 年 7 月开始施行，对于有限责任公司型基金的投资者来说，根据该法第八十八条的规定，在转让未完全实缴的私募基金份额时，由受让方承担缴纳该出资的义务，但是受让方未按期足额缴纳出资的，转让方应对受让方未按期缴纳的出资承担补充责任；在转让已届出资期限的股权时，转让方与受让方应当承担连带责任。也就是说，当转让方对其认缴的出资额未完全实缴出资时，即使已经将股权转让，仍有可能被要求履行出资义务。因此，对于作为有限责任公司股东的投资者来说，基金份额受让方的资信非常重要，否则恐怕不能通过转让基金份额来完全实现退出的目的。

相关规定

《公司法》

第八十八条 股东转让已认缴出资但未届出资期限的股权的，由受让人承担缴纳该出资的义务；受让人未按期足额缴纳出资的，转让人对受让人未按期缴纳的出资承担补充责任。

未按照公司章程规定的出资日期缴纳出资或者作为出资的非货币财产的实际价额显著低于所认缴的出资额的股东转让股权的，转让人与受让人在出资不足的范围内承担连带责任；受让人不知道且不应当知道存在上述情形的，由转让人承担责任。

对于转让未完全实缴的财产份额的责任承担《合伙企业法》并未明确规定。经笔者检索相关案例，有法院认为转让未届出资期限的合伙企业财产份额，转让方不再承担出资责任，[①]但该等案例均裁判于新修订的《公司法》施行之前，而上述《公司法》第八十八条的规定又是本次修订中新增的条款，故有限合伙企业的财产份额转让是否参照该《公司法》第八十八条的规定尚有待司法检验。

故此，在对标的基金份额进行转让时，作为转让方的投资者除应根据相对公允的定价方式以及与受让方的充分磋商等确定转让价款外，还须对受让方的资信和履约能力进行充分调查，并且在受让方要求设置包括分期支付转让价款等情况下充分应对，包括要求分期支付的先决条件

---

① 参见刘某燕与某机械工业（苏州）有限公司案外人执行异议之诉案，（2020）苏0506民初287号一审民事判决书；冯某、李某宏等合伙企业纠纷案，（2021）湘0104民初6923号一审民事判决书。

设置合理、可预见且清晰明确。

（三）国资背景投资者的特殊关注事项

在私募股权基金中，不同背景的投资者有其各自须遵守的法律法规及监管规则要求，其中在私募股权基金份额转让交易中国资背景投资者所面对的“双重监管”较为典型，即国资背景投资者除上述私募股权基金份额转让时涉及的事项外，还须特别关注国资监管下对于转让资产的相关要求，其中核心问题主要是对于资产的定价是否必须以评估为前提，以及交易方式的选择上是否以公开征集意向方为原则，以及该原则与私募基金“不得公开募集”的要求如何衔接。

1. 价值评估

将份额转让作为退出私募股权基金路径的国资背景投资者须关注对于相应程序的履行。

根据《企业国有资产评估管理暂行办法》的规定，基金份额作为国有企业所持有资产在转让时原则上须经评估，[①]但是对于私募股权基金份额完整的价值评估可能意味着须穿透至被投资企业，这在实务中相对较难实现，主要原因在于投资者自身难以直接与被投资企业沟通取得相关资料和信息，而基金管理人即便愿意完全配合，也可能受限于被投资企业的配合程度而无法协助投资者完成评估。

对此，在《国务院国有资产监督管理委员会关于优化中央企业资产评估管理有关事项的通知》（以下简称《通知》）中则明确规定中央企业及其子企业发生标的为有限合伙企业份额的交易时，依照相关法律和企业章程履行决策程序后，可以聘请专业机构对相关标的进行估

---

① 《企业国有资产评估管理暂行办法》第六条规定：“企业有下列行为之一的，应当对相关资产进行评估：（一）整体或者部分改建为有限责任公司或者股份有限公司；（二）以非货币资产对外投资；（三）合并、分立、破产、解散；（四）非上市公司国有股东股权比例变动；（五）产权转让；（六）资产转让、置换；（七）整体资产或者部分资产租赁给非国有单位；（八）以非货币资产偿还债务；（九）资产涉讼；（十）收购非国有单位的资产；（十一）接受非国有单位以非货币资产出资；（十二）接受非国有单位以非货币资产抵债；（十三）法律、行政法规规定的其他需要进行资产评估的事项。”

值。据此，对于有限合伙型基金而言，相当程度上解决了转让基金份额时所面临的评估难题。同时，包括上海在内的各地国资委也已经正式通知执行《通知》的相关规定，即除中央企业外，相应的地方性国有企业在处理转让有限合伙型基金份额时亦可参照《通知》的规定简化评估程序。

遗憾的是，《通知》并不是针对“基金份额”这一资产一概的简化评估要求，而是仅针对“有限合伙企业份额”为标的的交易，即对于非有限合伙型基金的投资者来说，在转让所持基金份额暨公司股权时仍面临评估难的问题。此外需要说明的是，《通知》的制定机关为国务院，而实务中还有部分受财政部等国家机关管理的国有企业，该文件尚不能直接适用。

但笔者相信，随着私募基金行业的发展，国资监管部门评估这一难题应有更充分和更有针对性的政策措施，甚至立法和监管规定上的优化。只是在此之前，对于无法依据《通知》进行评估简化的国资背景投资者来说，尚须关注具体交易时基于其所投资私募股权基金的具体情况一事一议，相应满足国资监管对于基金份额这一资产所要求的评估要求。

2. 进场交易

根据《企业国有资产交易监督管理办法》等文件规定，国有企业转让股权即非上市公司股份需要履行进场程序，也就是说，公司型基金的国资背景投资者转让其所持有的基金份额时须在符合规定的产权交易场所公开征集意向方。

对于实务中更为常见的有限合伙型基金而言，国有企业作为有限合伙人转让其所持有的基金份额暨有限合伙份额时是否亦应遵守《企业国有资产交易监督管理办法》尚无明确规定。根据国务院国资委在其官方网站对此相关疑问的解答，笔者倾向认为，从监管角度来看国有企业转让有限合伙份额时仍应遵守相关评估（估值）规定，但《企业国有资产交易监督管理办法》在特定交易场景下可不适用，[①] 但由于该等监管意见并未形成正式规范性文件，对于国资背景投资者来说以协议方式进行份额转让时仍须特别谨慎。

虽然公司型基金在股权转让上适用《企业国有资产交易监督管理办法》是毫无疑问的，但是在国有企业转让公司型私募基金的股权时同样存在适用上的难题。原因在于根据《企业国有资产交易监督管理办法》第二条[②]，股权转让应当在依法设立的产权交易机构中公开征集受让方，但这与《私募条例》等相关规定下私募基金“不公开募集”的基本要求不符。这个问题曾长期困扰私募基金行业，正是国有企业开展私募基金业务受制于双重监管即国资监管和私募基金监管时进退维谷的生动体现。

随着私募行业的发展和国有企业参与程度的提高，特别是市场规模和退出诉求的日益凸显，上述问题在实际操作中已经有了一定的应对机制，包括在上文提及的国务院国资委官网答复中对此问题亦有回应，其中提及“鼓励国有企业出资的有限合伙企业通过产权交易机构挂牌交易，转让对外投资的企业股权，广泛征集投资人，发现市场价格”，笔者理解其核心就在于以“广泛征集”取代“公开征集”。目前证监会已经批准了在北京、上海、浙江（含宁波）、广东、江苏、安徽依托省区域性股权市场开展私募基金份额转让试点，具体交易时则一般采用只向

① 参见2024年7月10日国务院国资委在“关于国有全资公司转让有限合伙企业份额是否需进场交易问题的咨询”下的答复：(1)《企业国有资产交易监督管理办法》规范的对象是依据《公司法》设立的公司制企业，不包括有限合伙企业，国有企业转让持有的有限合伙企业基金份额、有限合伙企业转让对外投资的企业股权不在本办法规范范围内。鼓励国有企业出资的有限合伙企业通过产权交易机构挂牌交易，转让对外投资的企业股权，广泛征集投资人，发现市场价格。(2) 如涉及中央企业及其子企业转让有限合伙企业份额，应当根据《关于优化中央企业资产评估管理有关事项的通知》(国资发产权规〔2024〕8号) 相关规定进行评估或估值。http://www.sasac.gov.cn/n2588040/n2590387/n9854167/c31327747/content.html，最后访问时间：2024年8月28日。

② 《企业国有资产交易监督管理办法》第二条规定：“企业国有资产交易应当遵守国家法律法规和政策规定，有利于国有经济布局和结构调整优化，充分发挥市场配置资源作用，遵循等价有偿和公开公平公正的原则，在依法设立的产权交易机构中公开进行，国家法律法规另有规定的从其规定。”

公众披露基本信息，再向合格投资者披露具体信息的方式，[①]如此既满足非公开募集的要求又满足进场交易的需求。

需要提示的是，在已经批准进行私募基金份额转让试点的不同地区，对于国有基金份额转让的要求存在不同的规定，例如北京市发布的《关于推进股权投资和创业投资份额转让试点工作的指导意见》规定，支持各类国资相关基金份额（包括但不限于国家出资企业及其拥有实际控制权的各级子企业出资形成的基金份额、各级政府投资基金出资形成的基金份额），通过北京股权交易中心（简称北股交）份额转让试点转让交易。同时也规定“基金设立协议等对基金份额转让有明确规定或约定的，从其规定或约定”，即为协议转让创设可适用的一定空间。而在上海市出台的《市国资委关于印发上海市国有私募股权和创业投资基金份额转让监督管理试行办法的通知》《上海市国有企业私募股权和创业投资基金份额评估管理工作指引（试行）》《关于支持上海股权托管交易中心开展私募股权和创业投资份额转让试点工作的若干意见》等文件中，则要求国有资金出资的份额转让应当在上海股权托管交易中心（简称上股交）进行。根据上述规定，北京市支持北京国有基金份额通过北股交进行交易，但并非强制要求，而上海市则要求属地国有企业所持基金份额应当通过上股交进行交易。

---

① 例如，根据截至2024年9月的北京股权交易中心（以下简称北股交）业务规则，基金份额转让的方式包括协议转让、单向竞价转让方式、经申请采取竞争性谈判、综合评议等方式。北股交针对拟转让份额仅公示份额持有方、挂牌时间、基金投向、公告期、拟转让份额等信息供所有主体查阅。对于拟转让份额的其他信息仅对在北股交转让平台完成合格投资者开户的合格投资者定向披露，并在转让流程中设置了“双层定向披露机制”：第一层级信息披露仅对关注份额转让业务的合格投资者定向披露。第二层级信息披露仅对已在北股交转让平台完成合格投资者开户且具有明确受让意向的意向受让方定向披露。

又如，根据截至2024年9月的上海股权托管交易中心（以下简称上股交）业务规则，基金份额转让的方式包括单向竞价、协议交易、非公开协议转让。经咨询上股交工作人员，非公开协议仅适用于转让方符合特定条件的情况，协议交易一般适用于民营企业。以单向竞价为例，单向竞价的信息披露分为初始信息披露和补充信息披露，初始信息披露包括份额公示信息和挂牌转让说明书。份额公示信息主要包括基金份额代码、基金简称、基金成立时间、基金期限、基金投向、基金规模、转让基金份额等，需要在上股交指定平台发布，所有主体均可查阅。挂牌转让说明书内容只有在上股交已开立基金份额合格投资者账户的投资者才可查阅。补充信息披露是指份额挂牌后，信息披露义务人在上股交指定平台依规依约面向合格投资者或意向受让方披露的补充信息。

事实上从监管意图来说，笔者认为要求“广泛征集”受让方这一要求意味着公司型基金的投资者不能提前指定受让方，司法实践中也存在因欠缺“广泛征集”（包括公开征集）受让方而导致交易无效的情况。[①]而这一监管意图在实务中可能导致的最主要问题，一方面是包括远期份额转让安排在内的一些特殊交易可能无法实现，导致各方交易目的落空；另一方面是转让方无法直接锁定任一主体的受让义务，而是需要该等交易对手方参与交易场所内的一系列程序。对此，实务中常见的解决方式是在相关协议中约定国资背景投资者征集受让方时，相关主体有义务参与报名，且在不高于特定金额的前提下积极竞价。

如同笔者在上文“资产价值评估”部分已经表达的，随着私募行业的发展，有关基金份额转让的交易场所及其交易规则将更加健全和完善，包括尚未被批准试点的其他地区对于国有基金份额转让的要求将逐步清晰，国资背景投资者所持的非公司型基金份额将有其明确可适用的监管规则，各交易场所针对不同的基金份额转让交易场景也有可灵活应对的机制模式。

（四）远期转让安排的特殊关注事项

实务中，投资者为保障自身的投资安全，可能要求基金管理人或其关联方，或者融资主体等提供增信措施，所提供的增信措施中典型的方式之一即远期份额受让承诺。提供增信承诺的主体可能同为基金投资者，或者仅作为外部第三方，提供增信承诺的时间可能是在基金募集阶段，亦可能是基金运作或清算阶段。

实务中争议最大的远期份额转让交易，其表现形式之一是投资者与基金管理人或其关联方签署协议，约定于特定期限届满时该等主体以事前约定的价格受让投资者届时所持基金份额。对于希望通过份额转让方式退出的投资者来说，这种远期份额转让安排因为有明确的义务主体、期限和价格，使得从基金退出成为相对确定的事项。但是，投资者须注

① 参见巴某投资有限公司诉上海某投资建设有限公司等股权转让案，（2009）沪高民二（商）终字第22号二审民事判决书。

意该等安排可能存在被认定构成刚性兑付而无效，导致无法实际被执行的风险。

具体来说，有关上述远期份额转让交易的有效性争议，从对象来看，主要的争议为管理人的关联方签署的远期份额转让协议是否有效。从阶段来看，主要的争议为在投资期限届满后签署的远期份额转让协议是否有效。笔者倾向认为，管理人或其关联方与投资者签订的、具有保本保收益约定的远期份额转让协议，不论在什么阶段签署，认定为无效更有利于行业的平稳发展。

首先，从私募基金监管角度，以向投资者承诺本金不受损失或者承诺最低收益的“刚性兑付”被严格禁止，包括《私募条例》第三十二条规定私募基金管理人、私募基金托管人及其从业人员不得向投资者承诺投资本金不受损失或者承诺最低收益；《登记备案办法》等行业自律规则中明确基金管理人及其关联方“不得以任何方式明示或者暗示基金预期收益率，不得承诺或者误导投资者投资本金不受损失或者限定损失金额和比例，或者承诺最低收益”。笔者理解其背后的监管意旨在于该等承诺将导致私募基金本身成为“名基实贷”，即成了类信贷产品，而偏离了私募基金本身的性质，而且基金管理人或其关联方作出的该等承诺将导致投资者落入收回本金、取得特定收益的不当预期中，如不加以规制而成为行业内通行的资金募集方式，最终可能引发系统性的金融和社会风险。从不得规避监管的角度看，管理人的关联方应与管理人同等对待。司法实践的评价标准与监管不同是应有之义，其各自规制的对象、目的和后果不同，因此对基金管理人关联方所提供的类似承诺在司法实践中被认定有效并不鲜见，但相反案例亦不在少数，笔者想要提醒投资者的是，随着私募股权行业的发展，在类似安排于司法实践中被如何看待存在争议的情况下，应更加谨慎对待。

其次，从签署阶段来看，司法实践中有法院将在投资期限届满后管理人与投资者签署的固定金额份额转让协议认定为有效的案例，[①]笔者理解其合理性在于当私募股权基金的投资情况已经确定，此时签署的份额转让协议中约定特定金额的份额受让，系基金管理人基于私募股权基金的实际运作情况——例如已经明确知晓基金发生亏损的情况下——与投资者达成的特殊安排，而并非在募集阶段让投资者产生错误的投资预期。但是，如仅依据不同签署阶段而对远期份额转让协议效力作出不同判断，可能出现各种规避方式导致该机制被滥用，比如通过事先签署“抽屉协议”的方式约定在投资期限届满后必须签订份额转让协议等；此外，如果作出的该等特殊承诺超出其本身的履行能力，对于其他在管基金的投资者来说亦可能造成风险，例如因其被申请破产而导致失能，反而危及其他基金的运作。在这个意义上，笔者并不认同仅依据份额转让协议所签署阶段的不同，即认定固定金额（保本保收益）份额转让协议的效力有别。

（五）有关“附属协议”的特殊关注事项

部分投资者与基金管理人就其投资该私募股权基金而签署附属协议的情况很常见。附属协议（side letter），通常是指基金管理人与特定个别投资者双方之间在标准的基金合同以外另行单独签署的补充协议，以实现对该等投资者特殊权利要求或特殊优惠要求的约定。实践中，典型如政府引导基金、国资背景产业基金或母基金、国有投资机构、国有企业这类的投资者，为能够满足自身的投资目标以及满足其背后的政府出资人或者其所属集团的内部制度要求，在基金合同不能囊括其特殊需求的前提下，往往要求与基金管理人另行单独签署附属协议，以实现对权利义务的调整或补充。这些权利义务的内容根据商业安排的不同涉及返

---

① 例如上海金融法院（2021）沪74民终545号案件中，法院认为：“上诉人主张，涉案《回购协议》属于刚性兑付协议，因此该协议无效。但刚性兑付协议系金融机构作为受托人在合同缔约过程中对投资者作出明确固定回报承诺的协议。本案中，《回购协议》系双方当事人在基金赎回阶段签署，并非在合同缔约过程中签署，结合《回购协议》的相关内容，可以视为在被上诉人客观上无法实现投资目的时，上诉人与被上诉人就相关补偿事项达成了一致意思表示，应属合法有效。故上诉人的上诉理由缺乏事实和法律依据，不予支持。”

投要求、投资者知情权范围、出资先决条件、管理费调整、共同投资机会的优先获取、部分义务或者责任的豁免等复杂内容。

问题在于，当投资者转让其所持有的基金份额时，是否当然包括约定于附属协议的权利？以下笔者区分附属协议是否对此进行了明确的限制性约定进行讨论。

附属协议在实务中虽然较为常见，但正如前所述，能与基金管理人签订附属协议享受特别待遇的投资者，往往是政府引导基金、国有企业等具有特殊性质或特别谈判地位的投资者，如果受让人变更为普通的投资者，基金管理人可能并不愿意再提供附属协议中的特殊权利。因此，基金管理人可能提前在附属协议中约定，未经其同意，附属协议中的权利不得转让。

如果附属协议明确约定了其中权利仅针对特定投资者适用，不得转让给其他投资者，则附属协议中的权利无法转让。即使投资者之间针对附属协议权利签订了转让协议，对基金管理人也不发生法律效力，新的投资者无权向基金管理人主张附属协议项下的权利。

比较有争议的情况是，附属协议并未约定其中的权利能否转让。虽然基金管理人同意签署附属协议，往往是因为该投资者具有一定特殊性，具有“对人”的因素，但是聚焦到附属协议中的具体权利义务内容，其往往是为了配合该投资者在合伙协议中的身份和权利而设计的。如果原投资者的基金份额转让，附属协议中的权利未转让，新的投资者仅继受了原投资者在合伙中的身份，却无法取得配套的附属协议中的权利，将导致权利的错配。

因此，笔者认为，针对附属协议未明确约定其中权利能否一并转让的问题，应回归附属协议的具体内容，看其中的权利究竟是针对原投资者而专门定制，即“对人”，还是针对原投资者在合伙协议中的权利而配套设计，即“对事”。如属于后者，则可认为附属协议权利属于配合合伙权利而行使的从权利，根据《民法典》第五百四十七条第一款前半段“债权人转让债权的，受让人取得与债权有关的从权利”的规定，新投资者自动一并取得附属协议中的权利，其有权向基金管理人主张；如属于前者，则可认为该附属协议专属于原投资者，属于《民法典》第五百四十七条第一款后半段规定的“专属于债权人自身”的从权利，即受让人无法一并取得附属协议中的权利。

一方面，从基金管理人的角度而言，基金管理人为吸引个别投资者的加入，而与投资者单独签署附属协议，进行特别优待的情形虽然较为常见，但基金管理人不得“不公平对待投资者”的义务，来源于法律明文规定的信义义务。不管合伙协议对于基金管理人签署附属协议是否进行授权，受限于法定的信义义务，基金管理人在签署附属协议时均应留意不得损害其他投资者的利益，否则可能构成权利滥用。此外，如基金管理人通过附属协议提供的特殊待遇条款，仅拟针对某投资者适用，而不愿意轻易提供给其受让人、继承人的，建议提前在协议中明确约定，未经基金管理人事先书面同意附属协议权利不得转让。

另一方面，从投资者的角度而言，投资者与基金管理人签署的附属协议能否得到执行，依然要经受合伙协议和《合伙企业法》的考验，如果该附属条款与合伙协议或《合伙企业法》的规定相互冲突，则存在无法得到履行的风险。因此，建议投资者在与基金管理人签署附属协议时，注意条款表述，不得损害其他投资者的利益，同时细化加强违约责任条款表述，确保附属协议无法得到履行时，至少可要求基金管理人承担违约责任。

延伸阅读：附属协议特别约定优先退出的，能否以“不公平对待投资者”为由不履行

部分投资者会和基金管理人在基金合同之外单独签署附属协议，并在附属协议约定的条件触发时要求优先退出私募股权基金的投资。

问题在于，附属协议中约定在特定条件下投资者可通过转让等方式优先退出的“特殊权利”是否有效？基金管理人能否以附属协议涉及不公平对待其他投资者而拒绝履行该协议？针对这些问题，以下将以实务中最为常见的有限合伙型基金为基础进行具体讨论。

2012年《证券投资基金法》修订后，正式在立法层面将私募基金纳入监管范围，其中第九条第一款明确了基金管理人的信义义务，即“基金管理人、基金托管人管理、运用基金财产，基金服务机构从事基金服务活动，应当恪尽职守，履行诚实信用、谨慎勤勉的义务”。基于该法定的信义义务，基金管理人作为受托人，应当公平地对待其管理的每一只基金，对所管理的每一只基金的基金份额持有人，都应履行诚实信用、谨慎勤勉、有效管理的义务，为所管理的各只基金的全体基金份额持有人的最大利益管理基金财产。对此，后续出台的私募基金各监管规定也作出了进一步明确和细化，但严格来说《证券投资基金法》并不适用于私募股权基金，一直以来，私募股权基金管理人的信义义务缺乏位阶较高的规制，直至2023年《私募条例》的出台，其中第三条对此信义义务再次予以明确。

除上述法律和行政法规层面的规制外，在私募股权基金监管相关的规则中，则进一步体现了有关“公平对待投资者”的要求，具体包括：

《私募暂行办法》第二十三条规定：“私募基金管理人、私募基金托管人、私募基金销售机构及其他私募服务机构及其从业人员从事私募基金业务，不得有以下行为：……（二）不公平地对待其管理的不同基金财产；……”

《加强监管若干规定》第九条规定：“私募基金管理人及其从业人员从事私募基金业务，不得有下列行为：（一）未对不同私募基金单独管理、单独建账、单独核算，将其固有财产、他人财产混同于私募基金财产，将不同私募基金财产混同运作，或者不公平对待不同私募基金财产；……（五）不公平对待同一私募基金的不同投资者，损害投资者合法权益；……”

《登记备案办法》第七十条规定：“私募基金管理人有下列行为之一的，协会可以采取书面警示、要求限期改正、公开谴责、暂停办理备案、限制相关业务活动、撤销私募基金管理人登记等自律管理或者纪律处分措施：……（七）不公平对待私募基金投资者，损害投资者合法权益；……”

《基金备案指引2号》第二十五条第一款规定："私募基金管理人应当公平地对待其管理的不同私募股权基金财产，有效防范私募股权基金之间的利益输送和利益冲突，不得在不同私募股权基金之间转移收益或者亏损。"

根据上述规定，基金管理人受制于信义义务约束，不得不公平对待投资者，既包括不得不公平对待不同私募基金财产，造成私募投资基金之间的利益输送和利益冲突，致使在不同私募投资基金之间转移收益或亏损，也包括不得不公平对待同一私募基金的不同投资者，致使损害其他投资者合法权益。笔者认为，对于个别投资者约定特殊的退出方式和条件，如果损害其他投资者的合法权益，可能涉及不公平对待不同投资者。

那么管理人能否以"优先退出"条款不公平对待其他投资者而拒绝履行呢?

第一，关于附属协议的效力问题，针对基金管理人在附属协议中向投资者作出保本保收益的承诺或类似内容，目前司法主流观点认为，保本保收益或者变相保本保收益的约定，属于无效的条款，本书不作讨论。那么管理人和个别投资者私下约定，该投资者享有特殊或优先退出权的条款，当该条款与合伙协议内容冲突，或涉及不公平对待投资者时，该附属条款是否有效?

首先应明确，优先退出条款不属于阴阳合同。《民法典》第一百四十六条规定，行为人与相对人以虚假的意思表示实施的民事法律行为无效。以虚假的意思表示隐藏的民事法律行为的效力，依照有关法律规定处理。管理人和投资者签订附属协议，其内容是双方所欲追求的结果，属于双方真实的意思表示，并非通谋虚伪。因此，不应根据《民法典》第一百四十六条的规定认定附属协议无效。

"优先退出"条款原则上不构成恶意串通损害第三人利益。《民法典》第一百五十四条规定，行为人与相对人恶意串通，损害他人合法权益的民事法律行为无效。个别投资者享有"优先退出"条款可能在客观上损害其他投资者的权益，那么是否可认定该条款因违反前述规定而无效？

通说认为，恶意串通规则的构成要件包括主观要件和客观要件。主观方面要求当事人具有损害其他合法利益的故意，客观方面要求恶意串通行为对他人合法权益造成损害或具有造成损害的客观可能性。[①] 笔者认为，从主观方面看，个别投资者签署附属协议，旨在维护加强自身利益，且通常附属协议中均约定有不得损害其他投资者的条款，因此，缔约双方通常并无损害其他投资者的主观目的。此外，从客观方面看，基金行业协会发布的《私募投资基金合同指引 3 号（合伙协议必备条款指引）》中规定："【一致性】合伙协议应明确规定当合伙协议的内容与合伙人之间的其他协议或文件内容相冲突的，以合伙协议为准。若合伙协议有多个版本且内容相冲突的，以在中国基金业协会备案的版本为准。"此指引内容在一般的基金合同中均有体现，此外典型的附属协议中也会约定其与基金合同构成整体，如存在冲突的，则仅在附属协议签署方（即该个别投资者与管理人）之间有效。换言之，如果附属协议内容与合伙协议冲突，该内容不在合伙企业层面产生拘束力，因此，附属协议在客观上通常也不会损害到其他投资者的利益。

对投资者来说，可能的风险是随着《私募条例》这一行政法规的出台，附属协议如被认定为违反基金管理人的信义义务，可能被认定无效。《民法典》第一百五十三条规定，违反法律、行政法规的强制性规定的民事法律行为无效。但是，该强制性规定不导致该民事法律

① 李宇：《民法总则要义：规范释论与判解集注》，法律出版社 2017 年版，第 712~714 页。

行为无效的除外。[①]关于违背公序良俗的民事法律行为无效。笔者认为，关于退出权利的特别约定通常仅涉及某基金内部投资者之间的利益分配，并未达到损害公共利益和社会公共秩序的程度。而且，即使个别条款损害了其他投资者利益，尚可以通过基金业协会的处罚予以惩戒，以实现秩序稳定。

第二，实务中存在"合伙协议未提前授权管理人签署附属条款"及"合伙协议提前授权管理人签署附属条款"两种情形。其中，部分基金管理人单独与个别投资者签署附属条款，既未向其他投资者告知，也未在合伙协议中披露。对于此种私下单独签署的附属条款，管理人事后能否以附属协议的签署未得到合伙协议授权、涉及不公平对待投资者为由拒绝履行？

笔者认为，"优先退出"条款虽然不存在无效事由，但不等于其必然可以得到执行。有限合伙型基金既要适用交易法的规定（主要指当事人之间的合同），也要适用组织法的规定。管理人与个别投资者达成的附属协议仅在当事人层面产生合同拘束力，但投资者作为优先合伙人，其拟从合伙企业组织体中退出，必须遵守合伙协议和《合伙

---

① 《民法典合同编通则司法解释》第十六条规定：合同违反法律、行政法规的强制性规定，有下列情形之一，由行为人承担行政责任或者刑事责任能够实现强制性规定的立法目的的，人民法院可以依据民法典第一百五十三条第一款关于"该强制性规定不导致该民事法律行为无效的除外"的规定认定该合同不因违反强制性规定无效：

（一）强制性规定虽然旨在维护社会公共秩序，但是合同的实际履行对社会公共秩序造成的影响显著轻微，认定合同无效将导致案件处理结果有失公平公正；

（二）强制性规定旨在维护政府的税收、土地出让金等国家利益或者其他民事主体的合法利益而非合同当事人的民事权益，认定合同有效不会影响该规范目的的实现；

（三）强制性规定旨在要求当事人一方加强风险控制、内部管理等，对方无能力或者无义务审查合同是否违反强制性规定，认定合同无效将使其承担不利后果；

（四）当事人一方虽然在订立合同时违反强制性规定，但是在合同订立后其已经具备补正违反强制性规定的条件却违背诚信原则不予补正；

（五）法律、司法解释规定的其他情形。

法律、行政法规的强制性规定旨在规制合同订立后的履行行为，当事人以合同违反强制性规定为由请求认定合同无效的，人民法院不予支持。但是，合同履行必然导致违反强制性规定或者法律、司法解释另有规定的除外。

依据前两款认定合同有效，但是当事人的违法行为未经处理的，人民法院应当向有关行政管理部门提出司法建议。当事人的行为涉嫌犯罪的，应当将案件线索移送刑事侦查机关；属于刑事自诉案件的，应当告知当事人可以向有管辖权的人民法院另行提起诉讼。

企业法》的规定。当合伙协议或法律规定对有限合伙人退出有明确规定，而附属协议约定个别投资者退出的条件和程序与合伙协议和法律规定冲突时，应当依照合伙协议和法律规定来认定该投资者的退出条件。例如，若合伙协议约定，有限合伙人对外转让份额退出必须经其他合伙人一致同意，而该投资者退出无法取得其他合伙人一致同意的，则无法退出，但该投资者有权根据附属协议约定，要求管理人承担违约责任。

因此，即使投资者无法依据有效的附属协议优先退出，并非管理人有权以“不得不公平对待投资者”为由拒绝履行附属协议约定，而是因为投资者优先退出不符合合伙协议或《合伙企业法》的规定。管理人拒绝履行附属协议约定的，仍应根据附属协议约定承担违约责任。

在管理人与个别投资者私下签署的附属协议与合伙协议有冲突时，该投资者因无法满足合伙协议约定而无法优先退出。如果合伙协议提前授权管理人可与不同投资者签署附属条款，是否意味着管理人根据授权所签署的附属协议均构成合伙协议的一部分？投资者是否可根据附属协议的约定要求管理人和其他合伙人遵守履行？

对此，笔者认为，首先，如果合伙协议中明确约定，管理人可签署附属协议，但前提是不得对其他有限合伙人的权益造成不利影响，这意味着，合伙协议本身对管理人签署附属协议的权限存在限制。其次，管理人签署的附属协议仅在管理人及该缔约有限合伙人之间发生效力，并不产生组织法上的效力。最后，即使合伙协议并未明确限制管理人签署附属协议的权限范围或拘束力范围，但包括《证券投资基金法》《私募条例》等规范均规定了基金管理人对投资者负有的信义义务。虽然基金管理人的信义义务属于商事信托，其标准低于传统民事信托，通常仅审查形式公平，而不审查实质公平，即只要受托人同意，基金管理人签署附属协议不存在信义义务违反。但是，权利不得滥用原则贯穿适用于民商事领域，即使管理人得到了合伙协议授权，其签署具体的附属协议依然要遵守权利不得滥用的底线，不得肆意行使合伙协议对其的授权，签订背离其他合伙人预期，且损害其他合伙人利益的附属协议。

综上，笔者认为，即使合伙协议提前授权管理人签署附属条款，但如果管理人签署的附属协议内容违反了管理人的信义义务，或构成权利滥用，该附属协议内容并未构成合伙协议组成部分，投资者依然无法依据附属协议要求其他合伙人配合履行，但其有权要求管理人承担违约责任。

二、基金接续重组

基金的接续重组作为一种由基金管理人主导的私募股权二级市场交易，本质上是对基金所持有的投资组合进行交易，以寻求在后续更适当时机变现或获得更好收益。

其中，典型的基金接续重组，即由基金管理人设立新的基金（即接续基金），用于从现有基金中购买一个或多个资产，现有基金的投资者可以选择继续投资（“rolling investors”，即“滚动投资者”），或者选择收回本金和收益、退出其投资，它不仅为投资者提供了灵活的退出选项，也允许投资者继续参与具有高价值的投资组合，同时使得基金管理人得以继续持有仍有增长潜力的项目，避免为满足投资者退出需求而匆忙变现。从其运作方式上可知，基金的接续重组有一个基本前提是本基金尚有值得继续持有的资产，并且基金管理人及其团队有信心和意愿继续管理这些资产。

与基金份额交易相比，接续基金能够实现对优质项目的筛选，也可满足各方为自身利益重新达成合意的机会，因而被认为是一种更为灵活、更具执行性的方式，近年来已逐渐成为一种常见的基金交易工具。

接续基金交易在实际操作中十分复杂，它是将现有基金的投资项目进行组合并交易，对现有基金来说，在资产端可能是部分项目继续持有、部分项目实现退出，而在资金端可能是部分投资者继续成为接续基金的投资者，而其他投资者通过现有基金所获得的投资项目处置收益分配而实现退出；对接续基金来说，在资产端并非典型的盲池基金，在资金端其可能接纳新的投资者，也可能是现有基金的部分投资者继续投资，更有可能的是二者并存。市场上存在这一典型模式的许多变化形态，包括不接纳现有基金投资者而仅由新的投资者组建新基金，在基金管理人管理的多只基金中进行资产组合而不受限于某一指定的现有基金等。

在本书中，从私募股权基金投资者退出策略的角度，笔者将主要围绕典型架构对这类投资者进行分析，也就是现有基金投资者面对不同选择时应关注的事项和应对方案。

（一）接续基金交易的优势

私募股权基金作为一种封闭运作的资管产品，典型期限在七至十年之间。当基金期限即将结束时，投资者和基金管理人往往面临着是否在不利的市场条件下被迫出售资产的挑战。尽管许多私募股权基金允许延期，但如果缺乏清晰的战略规划，这种延期对投资者来说可能仅仅是延迟退出问题的爆发而已。

在这样的现实困境下，接续基金提供了一个继续持有优质资产的机会，特别是那些尚未完全释放价值的资产。对于现有基金的投资者而言，接续基金提供了一种应对基金期限延长和市场波动的不确定性的流动性解决方案。希望退出的投资者可以选择退出，而希望继续持有资产的投资者则可以在新的、通常更有利的条件下继续投资。事实上，这两个选择对于现有基金的投资者而言并非必须择一，在很多情况下实际上是可以并列的。投资者可以通过现有基金从接续基金获得的流动性，退出部分项目投资，也可以通过与新的投资者共同对转移至接续基金的资产进行投资而分散一定的投资风险。也就是说，现有基金投资者通过接续基金交易可以获得一个综合的私募股权基金“退出”方案：退出一部分已投资项目并取得收益，认缴一部分接续基金份额以参与分配其他已投资项目的未来收益，甚至在接续基金新增投资时选择追加投资一部分。通过这样的选择，本基金所持有的不那么优质的资产即便在交易过程中以相对低价被处理，但通过与所谓“明星项目”的重组优化，投资者仍可能整体上获得更大的利益。

理论上，接续基金实现了基金管理人、现有基金投资者、接续基金投资者之间的多赢局面。在笔者看来，与将基金份额作为投资标的的私募股权二级市场交易相比，接续基金更为灵活、在实际执行中各方更具商业动力，获得各方的配合更有可行性。

对于新的投资者来说，相较于其直接投资于盲池基金，接续基金的优势在于其直接聚焦于优质资产，并通过现有基金已经锁定了对于该等优质资产的投资，而且基金管理人对于该等资产的运作和基本情况已经十分熟悉，可以提供更为准确的风险和收益分析。

对于基金管理人来说，通过接续基金不仅能够制定新的投资策略、吸引新的投资者，并同时能够与现有基金的投资者保持良好的关系，还可以同时通过向滚动投资者和新的投资者进行募集，为投资组合或资产运作的优化提供可能，也使得基金管理人能够继续持有优质资产、寻求更大的商业利益以此实现自身超额收益，甚至接续基金使得基金管理人获得了进一步重置其超额收益计算方式或金额的机会。另外，同一基金管理人管理的私募股权基金之间进行转让，由该基金管理人说服或者控制被投资企业层面的创始人／实际控制人，各投资方股东间不至触发股权转让限制，包括回购或其他优先权利等，通常具有可行性，不会因投资标的的阻碍而无法推进。

（二）现有基金投资者可能面临的问题

尽管接续基金具有显而易见的优势，但现有基金投资者在面对这些交易时，仍可能遇到一系列困难和风险。理解这些潜在问题并采取相应的解决方案，对于确保投资者利益至关重要。

第一，接续基金的设立和交易模式意味着无法回避的利益冲突，涉及基金投资者对管理人的信任、管理人对基金投资者负有的责任，以及管理人及其核心团队成员的职业道德。

基金管理人同时主导“买方”（接续基金）和“卖方”（现有基金），

导致存在固有利益冲突，包括现有基金已投资项目如何进行筛选与组合、如何定价与交割，超额回报是否以及如何向基金管理人分配，基金管理人是否有额外经济报酬，以及因资产交易所产生的税费在接续基金与现有基金间如何分摊等，都是可能阻碍交易的冲突点。

除了商业上对利益冲突问题的关注外，接续基金交易将落入我国目前对于私募投资基金利益冲突事项的监管范围内。这就要求基金管理人首先应当严格遵守合规监管要求，否则可能影响接续基金的运作和展业，进而影响选择继续投资于接续基金的投资者的利益。例如，基金业协会于《登记备案办法》中规定：“在已设立的私募股权基金尚未完成认缴规模70%的投资（含为支付基金税费的合理预留）之前，除经全体投资者一致同意或者经全体投资者认可的决策机制决策通过外，私募基金管理人不得设立与前述基金的投资策略、投资范围、投资阶段、投资地域等均实质相同的新基金。”如果现有基金与接续基金落入前述规制范围，则基金管理人在具体执行时受限于基金合同以及监管规则对于该等重大事项决策机制的约定或规定；同时，这对投资者的利益安排和沟通磋商提出了很高要求，部分投资者因不满其在接续基金交易中可获得的利益而进行否决，都可能导致该交易的失败。其次，在接续基金中最为复杂和核心的是资产定价问题。如何公允地对现有基金拟转让投资组合进行定价将成为投资者当前以及未来阶段投资收益水平的决定因素。接续基金的交易通常发生于被投资企业尚未上市或通过其他方式获得流动性之前，而未上市公司股权的价值评估本身就是存在于私募股权市场各类型交易中的核心问题，笔者在本书其他部分已经多次提及，此处不再赘述。

需要指出的是，对于接续基金而言，资产定价通常由基金管理人所主导，现有基金投资者固然可以通过决策机制参与是否进行交易的决策，但是因投资者毕竟缺乏对现有基金已投资项目基础信息和资料的了解，也就难以对资产的实际情况和未来潜力进行深入了解，难以就资产的价值或其价值区间作出准确判断。甚至，如果基金管理人迫于部分投资者退出基金投资的压力或为获取额外的管理费用和超额收益，则为确保新基金的成功，可能倾向于以低于市场的价格将资产出售给接续基金，此时现有基金的投资者由于缺乏必要的信息和资料，无法及时维护自身权益。

利益冲突的决策和交易定价都可以概括为基金管理人的信义义务问题，民事信托和商业信托对于受托人信义义务的要求严格程度是不同的，比如，美国特拉华州《商事信托法》规定，本法项下的受托人义务等同于公司董事的义务。首先，我们要认可所有类型的基金管理人都有信义义务，但是管理人的信义义务应区别于民事信托的受托人的信义义务，应与公司董事的信义义务保持一致。民事信托中对受托人从事利益冲突交易的要求是非常严格的，既要委托人、受益人同意而且还要以公平市场价格进行，既追求形式公平也注重实质公平，但是在《公司法》和《合伙企业法》项下，一般只需要同意即可，比较注重形式公平。我国《信托法》第二十二条规定，受托人违反信托目的处分信托财产或者因违背管理职责、处理信托事务不当致使信托财产受到损失的，委托人有权申请人民法院撤销该处分行为，但是《公司法》和《合伙企业法》没有明确规定违反信义义务的后果。笔者认为，在《公司法》和《合伙企业法》项下，未取得相关方同意，擅自进行的利益冲突交易协议应处于效力待定状态，经相关方追认后发生效力，相关方拒绝追认不发生效力。另外，需要说明的是，若相关方是根据有误的信息通过了相关决策，则为不知情的同意，应视为未同意。此外，正如上文所言，基金管理人在接续基金的交易中存在为其自身谋取利益的动机和机会，但勤勉尽责的基金管理人自然不会采取任何这样的行动，更有可能的是在此过程中要求与投资者重新协商管理费和超额收益。对于选择继续投资接续基金的滚动投资者而言，不仅需要面对该等核心经济条款的修改，还需要注意的是，基金管理人在现有基金向接续基金移转资产时，如果基于现有基金的超额收益进行了结算，那么在接续基金中又将面临重新累积超额收益的分配门槛问题，可能存在潜在损失。

此外，在接续基金中如何激励和绑定基金管理人对于投资者而言是需要慎重考虑的问题，这通常意味着说服基金管理人要承担更大的风险，包括要求其自现有基金中可能获得的超额收益滚动投入接续基金中，或者要求基金管理人在接续基金中追加更多出资等。

最后，通过上文的简要分析可见，对于现有基金的投资者来说，在接续基金交易中需要作出许多复杂而重大的决策，不论是拟转让资产的定价、交易与交割安排（包括税筹等），还是对现有基金未被交易的资产处置安排、可分配财产的计算与分配或滚动安排，以及接续基金中投资、分配、费用等重大条款和条件的设置等，都需要充分的沟通与评估。但是在实际操作中，受限于资产交易的窗口期、交易参与方各自商业安排和面临的压力，现有基金的投资者未必能够获得足够的时间来进行考虑。

这种情况对于机构投资者而言可能特别棘手，例如受限于内部决策程序的要求，或者对于母基金等投资者而言还需与其自身投资者进行充分沟通、取得投决会等关于基金投资或退出的决策，最终都可能导致在未充分理解交易安排和条款的情况下匆忙作出选择，而且在这样紧迫的情况下绝大部分现有基金的投资者都可能选择退出而非继续滚动投资，但这对于现有基金的投资者而言却未必是最佳选择。

（三）现有基金投资者可考虑的应对方案

机构有限合伙人协会（Institutional Limited Partners Association）为参与接续基金的投资者提供了一些核心建议，其中从现有基金的投资者角度，笔者认为可参考的内容归纳来说包括：（1）充分信息沟通；（2）主动过程管理；（3）核算交易条件。借由接续基金交易的具体实施过程，可以具体展开如下。

第一，贯穿始终且动态延续的要求是基金管理人应保持信息透明度，即基金管理人应设计和展示一个公平、透明的投资选择，并确保信息的完整性和准确性，在现有基金投资者和新的接续基金投资者之间实现信息对称。此外，对于选择继续投资接续基金的现有基金投资者，也可以借此获得对投资组合展开审计、尽职调查或类似深入了解被投资标的的机会。

笔者认为，在接续基金交易中对现有基金投资者而言，为满足其作出符合自身利益的决定，信息披露内容至少应当包括：

（1）资产情况，例如拟转让投资组合的财务表现、经营情况、重大风险、已实现投资回报和未来预期。

（2）定价过程，例如拟聘请的第三方评估机构及其拟使用的评估方法和原因，标的资产近期是否发生可作为定价参考的交易。

（3）交割条件，例如接续基金作为受让方是否可能在被投资企业享有更有利的条件和待遇，是否因此导致影响或限制现有基金退出被投资企业的特殊安排。

（4）现有基金结算安排，特别是基金管理人与滚动投资者的超额收益结转或滚动投入，在接续基金中的出资金额、出资比例与出资进度安排等。

（5）接续基金的具体条款安排，特别是接续基金与现有基金相比，具体调整的条款和条件，例如决策机制、分配安排、费用金额与分摊比例、投资策略等，以及作出该等调整的理由。

（6）其他特殊事项，实务中，现有基金可能与接续基金同时存续并运作，此时就可能涉及包括关键人士等在内的核心管理团队精力和时间分配问题，也可能涉及共同投资机会的分配问题，基金管理人应当就此向现有基金投资者进行充分说明。

实务中，受限于基金合同或附属协议中对于投资者知情权的规定，部分基金管理人可能并无事前约定的义务披露部分信息，为此现有基金投资者可就接续基金交易与基金管理人进行特别磋商，并可要求基金管理人就资产组合、接续基金等核心事项作出书面陈述、保证与承诺。事实上，对于现有基金投资者来说，知晓并能够说明其未能获得哪些核心信息，在后续维护自身权益的司法实践中同样非常重要。

除了对基金管理人的要求外，在面对接续基金交易时笔者也建议现有基金的投资者之间加强内部沟通，在遵守各自保密义务的前提下，投资者之间对于信息的共享有助于提高决策效率和准确性。

第二，考虑到接续基金交易的复杂性，对此交易过程的预期管理至关重要。笔者此处所说的“预期管理”，意指在接续基金设立与运作、与现有基金进行资产交易、现有基金投资者决定退出或滚动投资接续基金的一系列事项中，须遵守内部与外部必要的决策程序，制定现有基金投资者可接受的交易进程安排。

（1）投资者内部决策。受限于法律法规以及私募基金监管政策的要求，以及绝大部分机构投资者内部制度，现有基金的投资者继续投资接续基金将被视为一项新的私募股权基金投资，因而将面临相应的内部决策要求，包括详尽的投资可行性论证、核心交易条款与条件的沟通与磋商，直至获得相应的内部有效审批。

内部决策过程取决于各投资者的不同情况，需要进行不同程度的时间预留，例如对于国有企业或者大型母基金而言，其所需的决策时间通常较长。更为重要的是，在投资者内部完整的决策链路中，不同层级的审批机构可能提出不同的或者更为细化的诉求和考量，这不仅要求基金管理人的配合，还可能涉及其他不同参与主体间的商业安排调整，可谓“牵一发而动全身”。

因此，现有基金投资者在收到基金管理人提交的接续基金交易方案之初，即应要求参与交易进程的安排中，包括根据自身情况参与制定交易时间节点、交易过程各重大环节分阶段决策等，这不仅是为回避因时间不足而仓促作出决策的风险，同时也是为交易能够以符合各方利益的方式进行推进。例如，在部分案例中，现有基金投资者与基金管理人提前明确，在同意向接续基金转让指定投资组合后，任一投资者无法在约定期限内作出决策的，即视为其放弃继续投资接续基金等。

值得一提的是，在接续基金交易中投资者的利益与基金管理人的利益，以及不同类别投资者、先后进入基金的投资者之间的利益并不总是完全一致，任一投资者应基于其自身利益作出独立的决定，此时可能需要借助第三方专业机构、顾问或专家的意见，而不能仅依据基金管理人所提供的评估、财务及法律意见等。

（2）现有基金文件约定。此处“现有基金文件”主要指的是基金合同，以及投资者与基金管理人在此基础上就现有基金签署的附属协议，接续基金的设立、运作应当符合该等文件中的相关约定，特别是由于该等交易可能涉及利益冲突和关联交易，因而须根据相关机制完成必要程序，这是现有基金投资者就相关事项表达自身权益诉求的重要环节。

在私募股权基金实务中，绝大部分基金合同通常会对利益冲突和关联交易的审议决策作出安排，在基金业协会通过其基金备案要求等实务指导之下相关条款更已经是成为基金合同中的必备条款，并且也已经有了相对规范的条文表述，涵盖事前、事中以及事后相关决策、信息披露机制。完整的机制中应包括对相关利益冲突和关联交易事项的识别，对交易定价的基本要求和审议机制，以及对交易实施的审批决策和要求事后的信息披露以实现交易跟踪等，其中细节包括召开和召集相关会议的流程与期限、决策程序、文件标准和要求等。除此之外，部分附属协议中也可能对利益冲突和关联交易事项进行补充或特别的约定，例如扩大投资者的知情权范围，包括有权提前深度介入基金管理人内部对相关事项的讨论和决策过程，亦有强势的基金投资者对该等事项要求享有一票否决权。

当然，亦有私募股权基金合同和附属协议对利益冲突和关联交易事项的约定不甚完善，例如部分案例中由于约定的职责范围过于原则性，导致部分现有基金投资者缺乏对交易细节施以重大影响的机会，而仅可对交易是否得以推进作出妥协的决定。

此外，值得一提的是，部分基金合同会将特殊投资载体作为利益冲突事项的例外情形进行单独约定，典型包括共同投资载体、平行投资载体、联合投资载体等。特殊投资载体是为私募股权基金在具体项目投资时灵活操作而创设，其中部分载体的设立和投资架构可能与接续基金交易类似，例如均包括现有基金的部分投资者、均投向现有基金已投资项目等，具体条款中对特殊投资载体的特殊约定可能包括明确约定其设立和投资不构成利益冲突事项，因而无须经投资者的特别审议。另有部分基金合同会对构成本基金关联交易的事项进行特别约定，实务中一般在界定关联交易时参考基金业协会于 2019 年 12 月发布的《私募投资基金备案须知》相关规定，其中本基金与管理人管理的其他私募基金所发生的交易行为一般认为是典型的关联交易情形之一，但由于前述文件现已失效，且不排除基金合同中对关联交易的识别范围和审议程序作出特别规定，导致接续基金交易被排除于关联交易范围，或者投资者（例如部分出资金额较少的投资者）失去对该事项审议的实质把控。

针对现有基金文件中关于接续基金交易所设置的特殊机制和程序，现有基金投资者为维护自身权益，应当熟悉现有文件中的具体约定并督促基金管理人严格执行；如果现有基金文件中缺乏相关机制或约定不明确，笔者建议投资者尽早要求就相关事项达成补充约定，以免在未来对包括接续基金交易在内可能发生的重大利益相关事项缺乏掌控。如果基金文件中对于利益冲突或关联交易事项有特殊约定，特别是有事前豁免情形的，现有基金投资者须关注从保护自身利益角度，接续基金交易无论如何不应被推定排除于特殊机制和程序的适用。如现实已发生相关事项，投资者可依据法律法规和监管要求项下对于基金管理人勤勉尽责之义务主张自身权利，但该等主张要求投资者尽可能获得相关交易的信息和资料，例如资产组合和定价过程、交易对手的选择方式、交割条件等，以期在后续司法程序中尽可能获得有利裁决。

第三，对于任何投资者来说作出是否投资某一私募股权基金的商业选择，核心都在于对投资风险和收益的测算。从法律角度，笔者想提示现有基金投资者可针对交易的实际情况，从资金端和资产端分别考虑不同的交易条款与条件。

（1）交易价款调整与成本承担。对投资组合的定价是接续基金交易中最为核心的事项，为应对定价难的问题或者为处理潜在利益冲突，可以考虑在同意投资组合转让的基础上要求引入价款调整机制，根据不同的交易窗口期、各方强势地位以及市场环境，该机制的具体落地安排需要事前充分的磋商。其中典型如价格捆绑机制，其基本运作方式是：如果在接续基金受让该投资组合后的一定期限内就对外转让或通过其他方式实现了该投资组合的变现，且所获得的价款显著高于现有基金转让于接续基金时所获得的价款，则现有基金有权获得一定比例的差额部分；在定价后，随着市场和环境等因素的变化，基金份额净值也可能发生变化，作为“买方”的接续基金亦可能要求价格调整机制维护自身权益，包括分期支付转让价款并对各期款项的支付附上一定条件等。

除投资组合交易价格外，还须事前明确约定接续基金交易中产生的成本如何承担，一般而言现有基金与接续基金分别自行承担清算／设立费用并无争议，商业谈判上的问题主要在于因资产交易而发生的税费如何分摊。而从法律角度，其中须特别关注的事项一方面是基金本身作为成本支付主体，在基金内部将根据基金合同的约定进行分摊，而在接续基金交易中，基金管理人不应一概地被排除于成本承担，特别是存在其因接续基金交易而取得额外收益的情形（例如投资者为激励基金管理人寻找到更好的资产交易方而同意额外支付的奖励等）；另一方面是对于投资者自身而言，如无事前特殊安排，滚动投资者可能同时承担接续基金和现有基金在此类交易中产生的成本，而部分投资者考虑到利益冲突等问题除了基金管理人所聘请的律师外，还会自行聘请第三方机构，由此产生的费用是否应由基金承担也应特别讨论。实务中，可以考虑为投资者（无论是现有基金投资者还是接续基金中新的投资者，亦无论选择滚动投资还是退出基金的投资者）设置其在接续基金交易中成本承担金额上限。

此外，关于费用承担还须各方额外关注的是：如交易不成功，相关成本无法由接续基金参与分摊，是均由现有基金（即主要是现有基金投资者）承担，还是由基金管理人进行承担，也须事前特别明确。

（2）滚动投资者的特殊考虑。对于部分现有基金投资者来说，其并不追求超高的投资回报而是须满足其内部对于投资指标的考核等其他客观要求，或者对于基金管理人的管理能力已经失去了信任和耐心，这些现有基金投资者将倾向选择退出基金投资。此时不必考虑接续基金本身的经济条件和后续运作安排，只需考虑资产转让的定价和交易方式是否公允合理、利益冲突问题是否已被妥善解决等对实现其在现有基金退出时的权益有重大影响的因素即可。

但是，对于现有基金的投资者而言，笔者认为，在面对接续基金交易时选择退出私募股权基金的投资还是选择继续投资接续基金，从法律角度看应有一个基本原则——继续投资接续基金可获得的条款和条件不会劣于在现有基金中已经获得的条款和条件——来作为作出商业决策的底线判断标准。综合基金投资本身所固有的投资风险，如继续投资接续基金时不能保持在现有基金中的待遇，包括费用分摊、分配顺序、决策地位等，或者其作为滚动投资者在接续基金中获得的待遇不如所接纳的新投资者，那么除非投资组合的优化能够为现有基金投资者带来显著高额的回报，否则继续投资接续基金缺乏基本的说服力。

上述投资者的底线通常被理解为“保持现状”，要求将现有基金文件中约定的权益延续至接续基金，包括通过附属协议可获得的特殊权利，在接续基金的基金合同中或者以重新签署附属协议的方式予以明确。在“保持现状”的底线基础上，现有基金文件中部分条款因各种原因导致不能直接延续，例如有限合伙型基金中因基金规模或各方出资承诺发生变化而导致滚动投资者无法继续在合伙人会议对决议施加重大影响而须调整有效决议标准，或者滚动投资者在商业上具有特殊的投资地位而希望获得更为合理的条件，都将是滚动投资者在审查接续基金合同时应特别关注的事项。

在具体实务中，通常被讨论最多的条款一是管理费，例如费率保持不变或应下调，且计算基数应为尚未退出的投资本金；二是收益分配，例如门槛回报率不应下调，分配顺序不应设置对滚动投资者不利的安排，包括其可能获得的收益不因分配顺序或计算方式而导致被摊薄。

其中，特别对超额收益可能展开不同讨论，例如要求设置不同梯度的超额收益计算方式，以更为合理地计算各方因现有基金与接续基金先后投资同一标的而产生的收益，并且由于对滚动投资者来说被交易的投资组合实际上并未真正变现，而新的投资者为确保基金管理人继续与接续基金的利益保持一致性，都可能要求基金管理人不因接续基金交易资产而获得超额收益，同时取决于现有基金本身约定的分配方式（如按每一项目分配或按整体分配），如果基金管理人实际获得了超额收益的，可能的操作方式包括基金管理人在接续基金中认购更多的基金份额，以将此收益作为实缴出资再次投入。

综上，现有基金的投资者在收到接续基金交易的提议时，应首先与基金管理人达成一个共识，即接续基金交易的目的应是为现有基金的投资者实现价值的最大化。为实现这一目标，现有基金投资者应要求基金管理人始终保持信息的透明度，积极主动参与交易过程，对利益冲突事项进行充分的识别并进行决策。为提高决策的效率，现有基金投资者内部也应组织充分的沟通，并可以咨询委员会或其他机构为代表与基金管理人进行沟通。同时，应自行或聘请独立的第三方机构对接续基金交易下的经济条件、法律条款进行充分的评估与审核。

总结来说，基金权益转让或广义上的 S 交易是投资者和基金管理人以及监管层最为青睐的退出路径，它本身所具备的市场潜力也有目共睹。在实际操作中，可能发生的难题包括估值等尚未得到有力的回应，而市场预期、合规监管要求、投资者的背景商业诉求纷繁复杂都在一定程度上牵制了 S 交易进一步的发展壮大。不过，随着更多主体参与和尝试基金权益的转让，特别是更多的基金管理人愿意主导接续基金交易，实际操作中的问题能够在实务中逐步得到解决。截至目前，S 交易仍在不断发展过程中，相信在未来能够形成具有中国特色的私募股权基金二级交易市场。笔者期待，国资背景投资者作为该市场的重要参与方如何实现国资监管、私募监管以及商业诉求的衔接，以及投资者退出的远期份额转让安排、附属协议的特殊地位如何看待等实际交易过程中的核心问题今后得到机制上的回应。在此之前，投资者须严格遵守法律法规和监管规则要求，通过合理的交易结构搭建实现商业诉求。

第四章　基金份额赎回

一、基金份额赎回概述

基金份额赎回是私募基金常见的一种运作机制。由于该机制导致基金整体规模上的调整，被认为是基金开放运作的判断标准之一。根据法律法规以及私募基金监管要求，私募股权基金应当封闭运作，投资者不得随意赎回或者退出。受限于此，以基金份额赎回退出基金投资在实务中也并非主流方式。

但根据私募股权基金运作情况，监管下也尚有可以适用的例外情形。例如，基金业协会发布的《登记备案办法》中明确了一系列不属于赎回或退出的情形，包括：（1）份额转让，因转让行为并不改变私募基金整体规模，可以不被认为是突破了私募股权类基金须封闭运作的要求；（2）减少认缴未实缴与退出投资项目减资，均是与私募股权基金对外投资情况相匹配的规模调整，笔者认为合规上的逻辑是这种情况不存在分离定价或资金池，因而被允许；（3）基于投资人违约或法定情形而退出，从投资人主动退出基金投资的角度，主要依据基于法定情形而须退出，典型如监管部门出台新的文件规范导致部分投资人不再符合私募股权基金投资要求等。

在允许适用份额赎回的情形下，契约型基金的份额赎回相对标准化，一般根据基金合同的事前约定进行，笔者不作赘述。实务中更为常见的有限合伙型基金中，赎回表现为投资者作为有限合伙人退伙，在公司型基金中则表现为投资者作为公司股东的定向减资。

从程序上看，在组织体内的减资有其相关规定，其中《公司法》规定以不定向减资为原则，因此，在公司型基金中如通过减资退出的，需要事前的明确规定或事后的一致同意；而《合伙企业法》对于退伙并没有明确规定程序要求，而是将权限放给了合伙协议的约定，在实操中投资人通常将退伙作为合伙人会议审议事项。因此，对于拟赎回份额的投资人而言，在实操中将面临争取其他投资人的配合问题。

除此之外，《公司法》与《合伙企业法》对于减资价款的结算和支付规定有较大不同，同时受限于私募基金运作中“收益分享、风险共担”的基本原则，投资者退出的价款结算及其支付在实务中是较为复杂的问题，其核心在于投资者的减资是否了结了权利义务关系，以及在何时了结了权利义务关系。下文将区分有限合伙型基金与公司型基金，围绕前述事项分别展开分析。

二、有限合伙型基金退伙程序

根据《合伙企业法》《登记备案办法》等法律法规与监管规则，合伙人退伙在实践中一般需要履行决策、修改合伙协议、办理工商变更登记、备案、办理私募基金备案信息变更、退伙结算、财产份额退还等程序，简要列示如图 4-1：

决策	·《合伙企业法》第三十四条规定：“合伙人按照合伙协议的约定或者经全体合伙人决定，可以增加或者减少对合伙企业的出资。
修改合伙协议	·《合伙企业法》第十八条规定：“合伙协议应当载明下列事项：……（四）合伙人的出资方式、数额和缴付期限……”
办理工商变更登记、备案	·《市场主体登记管理条例》第八条第二款规定：“除前款规定外，还应当根据市场主体类型登记下列事项……（三）合伙企业的合伙人名称或者姓名、住所、承担责任方式……” ·《市场主体登记管理条例》第九条规定：“市场主体的下列事项应当向登记机关办理备案……（一）章程或者合伙协议……（三）有限责任公司股东或者股份有限公司发起人认缴的出资数额，合伙企业合伙人认缴或者实际缴付的出资数额、缴付期限和出资方式……”
办理私基基金备案信息变更	·《私募投资基金登记备案办法》第三十九条规定：“……私募基金管理人应当自私慕基金募集完毕之日起20个工作日内,向协会报送下列材料,办理备案手续……” ·《私募投资基金登记备案办法》第四十七条规定：“下列登记信息发生变更的，私募基金管理人应当自变更之日起10个工作日内向协会履行变更手续 ……(二)股东、合伙人，关联方……”
退伙结算、财产份额返还	·《合伙企业法》第五十一条规定：“合伙人退伙，其他合伙人应当与该退伙人按照退伙时的合伙企业财产状况进行结算，退还退伙人的财产份额。退伙人对给合伙企业造成的损失负有赔偿责任的，相应扣减其应当赔偿的数额。退伙时有未了结的合伙企业事务的，待该事务了结后进行结算。”

图 4–1　有限合伙型基金合伙人退伙一般程序

合伙型私募基金的投资者通过减资退出基金投资的，即从有限合伙企业中退伙。在合法合规的前提下启动退伙机制后，该机制本身的适用存在同等重要的问题需要在事前和执行过程中予以关注。笔者认为需要特别关注的问题如下。

（一）财产份额的结算与退还时点

投资者退伙的目的在于取回其投资本金及对应收益（如有），在退伙机制中表现为财产份额的“结算和退还”。

《合伙企业法》第五十一条对此进行了规定，但法条对于退伙财产结算的要求表述较为笼统，结合私募基金运作的特征，实际运用中可能遇到的阻碍主要在于判断私募基金尚未退出股权投资项目是否属于“未了结的合伙企业事务”，以及在此背景下如何处理投资者退出的诉求和私募基金暂不具备支付退伙价款能力（即以货币方式退还财产份额）之间的矛盾。

相关规定

《合伙企业法》

第五十一条 合伙人退伙，其他合伙人应当与该退伙人按照退伙时的合伙企业财产状况进行结算，退还退伙人的财产份额。退伙人对给合伙企业造成的损失负有赔偿责任的，相应扣减其应当赔偿的数额。

退伙时有未了结的合伙企业事务的，待该事务了结后进行结算。

根据法条的文义来看，《合伙企业法》第五十一条并未明确何为“未了结的合伙企业事务”，而《〈中华人民共和国合伙企业法〉条文释义与适用》在解释该条文时，提及“尚有未了结的合伙企业事务的，说明此时合伙企业的债务、债权有待进一步了结，合伙企业的资产、负债及其所有者权益尚有待于清理”，而其中“与清算有关的合伙企业未了结事务，主要是指合伙企业宣布解散之前已经订立但尚未履行的合同等事宜（当然不仅仅是合同事宜，还包括其他事务）”[①]。

因清算和退伙属于合伙企业运作中的不同程序，清算时的“未了结合伙企业事务”是否与退伙时等同尚不能下定论，也因此难以从中直接得出“退伙时财产份额结算和退还的前提是退出投资项目”这一结论。

除运用法律解释方法外，笔者也为此检索了相关司法案例。从典型案例来看，退伙时私募基金尚未退出投资项目是否导致无法进行结算与退还财产份额，也须根据不同情况进行判断，具体考量因素包括投资项目盈利情况、全体合伙人是否均已同意结算价款与退还方式、私募基金是否已就投资退出达成协议文件或存在其他待履行的权利义务等。对应

① 徐景和、刘淑强：《〈中华人民共和国合伙企业法〉条文释义与适用》，人民法院出版社 2006 年版，第 263 页。

典型案例见表 4–1：

表 4–1　私募基金尚未退出投资项目时涉及财产份额结算与退还的相关案例

案号	裁判摘录
（2022）最高法民再234号	合伙协议对退伙结算方式的约定与《合伙企业法》第五十一条规定意旨一致，故某大荒公司退伙，某兴合伙全体合伙人应按照其退伙时合伙企业的财产状况进行结算。某大荒公司申请退伙时，某兴合伙的财产全部表现为某东工具公司股权。如向某大荒公司退还货币，须将股权变现。某兴合伙与某东公司签订股权回购协议，根据协议内容向某大荒公司确认退伙金额计算方式，确认可得利润率年化为15%。……五方协议书在该通知基础上约定了退伙财产份额的来源及支付方式：某兴合伙收到某东公司股权回购款后按照约定时间支付给某大荒公司。该约定为某兴合伙金钱给付义务限定的前提条件是某东公司向某兴合伙给付了回购款，这符合合伙型私募股权投资基金运营的基本规则，即合伙人分配收益的前提是企业运营产生收益，或者说基金投资底层资产产生了收益。现某东公司未能按约给付回购款，股权回购协议未得到全部履行，合伙企业的回购事务未了结，某兴合伙给付的条件也未能成就。如某兴合伙此时承担以货币退还退伙财产的责任，实质构成对某大荒公司的投资保本保收益，违背《合伙企业法》第五十一条的规定，违反私募股权投资基金监管规则，在全体合伙人尚未进行结算、五方协议书未经全体合伙人同意的情形下，也势必侵害其他合伙人的权益。据此，某大荒公司对某兴合伙的诉讼请求缺乏法律依据，法院不予支持
（2021）沪01民终2588号	一审法院认为：按照《合伙企业法》第五十一条的规定，某幸健身公司退伙时，其入伙期间进行的A投资项目所涉诉讼虽已作出生效民事判决，但投资款项尚未收回，合伙事务尚未了结，投资盈亏尚不具备结算条件。在此情况下，某承信轩合伙未经结算，也未经包括普通合伙人某承信公司在内的其他合伙人同意，即出具《承诺书》承诺全额返还某幸健身公司投资款并按15%／年支付投资回报，违反了《合伙企业法》第五十一条的规定……此外，鉴于目前A项目投资款尚未全部收回，故本案不具备组织相关合伙人进行最终结算的条件。因此，某幸健身公司的诉讼请求，一审法院不予支持。 二审法院认为：一审法院鉴于目前投资款尚未全部收回，认为结算条件未具备并无不当，上诉人后续可待结算条件具备时另行主张权利

续表

案号	裁判摘录
（2021）粤06民终3104号	一审法院认为：因根据现有材料无法查明在张某鹏退伙时某多鑫财产状况，故对张某鹏提出的某多鑫及其他合伙人应结算退还其财产份额并向其支付合伙期间所得利润，卢某建应承担连带清偿责任等的主张，一审法院均不予支持；张某鹏可另行与各合伙人协商处理，或待至张某鹏退伙日止某多鑫投资入股某格威公司的具体盈亏情况查明后另案主张权利。 二审法院认为：本案中，某多鑫与各合伙人对一审判决张某鹏于2020年10月12日退伙并未提出上诉，视为服判，某多鑫及其他合伙人亦未在本案诉讼中提交证据反映张某鹏退伙给合伙企业造成了损失，故依照前述法律规定，在扣除张某鹏依照出资比例应承担的亏损后，某多鑫应退还其出资款，卢某建作为某多鑫的普通合伙人，应对该债务承担连带清偿义务。结合广州融成合伙会计师事务所（普通合伙）对某多鑫进行审计所反映的盈亏情况，某多鑫应向张某鹏退还的出资款数额为896341.63元｛90万元－［（11804.05元＋285.71元＋12299.35元）×15%］｝[①]

综上，笔者倾向于认为，私募基金未退出投资项目时发生投资者退伙的，投资者所持有资产或权益变现并非退伙结算的前提，但财产份额以货币方式退还的，在私募基金无其他资产的情况下须将资产或权益变现；同时，如私募基金就其对外投资已签署协议文件或有其他待履行债务，在据此收回投资款之前投资者径行要求财产份额退还可能不被支持。此外，投资者退伙的时点为全体合伙人一致同意退伙事宜的时间（如全体合伙人约定退伙时间的，以约定为准），办理工商变更登记不是退伙的必然条件，工商变更登记起到的是对外公示效力，对于合伙人内部的关系，应以全体合伙人共同约定为准。

值得一提的是，在私募股权基金语境下存在一种“名为退伙、实为转让”的交易模式，典型如为使得交易便利，通过转让方退伙、受让方入伙的方式实现基金份额的转让。在该交易模式下所发生的纠纷中，法院会根据案涉合同签订背景、合同内容、主要条款、合同目的及所涉及的法律关系即当事人所设立的权利义务关系进行综合认定，确认当事人

① 上述金额分别为张某鹏实缴出资、某多鑫2018年、2019年以及2020年经审计的经营利润以及张某鹏在某多鑫所持权益比例。

之间的实质法律关系，并将依据该实质法律关系适用相关法律法规。据此，如法院认定交易双方并不构成份额转让的法律关系，而实际构成合伙人的退伙与入伙，法院将依据《合伙企业法》等相关法律法规中关于退伙的规定进行审理，进而要求相关方履行退伙结算等法定程序，导致增加额外交易成本和风险。

（二）财产份额的结算与退还方式

在私募基金场景中，由于投资项目期限长且投资收益具有不确定性，实务中的问题是投资者在项目投资退出（以收回全部退出价款为标志）前即退伙的，其所持有的财产份额应当如何进行结算，更准确地说，投资者的财产份额计算是否需根据投资项目实际退出时的盈利或亏损情况进行调整？

根据《合伙企业法》第六十九条的规定，并结合《合伙企业法》第三十三条第二款，一般认为有限合伙企业中不得约定由部分合伙人承担全部亏损，这是有限合伙企业中“风险共担”的原则。

相关规定

《合伙企业法》

第三十三条 合伙企业的利润分配、亏损分担，按照合伙协议的约定办理；合伙协议未约定或者约定不明确的，由合伙人协商决定；协商不成的，由合伙人按照实缴出资比例分配、分担；无法确定出资比例的，由合伙人平均分配、分担。

合伙协议不得约定将全部利润分配给部分合伙人或者由部分合伙人承担全部亏损。

第六十九条 有限合伙企业不得将全部利润分配给部分合伙人；但是，合伙协议另有约定的除外。

就《合伙企业法》上述条文规定是否会导致有限合伙企业约定由部分合伙人承担全部亏损的约定无效，《民法典》第一百五十三条第一款规定：“违反法律、行政法规的强制性规定的民事法律行为无效。但是，该强制性规定不导致该民事法律行为无效的除外。”该条规定的可导致民事法律行为无效的强制性规定系效力性强制规定。此外，最高人民法院发布的《关于当前形势下审理民商事合同纠纷案件若干问题的指导意见》第十六条规定：“人民法院应当综合法律法规的意旨，权衡相互冲突的权益，诸如权益的种类、交易安全以及其所规制的对象等，综合认定强制性规定的类型。如果强制性规范规制的是合同行为本身，即只要该合同行为发生即绝对地损害国家利益或者社会公共利益的，人民法院应当认定合同无效。如果强制性规定规制的是当事人的‘市场准入’资格而非某种类型的合同行为，或者规制的是某种合同的履行行为而非某类合同行为，人民法院对于此类合同效力的认定，应当慎重把握，必要时应当征求相关立法部门的意见或者请示上级人民法院。”

根据上述法律规定，笔者认为，若投资者在退伙时，全体合伙人就退伙财产的份额/计算方式作出了一致约定，这一约定属于合伙人之间协商确定的亏损分担规则，若建立在自愿平等基础之上，“部分合伙人承担全部亏损”并不会导致侵害国家利益或社会公共利益。此外，《合伙企业法》等法律法规对于合伙企业及其合伙人对外承担债务作出了明确规定，结合私募基金特殊的投资属性，私募基金一般不存在债权人，即便存在，其由部分合伙人承担全部亏损的分担方式也并不会侵害债权人的利益。

综上，笔者认为《合伙企业法》第三十三条第二款以及第六十九条关于“合伙协议不得约定由部分合伙人承担全部亏损”的规定不属于效力性强制规定，违反该条规定并不必然导致约定无效。换言之，如有限合伙企业投资者的财产份额计算实质上构成部分合伙人承担全部亏损，也不必然归于无效。

值得注意的是，如全体合伙人对应向退伙投资者退还的财产金额或其计算方式达成一致，而从结果上实现了对该等投资者的保本保收益，则该等约定可能因为违反私募基金领域的“收益共享、风险共担”原则而导致效力受到挑战。结合司法案例来看，在新疆某达永兴股权投资合伙企业、北京某达瑞丰投资管理有限公司等合伙协议纠纷案[1]中，私募基金就其投资项目已签署协议文件或有其他待履行债务人，在据此收回投资款之前投资者径行要求财产份额的退还被最高人民法院认为实质构成了对投资者的保本保收益，因而不被支持。

总结而言，笔者认为，原则上全体合伙人对于投资者退伙时财产份额结算数额或计算方式的约定有效且被遵守，但应根据该等约定的支付条件或前提，以及用以支付的合伙企业财产收回是否存在不确定性等方面，判断投资者是否可以要求合伙企业给付退伙价款。换言之，如果投资者退伙价款的支付存在特定条件或者私募基金收回用以支付退伙价款的财产过程中具有风险，投资者在条件未成就、风险未落地的情况下径行要求私募基金向其支付退伙价款可能不被司法所支持。

除了可能发生的亏损承担问题外，在合伙人退伙中还可能对投资者所得退伙财产造成影响的是合伙企业可能发生的债务承担。根据《合伙企业法》第八十一条的规定，投资者作为有限合伙人退伙后，对基于其退伙前的原因发生的有限合伙企业债务，以其退伙时从有限合伙企业中取回的财产为限承担责任。

相关规定

《合伙企业法》

第八十一条 有限合伙人退伙后，对基于其退伙前的原因发生的有限合伙企业债务，以其退伙时从有限合伙企业中取回的财产承担责任。

私募基金语境下合伙企业承担债务的情况不多见，实务中投资者退伙时也通常取得合伙企业全体合伙人关于其退伙后即不再承担合伙企业债务的同意，就该等约定，由于《合伙企业法》未就特殊的债务承担安排作出限制性规定，在取得合伙人的一致同意后应当有效并具有内部约

---

① 新疆某达永兴股权投资合伙企业、北京某达瑞丰投资管理有限公司等合伙协议纠纷案，最高人民法院（2022）最高法民再234号民事判决书。

束力，问题在于该等约定是否具有对抗外部债权人的效力？

针对这一问题，笔者认为，《合伙企业法》第八十一条所规定的有限合伙人退伙后的责任承担系投资者对外承担责任的依据，也即债权人向投资者主张权利的依据，且《合伙企业法》并未给予当事人特约排除该责任的权利，从保护外部债权人的角度出发，该等特殊安排不应具有约束外部债权人的效力。实务中通常也支持该观点，参考案例参见表 4-2：

表 4-2　有限合伙人退伙后是否承担债务相关案例

案号	裁判摘录
（2021）湘 13 民终 229 号	经审查，案涉借款发生时，上诉人朱某庄、彭某屏、刘某辉、谢某平、曾某文均系某煤矿的合伙人，虽然 2012 年某煤矿改制后，五上诉人已退伙，但依据《合伙企业法》第五十三条“退伙人对基于其退伙前的原因发生的合伙企业债务，承担无限连带责任”之规定，五上诉人仍应对案涉借款承担连带清偿责任，五上诉人在退伙时与新合伙人就煤矿债权债务达成的内部协议不能对抗被上诉人谢某红
（2023）苏 13 民终 3930 号	《合伙企业法》第五十三条规定：“退伙人对基于其退伙前的原因发生的合伙企业债务，承担无限连带责任。”本案中，案涉债务形成于 2020 年，而上诉人退伙均发生于 2021 年之后，且退股协议约定也仅在合伙体内部具有法律约束力，故各合伙投资人对该债务仍应承担责任
（2018）最高法民申 3764 号	《合伙企业法》第三十八条规定：“合伙企业对其债务，应先以其全部财产进行清偿。”第三十九条规定：“合伙企业不能清偿到期债务的，合伙人承担无限连带责任。”本案中，唐某全称其在《烟煤买卖合同》及补充协议签订前就已退伙，与工商登记载明的内容不符，法院不予支持。李某春、李某出具的《声明》系合伙企业内部对于责任承担方式的约定，不能约束第三人。因此，二审法院判决申请人对某煤矿不能清偿的债务承担无限连带责任，并无不当

（三）普通合伙人退还财产份额的义务

《合伙企业法》规定，普通合伙人对合伙企业债务承担无限连带责任。在投资者退伙的场景中，实务中可能发生的问题是普通合伙人是否应对财产份额以货币形式退还（退伙价款的支付）承担连带责任，其实质在于厘清“合伙企业债务”的范围以及普通合伙人据此应承担的责任范围。也就是说，由于投资者退伙而产生的退伙价款支付之债是否属于普通合伙人应承担的责任范围。

理论界对此存在争议，有观点认为，普通合伙人对退伙价款支付之债不应承担连带责任。该观点认为,《合伙企业法》第二条第三款要求普通合伙人对合伙企业债务承担无限连带责任，有限合伙人以其认缴出资额为限对合伙企业债务承担责任，该条款旨在帮助外部债权人区分普通合伙人和有限合伙人的不同法律角色和责任类型；从目的解释的角度看，普通合伙人连带责任制度旨在维护合伙企业外部交易安全，而非维护合伙企业内部合伙人退伙财产的安全性，退伙财产之债不应属于普通合伙人承担无限连带责任的合伙企业债务。[①]

相关规定

《合伙企业法》

第二条 本法所称合伙企业，是指自然人、法人和其他组织依照本法在中国境内设立的普通合伙企业和有限合伙企业。

普通合伙企业由普通合伙人组成，合伙人对合伙企业债务承担无限连带责任。本法对普通合伙人承担责任的形式有特别规定的，从其规定。

有限合伙企业由普通合伙人和有限合伙人组成，普通合伙人对合伙企业债务承担无限连带责任，有限合伙人以其认缴的出资额为限对合伙企业债务承担责任。

笔者认为,《合伙企业法》并未区分合伙企业债务是对外或对内，仅从文义无法认定“合伙企业债务”将内部债务排除在外。而且，经过合伙企业以及合伙人履行完毕退伙程序后，投资者的退伙生效，投资者的身份已经由合伙人转变为合伙企业的债权人，此时将退伙价款给付之债认定为内部债务显然不妥，普通合伙人应当对该等债务承担无限连带责任。实务中也多支持该观点，部分典型案例见表4-3：

① 参见刘俊海:《论合伙型私募基金有限合伙人的退伙财产请求权——合伙企业法和投资基金法的不同维度》，载《政治与法律》2021年第6期。

表 4-3　普通合伙人就退伙价款是否承担责任相关案例

案号	裁判摘录
（2020）京 01 民终 1821 号	一审法院认为：根据《合伙企业法》第八十三条、第八十四条的规定，有限合伙人转变为普通合伙人的，对其作为有限合伙人期间有限合伙企业发生的债务承担无限连带责任。普通合伙人转变为有限合伙人的，对其作为普通合伙人期间合伙企业发生的债务承担无限连带责任。骆某自某中心设立时即为有限合伙人，自 2017 年 11 月 3 日转变为普通合伙人，自 2018 年 1 月 2 日转变为有限合伙人。某中心应退还郑某进退伙款项的债务产生于 2017 年 11 月 3 日，故骆某应当对该退还义务承担连带责任。就骆某称其在本案起诉时已不是普通合伙人故不应当承担连带责任的主张，缺乏法律依据，法院不予支持。故郑某进要求骆某对某中心的上述债务承担连带责任，有事实及法律依据，法院予以支持
（2020）湘 01 民终 2124 号	梁某作为某一资本公司及某合投资企业的法定代表人参与了《扩大股东会议纪要》的签署，该会议纪要对某一资本公司及某合投资企业均发生法律效力，后梁某又入伙成为某合投资企业的普通合伙人，根据《合伙企业法》的相关规定，梁某应当对入伙前合伙企业的债务承担无限连带责任，一审法院判决梁某与某合投资企业返还许某锋相应投资款 57000 元及相应滞纳金并无不当，法院予以确认
（2017）沪 01 民终 5382 号	《合伙企业法》第二条规定："本法所称合伙企业，是指自然人、法人和其他组织依照本法在中国境内设立的普通合伙企业和有限合伙企业。……有限合伙企业由普通合伙人和有限合伙人组成，普通合伙人对合伙企业债务承担无限连带责任，有限合伙人以其认缴的出资额为限对合伙企业债务承担责任。"崔某系有限合伙企业的普通合伙人，依据《合伙企业法》的上述规定，应对合伙体的债务承担无限连带责任。事实上，崔某也是合伙体的执行事务合伙人，依据合伙协议作为唯一的普通合伙人掌控合伙体的一切事务和运营，陆某弟的退伙事由亦基于合伙体运营违反了合伙协议的约定。因此陆某弟上诉主张崔某对合伙体的还款承担连带清偿责任，具备事实和法律依据，法院应予支持

三、公司型基金减资程序

在公司型基金中，投资者退出可以通过公司减少注册资本实现。《公司法》第二百二十四条规定了以不定向减资为原则，如仅某一投资者希望通过减资退出的，则需事前的明确约定或事后的一致同意，此事项受限于届时公司型基金其他投资者的配合。

对于实际实施减资的公司型基金来说，相较于有限合伙企业，《公司法》对减资程序作了相对明确的规定。该规定本质上是公司债权人权益保护的基础，私募基金基于特殊的投资属性，一般不存在债权人，但其减资仍须履行主要为保护债权人而设置的各项程序，否则减资行为的效力可能被挑战。除此之外，实务中还可能发生公司减资与《民法典》规定的债权人撤销权的讨论，如公司型基金确存在债权人的，还须关注与此相关的风险。

根据《公司法》《市场主体登记管理条例》等规定，公司型私募基金减资主要需要履行决策、编制资产负债表及财产清单、通知债权人及公告、修改公司章程、办理工商变更登记、办理私募基金备案信息变更、办理税务变更登记等程序，简要列示如图 4–2：

决策	·《公司法》第二百二十四条第三款规定："公司减少注册资本，应当按照股东出资或者持有股份的比例相应减少出资额或者股份，法律另有规定、有限责任公司全体股东另有约定或者股份有限公司章程另有规定的除外。"
编制资产负债表及财产清单	·《公司法》第二百二十四条第一款规定："公司减少注册资本，应当编制资产负债表及财产清单。"
通知债权人及公告	·《公司法》第二百二十四条第二款规定："公司应当自股东会作出减少注册资本决议之日起十日内通知债权人，并于三十日内在报纸上或者国家企业信用信息公示系统公告。债权人自接到通知之日起三十日内，未接到通知的自公告之日起四十五日内，有权要求公司清偿债务或者提供相应的担保。"
修改公司章程	·《公司法》第四十六条规定："有限责任公司章程应当载明下列事项："……（三）公司注册资本……"
办理工商变更登记	·《市场主体登记管理条例》第八条规定："市场主体的一般登记事项包括："……（五）注册资本或者出资额……" ·《市场主体登记管理条例》第二十四条第一款规定："市场主体变更登记事项，应当自作出变更决议、决定或者法定变更事项发生之日起 30 日内向登记机关申请变更登记。"
办理私募基金备案信息变更	·《私募投资基金登记备案办法》第三十九条规定："……私募基金管理人应当自私募基金募集完毕之日起20个工作日内,向协会报送下列材料,办理备案手续……" ·《私募投资基金登记备案办法》第四十七条规定："下列登记信息发生变更的，私募基金管理人应当自变更之日起 10 个工作日内向协会履行变更手续 ……(二)股东、合伙人、关联方……"
办理税务变更登记	·《税务登记管理办法》第十二条规定："纳税人在申报办理税务登记时，应当如实填写税务登记表。税务登记表的主要内容包括：……（七）注册资金（资本）、投资总额……" ·《税务登记管理办法》第十六条规定："纳税人税务登记内容发生变化的，应当向原税务登记机关申报办理变更税务登记。" ·《税务登记管理办法》第十七条规定："纳税人已在工商行政管理机关办理变更登记的，应当自工商行政管理机关变更登记之日起 30 日内，向原税务登记机关如实提供下列证件、资料，申报办理变更税务登记……"

图 4–2　公司型基金减资一般流程

相关规定

《公司法》

第二百二十四条　公司减少注册资本，应当编制资产负债表及财产清单。

公司应当自股东会作出减少注册资本决议之日起十日内通知债权人，并于三十日内在报纸上或者国家企业信用信息公示系统公告。债权人自接到通知之日起三十日内，未接到通知的自公告之日起四十五日内，有权要求公司清偿债务或者提供相应的担保。

公司减少注册资本，应当按照股东出资或者持有股份的比例相应减少出资额或者股份，法律另有规定、有限责任公司全体股东另有约定或者股份有限公司章程另有规定的除外。

第二百二十五条　公司依照本法第二百一十四条第二款的规定弥补亏损后，仍有亏损的，可以减少注册资本弥补亏损。减少注册资本弥补亏损的，公司不得向股东分配，也不得免除股东缴纳出资或者股款的义务。

依照前款规定减少注册资本的，不适用前条第二款的规定，但应当自股东会作出减少注册资本决议之日起三十日内在报纸上或者国家企业信用信息公示系统公告。

公司依照前两款的规定减少注册资本后，在法定公积金和任意公积金累计额达到公司注册资本百分之五十前，不得分配利润。

第二百二十六条　违反本法规定减少注册资本的，股东应当退还其收到的资金，减免股东出资的应当恢复原状；给公司造成损失的，股东及负有责任的董事、监事、高级管理人员应当承担赔偿责任。

除程序要求外，《公司法》与《合伙企业法》对于减资价款的结算和支付规定有较大不同，其中最为明显的区别即在《公司法》下，公司向其股东支付减资价款无须考虑“尚未了结的事务”，即投资项目尚未退出的特殊情况。实务中认为在公司具备支付能力时相应支付该减资价款即可。

但《公司法》也未提及投资者所得减资价款的确定标准或计算方式，实践中许多公司在确认减资价款时，系以公司减资时的净资产值与投资者的持股比例为依据计算减资价款，所得的数额更能反映投资者所持股权在减资时点的价值，保护了其他股东的权益，也不易在减资公示过程中引发债权人的异议。

然而，从投资者的角度出发，减资退出的目的在于取回其投资本金及预期收益（如有），若按照减资时公司的净资产值为依据计算减资价款可能无法满足该目的。在此等情境下，如果投资者与公司其他股东对减资价款的数额或者计算方式进行内部约定并达成一致同意，投资者能否以内部约定的结果主张公司支付减资价款？换言之，公司股东之间一致同意的减资价款数额或计算方式是否有效且应被遵守？

笔者认为，投资者获得减资价款会导致公司财产减少，其数额或者计算方式产生的影响应分为内部和外部进行讨论。首先，公司减资是其内部的重大行为，投资者所能获得减资价款的数额将影响其他股东的收益，这也就是为什么公司减资在《公司法》修订前后都属于特别决议事项，同时现行《公司法》对非同比例减资作了更加严格的决策要求，以维护公司股权结构的稳定以及非减资股东的利益。其次，就外部而言，投资者取回减资价款将导致公司责任财产减少，势必会对债权人的利益造成影响。

据此可知，投资者减资价款的确认主要涉及两类主体的利益，分别是非减资股东和债权人。就其他股东而言，因全体股东在减资价款的数额及计算方式上达成了一致意见，即使最终确认的减资价款导致减资股东超过或低于根据其持股比例可获得的收益，也属于其他股东对自身权益的处分，不应认为对该等股东的权益造成了侵害进而对减资价款的确认予以否定。而就公司债权人而言，其在收到公司减资通知或公告时，如对于公司减资行为或者减资价款的数额存在异议或感到不安，可以依法要求公司清偿债务或者提供相应的担保，以确保投资者从公司取回减资价款不会导致债权人的利益受到影响，由此，在债权人利益已经通过减资程序得到保护的情况下，亦不应以保护债权人利益为由来否认股东内部约定减资价款数额或计算方式的有效性。

基于以上，笔者认为，只要公司的减资行为依据《公司法》等法律法规履行了相应的程序，未对其他股东、债权人等相关主体的权益造成侵害，应当认可股东内部决定的减资价款数额或计算方式的有效性并相应遵守。

但同样值得注意的是，如公司型基金全体股东对应向退伙投资者支付的减资价款达成一致，而从结果上实现了对该等投资者的保本保收益，则该等约定可能因为违反私募基金领域的“收益共享、风险共担”原则而导致效力受到挑战。

延伸阅读：债权人撤销权在公司减资中的适用

虽然在私募基金的语境下，作为基金载体的有限合伙企业或公司一般不存在债权人，但因债权人利益保护程序将直接影响公司减资行为的效力，因此，与债权人利益保护相关的问题仍具有讨论价值。

以公司型基金为例，根据上文对公司减资程序的梳理，《公司法》明确规定公司减资时应当充分履行对债权人的告知义务，包括通知和公告，债权人在法定的期限内有权要求公司清偿债务或者提供相应的担保，债权人逾期未行使前述权利的，不影响公司减资流程的继续进行。

公司作出减资决议，并根据决议内容给予投资者减资价款，实质上体现了公司以其法人财产购买股东股权的行为，这使得债权人撤销权存在适用空间。《民法典》第五百三十九条规定：“债务人以明显不合理的低价转让财产、以明显不合理的高价受让他人财产或者为他人的债务提供担保，影响债权人的债权实现，债务人的相对人知道或者应当知道该情形的，债权人可以请求人民法院撤销债务人的行为。”本条规定了债权人在债务人实施不合理行为导致债权人利益损失时债权人的撤销权。

无论是《公司法》在公司减资过程中针对债权人的特别保护程

序，还是《民法典》对于债权人撤销权的一般规定，都体现了对债权人的保护。那么，在公司股东内部约定的减资价款数额或者计算方式属于“明显不合理的高价”的场景下，若公司进行减资时履行了通知债权人并公告的法定程序，但债权人并未在《公司法》规定的期限内要求公司清偿债务或提供相应担保，是否仍应给予该等债权人在《民法典》项下的债权人撤销权，即撤销公司的减资行为？

在讨论这个问题之前，首先须分析上述场景是否符合《民法典》中债权人撤销权的构成要件。债权人撤销权的构成要件为：（1）债权人对债务人的债权合法、有效；（2）债务人实施了明显有害于债权的行为，即诈害行为；（3）债务人的诈害行为影响债权人债权的实现；（4）债务人的相对人知道或者应当知道该情形。

假设上述要件（1）成立，即债权人对公司的债权合法、有效的前提下，公司作为债务人以明显不合理的高价从投资者手中购买了减资股权，系存在诈害行为，要件（2）满足；公司向投资者支付减资价款会导致其责任财产的减少，在公司财产不足以偿还债务的前提下，应当认定该等支付行为影响了债权人债权的实现，则要件（3）满足；此外，减资价款的数额或计算方式系公司全体股东一致同意的结果，且投资者作为减资价款的获得者应当知道该价款数额或计算方式是否合理，要件（4）亦满足。

据此，债权人行使撤销权的要件满足，在行权上应无障碍，但《公司法》已在减资程序中给予债权人特殊保护，在债权人怠于行使该等特殊权利的前提下，是否有必要给予其撤销权？

笔者认为，《公司法》下针对公司减资给予债权人的特殊保护与《民法典》下的债权人撤销权不应存在冲突，债权人未行使前者权利并不影响后者，理由有以下几点：（1）法律法规并未明确规定《公司法》下公司减资时债权人的权利和《民法典》中的债权人撤销权系互斥权利，法律法规没有禁止的情况下，不应剥夺债权人可以用来保护自己的所有权利；（2）《公司法》下公司减资时对债权人的保护力度与债权人撤销权并不等同。首先，出于对公司减资行为效率等考虑，

《公司法》给予债权人提出清偿债务或者提供相应担保要求的时间为“债权人自接到通知之日起三十日内，未接到通知的自公告之日起四十五日内”；而根据《民法典》第一百五十二条的规定，债权人自知道或者应当知道撤销事由之日起一年内未行使撤销权的，撤销权才归于消灭，两种权利给予债权人的行权期限并不一致。其次，《公司法》给予债权人的权利属于无因范畴，即无论减资价款的数额或计算方式是否合理，债权人均有权在法定期限内要求公司清偿债务或者提供相应担保以缓解不安，而债权人撤销权的构成要件包括公司的减资行为属于债权诈害行为且影响债权人债权的实现，两种权利的适用前提完全不同。据此，《公司法》下公司减资时给予债权人的权利并不等同于债权人撤销权，二者都属于债权人的法定权利，并存在其特定的适用场景。

综上，笔者认为《公司法》下公司减资时债权人的权利和《民法典》中的债权人撤销权并不冲突，在符合各自构成要件的前提下，债权人均可以主张行使。在公司股东内部约定的减资价款数额或者计算方式属于“明显不合理的高价”的场景下，如果减资行为确实损害了债权人的债权，公司的减资行为将面临被债权人撤销的风险。

第五章　基金接管

在现有基金管理人履职有瑕疵，但私募股权基金所持投资项目具备长期变现可能、投资者们对于基金继续运作仍保持信心和意愿的情形下，基金接管不失为一种值得考虑的选择。

“基金接管”不是法律法规或者基金业协会自律规则中的一个正式机制名称，本书所说的基金接管是指私募股权基金从某一管理人管理，变更为由投资者另行选定的其他基金管理人或者由投资者自行管理，其基本核心在于更换基金管理的责任主体或者管理方式，在这个意义上它可以被认为是一个投资者退出的中间状态，后续在恰当时机再通过清算、权益转让等方式实现最终退出。

随着基金业协会一系列实操规则和指引的发布，在 AMBERS 中由替任基金管理人一方即可完成基金管理人变更，以及允许基金身份注销等突破性的规定，使得基金接管在实操中的障碍和门槛也在逐步降低。

至此，笔者认为，在基金接管上对投资者来说最难的环节当属完成原管理人的撤换，包括作出有效的内部决策、取得有效的司法裁判，并取得其他必要文件，此过程中可能还需应对原管理人的抗议和抗辩。这个环节同样受限于不同基金的不同组织形式，投资者在基金中的不同身份地位对此将造成直接影响。此外，完成原管理人的撤换后，由适当主体继续维持该基金（或该有限合伙企业、公司）才是完整的机制，此处所指的适当主体是否必须为基金管理人？如果没有适当主体又当如何？下文将就这些问题具体展开。

一、基金接管概述

笔者认为，基金接管之所以未成为投资者退出的主流措施，除实体上变更基金管理人的复杂性外，程序上的障碍也实质上阻碍了这一路径的执行：过往私募股权基金在完成替换基金管理人后为继续运作，尚须另一适当的基金管理人接替管理，否则该基金将面临必须进行产品清算的命运；而且，即便能够找寻到适当的替任管理人，过往私募基金管理人变更时必须由原基金管理人发起，即在原管理人失联或不愿配合的情况下，仍然难以彻底完成基金管理人的替换。

这一实操上的困境随着 2023 年 9 月 28 日基金业协会颁布的《基金备案指引 2 号》与《私募投资基金备案指引第 3 号——私募投资基金变更管理人》（以下简称《基金备案指引 3 号》）得到了解决，其中《基金备案指引 2 号》所规定的基金身份注销使得有限合伙型或公司型的私募股权基金得以“脱去基金的身份”，基金管理人以外的主体亦可接管其运作，笔者在下文将具体阐述；而《基金备案指引 3 号》则回应了特殊情况下允许由替任基金管理人在 AMBERS 系统中变更基金管理人，这些特殊情况一方面包括原管理人客观上无法配合办理的情形，如依法解散、注销，依法被撤销、吊销营业执照、责令关闭或者被依法宣告破产，原管理人被协会注销、撤销登记，投资者、私募基金托管人或者其他基金合同当事人均无法与原管理人取得有效联系等；另一方面，包括原管理人主观上不同意配合变更的情形，此时有效的司法裁判可以作为基金业协会办理相关程序的依凭。事实上，在《基金备案指引 3 号》中还具体规定了其他灵活的变更机制，包括从条款上看，少数投资者未与替任管理人签署基金合同并不成为提交和完成基金管理人变更的实质障碍。

此外，值得注意的是，虽然内部决策机制原则上可以在私募股权基金内部自行约定，但是，由于该等机制将彻底地影响原管理人和基金本身的权利义务关系，基金业协会等行业监管机构可能进一步提出包括投资者比例、替任基金管理人的资质等要求以防止该机制的滥用。例如，《基金备案指引3号》第四条即规定，无论基金合同是否对变更基金管理人作出明确规定，私募基金变更管理人须经持有基金份额三分之二以上的投资者同意。

对于有限合伙型或公司型基金而言，在现有法律法规和监管允许的范围内，基金接管的可能结果一是适当的替任基金管理人履职，本身作为私募股权基金继续运作；二是注销基金身份，仅作为有限合伙企业或公司存续和经营。无论是何种后果，都涉及对现有基金管理人的更换，而所谓“更换”就意味着终止现有基金管理人的职务，在基金合同有明确机制且能够被顺利执行的情况下，通过内部的有效决策和原管理人的配合，能够顺利完成上述两种结果之一。在原基金管理人不配合或者已无法配合的情况下，对于在实操中占绝对多数的有限合伙型基金而言，当基金管理人担任执行事务合伙人，也就是“内部管理模式”下，更换基金管理人涉及普通合伙人除名；对于基金管理人不担任执行事务合伙人的有限合伙型基金，以及绝大部分受托管理的公司型基金，也就是“外部管理模式”下，则涉及委托管理合同的解除。在基础的管理模式之外，实务中还涉及更为复杂的特殊情况：在有限合伙型基金中基金管理人与另一主体同时作为普通合伙人暨执行事务合伙人，即所谓“双GP”模式之下，仅解除对基金管理人职责的委托，但不对其作为普通合伙人进行除名。

由于契约型基金的基金合同本身签署方即包括投资者与基金管理人，而其本身又无实体，在基金接管场景下实际上对应的是投资者依据基金合同或监管规则行使变更基金管理人的权利，与上述除名或解除委托性质上不同。本书中基金接管机制将仅就除名与解除委托管理协议中的典型问题进行讨论，对于契约型基金的投资者而言，核心在于要求其合同权利的行使以及在不利情形下的救济措施，例如要求解除基金合同、要求损害赔偿等，此部分内容将在本书其他涉及司法救济路径的章节中具体展开。

二、“内部管理模式”接管：合伙人除名

除名机制实际上是《合伙企业法》所规定的合伙人四种退伙方式之一，并且具有一定“惩罚性质”，本质而言是其他合伙人对某一合伙人的驱逐。该机制主要规定于《合伙企业法》第四十九条，其中对除名的程序、实体事由以及被除名合伙人的救济等方面作出了规定。根据该规定，对合伙人的除名要求首先发生除名事由，经过必要的程序后除名生效，并完成对被除名人的合伙财产结算。

对于投资者退出私募股权基金而言，通过除名机制将担任普通合伙人暨执行事务合伙人的基金管理人解职，并根据商业安排由其他主体履行相应职责，即实现由其自行或由其他适格基金管理人接管基金之目的。

相关规定

《合伙企业法》

第四十九条 合伙人有下列情形之一的，经其他合伙人一致同意，可以决议将其除名：

（一）未履行出资义务；

（二）因故意或者重大过失给合伙企业造成损失；

（三）执行合伙事务时有不正当行为；

（四）发生合伙协议约定的事由。

对合伙人的除名决议应当书面通知被除名人。被除名人接到除名通知之日，除名生效，被除名人退伙。

被除名人对除名决议有异议的，可以自接到除名通知之日起三十日内，向人民法院起诉。

（一）除名事由

除名事由即除名机制的触发情形。根据商业安排会有不同变化，强

势的管理人会对除名设置诸多限制，甚至不会有约定的除名事由而仅认可适用法定事由，而强势的投资者则基于自身利益保护，希望对除名机制设置基于商业安排、风险管理等情形的多种触发情形。

设置合伙人除名机制的本意，是保障有限合伙企业以及其他合伙人的合法权益，但鉴于其对于被除名人权利义务影响之大，法律对于启动除名的条件作了严格规定。前述《合伙企业法》第四十九条规定了四种除名的具体事由，其中前三项为法定事由，第四项为约定除名事由。从表述上来看，法律关于除名事由的规定较为笼统概括，在实际操作中易产生争议，司法实践中不同的案件事实也将导致不同的裁判结果。

笔者结合司法实践中的典型裁判案例，总结了除名事由相关的若干争议问题并梳理了相应的裁判观点。特别说明的是，在私募股权基金的语境下，由于基金管理人作为普通合伙人暨执行事务合伙人时，通常认缴金额较小且由于基金的缴付出资由基金管理人负责安排，在实操中以未履行出资义务为由要求将其除名的情形较少，故笔者对该法定除名事由暂不展开讨论。

1. 因故意或者重大过失给合伙企业造成损失的认定

根据《合伙企业法》第四十九条的表述，这一情形的认定需包含两个要件：被除名人具有“故意或重大过失”，且其行为“给合伙企业造成损失”。从司法实践情况来看，主要分歧集中于“损失”如何认定，例如就损失要件而言，有法院认为仅限于已经实际造成的损失，也有法院认为潜在的、尚未产生的损失亦属于该条所规定的“损失”。

司法实践中对除名情形下“损失”的认定尚未形成较为明确、统一的裁判标准，类案中也较少有法院对此展开分析，往往会结合《合伙企业法》第四十九条规定的其他除名事由，如被除名人存在不正当行为等作为其裁判说理的支撑。故基于司法实践之现状，投资者如想引用该条款作为除名依据，应当注意留存损失及其与被除名人的故意或重大过失间存在因果关系的相关证据。

2.“不正当行为”的认定

现行法律法规中未对如何界定不正当行为作出明确规定，根据《合伙企业法》起草修订工作组对该条文的解读，不正当行为是指合伙人在执行合伙事务过程中，侵害合伙企业或其他合伙人的权益，谋取个人私利的行为，如未经全体合伙人一致同意擅自处分合伙企业的不动产、知识产权，或私自从事与企业相竞争的经营活动，以及与他人勾结转移合伙企业的财产等行为给合伙企业造成重大损失的情形。

理论界曾有观点认为，在认定不正当行为时应当从《合伙企业法》的明确规定中寻找依据，经梳理被《合伙企业法》所明确否定的行为，认为该等行为当然属于前文所述之“不正当行为”，包括：（1）未履行出资义务的行为；（2）擅自处理合伙企业事务的行为；（3）竞业行为和自我交易行为；（4）损害企业利益，牟取个人私利的行为；（5）侵犯其他合伙人知情权的行为。[①]但是具体到司法实践中，法院似乎并未完全依照上述路径认定不正当行为，例如，（2018）浙07民终3730号案中，法院即认为普通合伙人的竞争行为不属于“执行合伙事务”，故不符合该款所规定的除名要件。

笔者认为，“不正当行为”本身内涵的界定应结合实际情况分别讨论，不宜一概描述，结合上述起草修订工作组的解读和理论界观点，可从行为本身的具体内容进行分析，如损害有限合伙人及有限合伙企业利益，即可能构成“不正当”，而无论该行为是否实际造成了损失或潜在损失。结合相关裁判案例，同时结合私募股权基金的场景，有较大可能被认定为“不正当行为”的情形应当包括：（1）执行事务合伙人暨基金管理人失联、去向不明；（2）执行事务合伙人利用职务之便，通过关联交易等方式侵占基金财产或损害基金权益；（3）在管理基金 / 执行合伙事务过程中存在法律及规范性文件规定的禁止性行为，例如未按期向基金管理人履行信息披露义务等。相关参考案例见表5-1：

① 郁临清、朱挺：《除名退伙中不正当行为的认定》，载《上海政法学院学报（法治论丛）》2013年第1期。

表 5-1 执行合伙事务“不正当行为”相关案例

案号	裁判摘录
（2019）苏02民终5057号	栾某林作为合伙企业的合伙人、董事长、投资决策委员会主任委员、执行合伙事务人某盟公司的委派代表……因栾某林身份的特殊性，其任职期间确实存在多笔经其审批的、某云东方与其具有关联关系的对象进行交易。现其他合伙人质疑其种种行为的合理性，并委托第三方评估机构进行审计，审计报告中反映了多笔关联交易行为……在此情况下，某云东方召开合伙人会议，一致同意将栾某林除名，理由成立，具备合理性
（2018）粤0391民初255号	自2017年11月始，被告、第三人已搬离原办公场所，人员去向不明，失去联系，致使合伙企业、原告、债权人的利益处于高度不确定的危险状态，且怠于行使经营职责已持续一年，应视为被告在执行合伙事务时有不正当行为
（2021）苏0213民初1173号	结合案件查明的基本事实可以认定，某天公司作为普通合伙人及执行事务合伙人，在执行事务、履行职责中，确实存在诸多不规范、不符合约定、不符合法律之处，主要表现在：……（6）自某硕中心成立之日起，某天公司未按季度向市政公司披露私募基金信息，已被证监会江苏监管局采取责令改正的行政监管措施

需要提醒的是，上述通过典型情形并不是私募股权基金语境下或者说有限合伙企业中执行事务合伙人不正当行为的穷尽列示，正因法律法规中尚未就“不正当行为”的内涵或要件进行统一规范，司法实践中“不正当行为”为由支持除名事由成立的，亦将结合各有限合伙企业经营及其执行事务合伙人履职的具体情况进行认定，未有统一标准，故投资者仅以此事由启动除名机制时，也应结合其所投资的私募股权基金运作情况、基金管理人投资决策、信息披露、收益分配等主要职责的履行情况进行综合考量。

3. 约定除名事由的法律适用

《合伙企业法》第四十九条第四款给予合伙人之间充分的意思自治空间，实务中，投资者在对某一私募股权基金进行投资前，可能会对管理人进行详尽的尽职调查，尽调的事项是对管理人资质和能力的评估与核实，并可能作为投资该基金的前提条件，而核心的前提条件被违反就可能被作为除名事由，例如投资者投资该基金是因为其管理人由某大型国有企业实际控制，那么在该基金存续期间如实际控制关系发生改变，就可能被约定为触发对该管理人除名的事由；其背后的商业逻辑在于投资者此时不再信任该管理人的管理能力，包括内部控制和风险管理，以及获得参与大型优质项目的机会等。

合伙企业在法理上是高度人合性的企业，法律的制定亦尊重合伙企业的高度自治权利。因此，从笔者检索到的相关案例来看，在合法有效的《合伙协议》中对相关除名事由有约定的，法院一般会以《合伙协议》约定事项来认定其是否构成除名的实体条件。

但是，除名本身是对合伙关系的终止，引发当事人间法律关系的剧烈变动，故约定除名事由存在一定限制，若放任当事人随意约定除名事由，恐不符合公平、正义以及诚信之基本原则。《九民纪要》第四十七条亦规定了所谓“瑕疵轻微解除”规则，该条阐述的虽是约定解除权的一般规则，但该规则所内含的裁判精神往往被法院延伸至对约定除名事由的审查之中。相关案例见表 5–2。

表 5–2　除名事由的适用相关案例

案号	裁判摘录
（2021）京 0105 民初 92927 号	对合伙人的除名，本质上是合伙人一致同意强制剥夺其他合伙人资格的决定。对于人合性极强的合伙企业，作出该类决定应当由全体合伙人事先达成一致合意，因此，合伙协议有关除名事由的约定应当明确、具体、可预见。本案中，某味合伙企业的《原合伙协议》和《新合伙协议》仅在有限合伙人的义务部分约定“不得从事损害某味合伙企业及幸福某味公司利益的活动”。在行为构成方面，该约定并不能明确指向具有具体危害程度的行为类型;在行为后果方面，无论是通过文义解释还是体系解释，该约定均未指向剥夺合伙人资格的严重后果，因此上述约定并不构成合伙人除名的事由。某味合伙企业主张李某波违反合伙协议的上述约定即应被除名，于法无据
（2020）鲁 0103 民初 12640 号	对合伙人的除名，实际上是守约合伙人对违约合伙人行使解除协议的权利，此种措施与退伙、散伙等方式相比，带有对合伙人否定性评价的性质。从《合伙企业法》第四十九条的规定来看，出资违约、故意或者重大过失给合伙企业造成损失，执行合伙事务时有不正当行为等均为严重损害合伙企业或合伙人利益的行为，才可适用除名这一最严厉的措施，而其他违反法律规定或协议约定行为，其性质和危害程度也应大体与之相当，才可适用除名程序。否则必然导致除名程序的滥用，最终损害合伙企业和各合伙人的利益

结合前述对法定除名事由所作的相关分析以及司法实践中的裁判观点，虽然《合伙企业法》允许合伙人自行约定除名事由，但并不意味着

可以由当事人任意安排。从约定除名事由的条款安排，或者分析除名事由被挑战的可能性角度，根据笔者对司法案例的检索，除名事由的约定应当明确、具体、可预见。除此之外，也有法院认为除名是合伙企业运作中最为严厉的措施，由于法定除名事由均为严重损害合伙企业或合伙人利益的行为，因此，其他违反法律规定或协议约定行为性质和危害程度也应大体与之相当才可适用除名程序，否则将可能因除名程序的滥用而被挑战。

（二）除名程序

从《合伙企业法》第四十九条第一款来看，除名机制的程序要求主要体现在两个方面：一是要求“其他合伙人一致同意”，二是要求“决议”。笔者理解，也正是因为除名机制所带来的严重后果，立法者同时对除名设置了较高的程序要求。这在实操中意味着什么样的困难呢？笔者整理了司法实践中关于除名程序相关的争议问题。

1. 仅有两个合伙人的有限合伙企业是否适用除名程序

在私募股权基金场景下“单一投资人”的架构并不鲜见，即该有限合伙型基金仅有一名普通合伙人暨执行事务合伙人、基金管理人，以及一名投资者作为有限合伙人。该等基金架构的投资者在适用“基金接管”上更有商业动机。在合伙人为三个或三个以上的有限合伙企业中，“其他合伙人一致同意”这一程序要件不存在适用问题，但该要件能否适用于仅有两个合伙人的合伙企业，司法实践中存在争议。

目前司法实践中持否定说的观点认为，遵循文义解释规则，从“一致同意”的字面上解释，作出除名决议的合伙人应是两个或两个以上，因此适用的条件应是合伙人为三个或三个以上，在仅有两个合伙人的合伙企业中，当一方诉求另一方除名时，不存在“经其他合伙人一致同意”的情形，即在仅有两个合伙人的合伙企业中，一方无权对另一方作出除名决议。此外，如果在仅有两个合伙人的合伙企业中，允许一方对另一方作出除名决议，则只剩下一方投资主体经营，该企业将丧失“合伙”的法律特征，因合伙人不具备法定人数而面临解散，而当合伙企业要解散时，意味着要清算、处分合伙财产，行使除名权已没有任何实质意义。例如（2017）京0101民初6601号案中，法院即认为“经其他合伙人一致同意”的适用前提应是有三名以上合伙人成立的合伙企业。

笔者倾向于认为，合伙人的数量并不影响除名程序的适用，法条所规定的“一致同意”并不构成“除名程序只能适用于存在两名以上合伙人的合伙企业”之充分理据。

首先，从文义解释的角度，“一致同意”所强调的实质不在于当事人人数为两个以上，而应理解为没有一个人反对且为无差别地同意。从体系解释的角度，《合伙企业法》中除第四十九条以外，出现“经其他合伙人一致同意”的规范表述还有第二十二条第一款、第二十五条、第四十八条第二款，分别涉及合伙人转让财产份额、出质财产份额以及合伙人被依法认定为无民事行为能力人或者限制民事行为能力人时转为有限合伙人。如果将“经其他合伙人一致同意”理解为“其他合伙人”应是两个或两个以上，全体合伙人应是三个或三个以上，那么仅有两个合伙人的合伙企业中合伙人亦将无法行使前述三个条款的权利，有悖于立法原意，与司法实践中的具体情况亦不符合。

其次，关于除名后所可能导致的合伙企业解散之后果，《合伙企业法》第八十五条规定，合伙人已不具备法定人数满三十天的，合伙企业应当解散。在仅有两个合伙人的合伙企业中，将一个合伙人除名后合伙企业的合伙人不具备法定人数，丧失“合伙”的法律特征，合伙企业处于暂时性的不法存续状态，既可能因为新的合伙人加入而合法存续，也可能因为合伙人不具备法定人数达到法定期间而解散，故合伙企业并非必然走向解散，是否解散要视有无新的合伙人加入而定。除名后产生的法律效果有相应的救济处理路径，不应影响投资人对于除名权利的依法行使。

2. 合伙协议中对除名程序的特别约定是否有效

在私募股权基金语境中，为保护合伙人自身利益，投资者可能对除名程序也作出特别约定，由此与约定除名事由组成完整机制。

合伙协议中对于除名程序的特别约定通常可分为两类：一是对表决比例的特殊约定，例如“经三分之二以上的合伙人同意”或者“经普通合伙人及其关联方以外的合伙人同意”即可除名等，二是对决议程序的特殊约定，例如“(发生除名事由后)全体有限合伙人一致书面同意可将执行事务合伙人除名，无须另行召开会议”等。除上述除名程序外，合伙协议中通常针对投资者逾期出资而设置的除名机制中，亦有针对除名程序的特别约定，例如“全体有限合伙人授权执行事务合伙人在该情形（某一有限合伙人因逾期出资而成为违约合伙人）时决定将违约合伙人除名”，并不与投资者主动退出私募股权基金直接相关，故不在本书特别讨论的范围之内，但该等特殊约定的司法实践亦可参考。

针对表决比例的特殊约定，典型适用场景是基金管理人与其他某一合伙人或某几个合伙人之间可能存在关联关系，在此种情形下，若严格适用法条中“其他合伙人一致同意”之规定，一概排斥当事人在合伙协议中对表决比例进行特别约定，则会导致僵局情况的出现，不利于当事人权利的保护，使得除名机制的创设目的落空。

在笔者检索裁判案例中，尚未见有案例明确否定该等约定之效力，法院亦会在裁判中具体适用该等约定判断除名决议之效力，相关案例见表 5–3。

表 5–3　除名程序特约相关案例

案号	裁判摘录
（2016）沪 01 民终 6860 号	某盛企业所有合伙人于 2013 年 12 月订立《合伙协议》约定：……全体合伙人一致同意授权普通合伙人决定是否将该特殊违约合伙人除名……本院认定该条款对于委托人某恒公司具有法律效力，应予恪守
（2022）鲁 0103 民初 2089 号	某水修身合伙协议约定，执行事务合伙人除名应履行如下程序：……（2）经除普通合伙人及其关联人以外的本有限合伙企业的合伙人一致同意，可作出执行事务合伙人除名的决议……某水修身合伙协议系双方当事人的真实意思表示，内容不违反法律、行政法规的强制性规定，合法有效，本院予以支持
（2021）沪 0115 民初 53309 号	《宁波梅山保税港区某怡朗清投资中心（有限合伙）之有限合伙协议之补充协议（一）》约定，持有三分之二以上有限合伙企业份额的合伙人（含有限合伙人）提议除名时，可除名。被告持有三分之二以上合伙企业份额，其作出的除名决议符合合伙协议约定。原告主张《宁波梅山保税港区某怡朗清投资中心（有限合伙）之有限合伙协议之补充协议（一）》无效，未能提供证据予以证明，本院不予采信

需要注意的是，《合伙企业法》第三十条第二款或可以被认为对合伙企业的决议事项作出了整体性规范，而第四十九条规定的“其他合伙人一致同意”又可能同时被认为是该第三十条第二款所规定的“对合伙企业的表决办法另有规定”，进而要求严格适用而不得被约定排除，最终导致合伙人之间关于除名表决比例的特殊约定面临被排除适用之风险，故理论上不能排除在投资人退出私募股权基金的具体个案中基于不同的事实情况出现不同于裁判观点的可能，但笔者认为，原则上应从实质判断角度，针对除名程序的表决比例进行特殊约定符合其商业逻辑、具备合理性，则不宜排除全体合伙人事前通过签署合伙协议，已经一致同意的该合伙企业运作机制。

相关规定

《合伙企业法》

第三十条　合伙人对合伙企业有关事项作出决议，按照合伙协议约定的表决办法办理。合伙协议未约定或者约定不明确的，实行合伙人一人一票并经全体合伙人过半数通过的表决办法。

本法对合伙企业的表决办法另有规定的，从其规定。

与上述对于“一致同意”的特别约定不同，合伙协议中对于不召开会议的约定可能受到较大挑战，笔者倾向于认为在私募股权基金语境下，投资人除名执行事务合伙人时应当召集会议，特别是通知拟被除名的执行事务合伙人，否则即使合伙协议中有明确的特殊约定，除名决议在效力上仍然可能被挑战。

根据《民法典》第八十五条与第一百三十四条第二款的规定，有效的“决议”包括符合要求的会议召集、议事和表决方式，结合《合伙企业法》第四十九条的规定，“决议”应以召开合伙人会议为前提。

相关规定

《民法典》

第八十五条 营利法人的权力机构、执行机构作出决议的会议召集程序、表决方式违反法律、行政法规、法人章程，或者决议内容违反法人章程的，营利法人的出资人可以请求人民法院撤销该决议。但是，营利法人依据该决议与善意相对人形成的民事法律关系不受影响。

第一百三十四条 民事法律行为可以基于双方或者多方的意思表示一致成立，也可以基于单方的意思表示成立。

法人、非法人组织依照法律或者章程规定的议事方式和表决程序作出决议的，该决议行为成立。

此外，从体系解释的角度来看，《合伙企业法》其他同样包含“一致同意”表述的条款中均未出现“决议”二字，[①] 唯独在第四十九条关于除名程序的规定中出现。基于此，笔者认为，立法者旨在通过此种条文表述上的安排强调除名必须召开合伙人会议，以决议形式作出。而从目的解释的角度，根据全国人大常委会法工委《合伙企业法释义》的解释：“在合伙企业中，所有的合伙人都是平等的，在退伙这一问题上也是如此。某一合伙人有权利选择不与其他合伙人合作，而进行自愿退伙；其他合伙人当然也有权利选择不与某一合伙人合作，而进行除名退伙。但是，除名退伙毕竟是多数合伙人强制剥夺个别合伙人的合伙人资格的行为，应当慎重，否则就有可能产生多数合伙人联合起来排挤少数合伙人

① 例如，《合伙企业法》第十九条第二款规定：“修改或者补充合伙协议，应当经全体合伙人一致同意……”《合伙企业法》第二十二条第一款规定：“除合伙协议另有约定外，合伙人向合伙人以外的人转让其在合伙企业中的全部或者部分财产份额时，须经其他合伙人一致同意。”《合伙企业法》第二十五条规定：“合伙人以其在合伙企业中的财产份额出质的，须经其他合伙人一致同意；未经其他合伙人一致同意，其行为无效，由此给善意第三人造成损失的，由行为人依法承担赔偿责任。”

的情况，损害少数合伙人的利益。”[①] 基于该条，《合伙企业法》第四十九条关于除名程序相关规定的目的，在于保护少数合伙人（被除名合伙人）的合法权益，而若不召开合伙人会议，将会使被除名合伙人丧失陈述、申辩之权利，有损其合法权益，亦不符合程序正义的基本要求。

从相关裁判案例中可以看出，法院对于此种除名之效力亦持否定态度，例如（2021）浙02民终5763号案中，法院即认为：“基于程序正当的基本要求，召开合伙人会议前应将除名事项明确列入会议议程，并通知某海公司参加，由其向合伙人会议行使陈述或申辩的权利，但该案中，对某海公司的除名决议并未通过合伙人会议决议的程序形成，既未提前发出会议通知，也未告知各位合伙人特别是某海公司有关除名的议程，亦未告知某海公司可以行使陈述或申辩的权利，更未形成合伙人会议记录，仅由某钱公司和某企公司在上面盖章确认，在盖章下面亦无任何的盖章时间显示，程序上显然过于草率和缺乏慎重，对某海公司而言显失公平。”

但是，正是因为法律所规定的“决议”，也就是召开会议的必要性是保护被除名人陈述、申辩之权利，对于客观事实所导致的除名似乎不再有如此程序上的保护之必要，但是对这种情形应加以限制认定。典型应如“未履行出资义务”而导致的除名，由于未出资应为客观事实，主观意图在所不问，故此时仍要求听取拟被除名合伙人的陈述、申辩失去意义，或者说，在除名事由为客观事实的情况下，仅因未听取被除名合伙人的陈述、申辩而认为除名决议无效似乎不妥。

回到投资者退出私募股权基金的需求而言，正如笔者在本节起始已经指出的，实务中执行事务合伙人未履行出资义务的情形并不常见，这也同时要求投资者在合伙协议中对于除名事由的约定除应当明确、具体、可预见外，还应尽可能以客观、可量化为标准，否则在除名程序中排除召开会议的程序很可能被挑战，并且在实操中，在基金管理人/执行事务合伙人不愿配合的情况下，投资者作为有限合伙人是否有权以及

---

① 李飞主编、全国人民代表大会常委委员会法治工作委员会编：《中华人民共和国合伙企业法释义》，法律出版社2006年版，第79页。

是否有能力召集会议，最基本如能否联系到其他有限合伙人等，都可能成为现实问题。这些问题不仅耗费额外精力、时间与成本，甚至可能导致除名程序无法推进。

延伸阅读：被除名合伙人救济措施相关问题

对于通过除名机制而实施其退出策略的投资人而言，在完成上述触发除名事由、履行除名程序的要求后，其可能面临的后果之一是《合伙企业法》第四十九条第三款所赋予执行事务合伙人/基金管理人的救济权利，即被除名人可在接到除名通知之日起三十日内，向人民法院就除名决议提起异议之诉，如法院裁判否决该除名决议，则投资人仍无法实现其除名之目的。

结合司法实践中的裁判观点，笔者认为对于被除名合伙人的异议之诉，主要需要关注以下两个问题：

1. 管辖权问题

根据《合伙企业法》第四十九条的规定，除名异议之诉“向人民法院”提起。鉴于合伙企业系依据合伙协议设立，而实务中部分合伙协议中会约定仲裁条款，因此当事人可能以“合伙协议约定仲裁条款”为由提出管辖权异议。司法实践中对该问题存在一定的裁判分歧，有观点认为，法条中规定的“向人民法院起诉”即代表了人民法院对此种纠纷具有管辖权，例如（2016）沪01民辖终140号案中，法院认为：“两上诉人均上诉称，其与被上诉人在《合伙协议》中约定争议由上海仲裁委员会仲裁解决……本院经审理认为，被上诉人起诉撤销由上诉人作出的除名决定，按照《合伙企业法》第四十九条第三款规定，被除名人对除名决议有异议的，可以自接到除名通知之日起三十日内，向人民法院起诉。故上诉人的上诉请求及理由，缺乏事实和法律依据，故本院不予支持。”另有观点则认为该条规定并不排斥当事人合意将相关纠纷通过仲裁形式解决，例如（2022）京04民特129号案中，法院即认为：“……该条规定的向人民法院起诉是赋予合伙人就除名决议争议进行司法救济权利，而不是排除合伙人通过达成合意，将争议提交仲裁机构解决的权利……综上，众益合伙企业等申请人……主张仲裁协议无效，及合伙人除名决议争议不受仲裁协议约束的理由不能成立，本院不予支持。”

此处的核心争议问题在于：在合伙协议约定了仲裁条款的情形下，如何确定除名退伙纠纷的管辖机构？笔者认为，合伙协议中约定争议解决的方式为仲裁的，理应一体适用于除名异议的情形。理由如下：

首先，从文义解释的角度来看，《合伙企业法》第四十九条规定被除名人救济措施为“可以”“向人民法院起诉”。从一般文义来看，可以主要包括“可能或能够”“许可”等内涵。笔者认为法条中的“可以”宜理解为“许可”，被除名人对除名决议不服的，享有“向人民法院起诉”的权利，故此处规定理解为授权性规范为宜。正如王利明教授所言：“授权性规范是指授权当事人可以从事某种行为的规范……授权性规范也是任意性规范的一种典型形态，其实际上是通过给予当事人自由约定的空间，来鼓励当事人意思自治，实现其自身权益的最大化。”①

其次，从体系解释的角度来看，《合伙企业法》第一百零三条对合伙协议的争议解决方法作了规定：“合伙人履行合伙协议发生争议的，合伙人可以通过协商或者调解解决。不愿通过协商、调解解决或者协商、调解不成的，可以按照合伙协议约定的仲裁条款或者事后达成的书面仲裁协议，向仲裁机构申请仲裁。合伙协议中未订立仲裁条款，事后又没有达成书面仲裁协议的，可以向人民法院起诉。”该条款明确，合伙协议纠纷属于可仲裁事项，而无论从原因还是结果上看，除名异议纠纷显然系“履行合伙协议发生争议”。再结合前文所述，《合伙企业法》第四十九条第三款属于授权性规范，并不意在排除仲裁程序在除名纠纷中的适用，故在第一百零三条未明确排除除名决议可约定仲裁的情况下，“向人民法院起诉”应解释为被除名人的

① 王利明：《民法总则研究》，中国人民大学出版社2012年版，第41页。

权利，经事先约定可排除其适用。

此外，公司作为与合伙企业最相近似的组织形态，考察公司法中类似问题如何处理，可能有助于对问题的更好理解。《最高人民法院关于适用〈中华人民共和国公司法〉若干问题的规定（三）》第十八条规定了公司股东的除名制度：“有限责任公司的股东未履行出资义务或者抽逃全部出资，经公司催告缴纳或者返还，其在合理期间内仍未缴纳或者返还出资，公司以股东会决议解除该股东的股东资格，该股东请求确认该解除行为无效的，人民法院不予支持……”而从股东除名纠纷的司法实践来看，法院对股东约定除名纠纷适用仲裁的效力审查也主要依据《仲裁法》，并不认为该等纠纷必须通过诉讼途径解决。例如（2016）沪 01 民终 869 号民事裁定书指出，“本案中上诉人诉请系要求被上诉人对上诉人承担包括增资部分的代出资义务，涉及三份协议的内容，符合约定仲裁条款的适用范围”，判令驳回上诉、维持原裁定。

最后，鉴于合伙企业系作出除名决议之主体，故被除名人通常会在基于除名决议提起之诉讼 / 仲裁中将其作为被告 / 被申请人（之一），然合伙企业并非合伙协议之签订主体，进而引发了以下问题，即合伙协议中的仲裁条款是否约束合伙企业。有观点认为：合伙协议订立时，合伙企业尚未设立，合伙协议中一般不会约定合伙人与合伙企业之间的争议解决方式，故合伙协议中的仲裁约定不能约束被除名人和合伙企业之间的纠纷，实践中亦有法院据此观点排除合伙协议中的仲裁条款在除名纠纷中的适用，例如（2020）苏 01 民辖终 319 号案中，法院即认为：“《合伙协议》系各合伙人之间达成的合伙协议，本案并非各合伙人之间的纠纷，而是原审原告某嘉利公司起诉原审被告某行合伙企业而产生的纠纷，故《合伙协议》关于仲裁条款的约定对本案不具有约束力。”对此笔者倾向于认为：合伙企业应受合伙协议的约束，合伙协议中的约定管辖条款对合伙企业具有约束力。原因在于：首先，虽法无明文限定合伙企业受合伙协议之约束，但合伙企业基于合伙协议产生，其存续、运营及解散清算均需考虑合伙协议之约定，不仅在《合伙企业法》中有充分规定，司法实践中也有普遍认识。[①] 其次，《公司法》第五条规定："设立公司应当依法制定公司章程。公司章程对公司、股东、董事、监事、高级管理人员具有约束力。"作为与合伙协议性质相似的公司章程对公司具有约束力，类推适用于合伙企业，亦应当认可合伙协议对合伙企业之约束力。最后，认为合伙协议对合伙企业具有约束力亦为司法实践中的主流裁判观点，例如（2018）豫06民特1号案中，法院即认为："某美母婴中心系丁某、罗某钢、闫某三人合伙成立的普通合伙企业，其产生、存在和消亡的基础是《合伙经营协议》，合伙企业注册后，其运营并不能脱离该协议，在法律上也不具备独立的人格，该中心并不具备与合伙人平等的地位。《合伙经营协议》赋予了合伙组织注册后可以因合伙人损害合伙组织利益向侵权人主张赔偿的权利，来源于合伙人约定，只是一种权利约定，并不能导致其形成独立人格。该中心与丁某之间的纠纷，根本上还是合伙人之间的纠纷。因此，《合伙经营协议》的仲裁条款'凡因本协议或与本协议有关的一切争议，合伙人之间应先共同协商，如协商不成，提交鹤壁仲裁委员会仲裁'，对某美母婴中心具有约束力。"类似裁判观点还可参见（2016）闽民终1039号、（2017）粤03民终8231号、（2018）沪01民终9089号、（2019）藏01民终375号民事判决书。

综上，笔者认为合伙协议中约定争议解决的方式为仲裁的，理应一体适用于除名决议效力争议的情形。但鉴于司法实践中存在截然不同的裁判观点，故尚且不能完全排除个案中出现不同处理方式的可能性，由此则要求当事人在起诉或提起仲裁申请前预先与对应的法院或仲裁委进行充分的沟通。当然，如各方本意即希望有关除名的争议亦适用仲裁解决的，则可在合伙协议的仲裁条款中对此进行明确，以免事后增加沟通成本。

---

① 参见杨万明主编：《最高人民法院新民事案件案由规定理解与适用（下）》，人民法院出版社2021年版，第794页。

2. 异议期限的性质

《合伙企业法》第四十九条规定被除名合伙人提起除名异议诉讼的期间为三十日。针对该三十日异议期间，结合司法实践中的裁判观点，笔者倾向于认为其性质上系属除斥期间，不发生中断、中止事由。一旦超过该法定期间，被除名合伙人将直接丧失提起除名异议诉讼的权利，即丧失起诉权，而非胜诉权。相关案例见表5-4：

表5-4　除名异议期限相关案例

案号	裁判摘录
（2021）沪01民终5627号	上述三十天期限属于被除名人提起除名决议异议之诉起诉权利的存续期间，为法定不变期间，不适用有关诉讼时效中止、中断和延长的规定。自接到除名通知之日起三十天期间届满，被除名人起诉权利消灭。2020年4月16日系争《除名决议》已成立，合伙人包某伟无权单方撤回决议。李某敏于2020年4月25日收到除名决议，除名生效。李某敏于2020年9月8日向本院提起本次诉讼已超过三十天期限。李某敏之前曾向法院起诉不构成上述三十天起诉期限的中断。据此，本案李某敏的起诉已超过《合伙企业法》规定的期限
（2019）粤03民终9965号	上诉人主张其已于2017年1月22日在法院诉讼平台办理立案手续，起诉时间应以立案手续办理完成时间为准。经查，本案立案手续办理完成时间为2017年7月21日。上诉人于2017年7月21日向法院提起诉讼，上诉人的起诉已超过法律规定的三十日除斥期间。除斥期间为不变期间，上诉人在法定期间内未提起诉讼，已丧失相关诉权。上诉人的起诉不符合民事案件的受理条件，应予以驳回

根据《合伙企业法》的规定，原合伙人被除名后并不影响其要求结算和退还财产份额的权利。关于该等结算与退还财产份额之具体事项，笔者将在本书有关基金份额赎回的相关内容中具体阐述。

三、“外部管理模式”接管：委托管理合同解除

管理人不担任执行事务合伙人的有限合伙型基金以及受托管理的公司型基金，即私募股权基金的“外部管理模式”，即委托管理模式不适用除名机制，而是通过《民法典》等法律规定解除与基金管理人的委托管理合同。《民法典》中关于合同解除有法定解除与约定解除两种，而在私募基金语境之下，通常在基金合同的基金管理人更换条款中同时

约定委托管理合同的解除，如没有这样的规定，则只能依赖于法定解除权。

一方面，考虑到解除合同系对当事人权利义务关系的重大变更，司法实践中法院对解除合同的诉讼请求持较为严苛的认定标准。另一方面，在行使解除权后基金本身即可以不受合同条款的影响，依据法律规定和司法实践为自身提供更为灵活的操作空间。因此，投资者有必要从整体和个案的双重角度审视委托管理协议的解除。

（一）合同性质概述

在考虑合同解除是否满足法定要件时，通常须考虑委托管理合同下法律关系的性质，在此基础上才可进一步分析法定解除的请求权基础。

在开始具体讨论之前，需要先厘清的是委托管理模式下的各方主体。以有限合伙型基金为例，在委托管理模式中与基金管理人直接签订合同的主体包括私募股权基金，即有限合伙企业本身，以及该有限合伙企业的执行事务合伙人，而在非该模式运作的典型有限合伙型基金中，基金管理人作为普通合伙人暨执行事务合伙人，与投资者直接签订合伙协议。在公司型基金中，签署委托管理协议的主体通常仅为基金管理人与该公司本身，投资者并不直接参与签署该合同。

在上述主体之间构成何等法律关系呢？正如笔者在“基金清算”部分已经提及的，对于法律关系的认定以各方在合同项下显著的权利义务内容来判断。而在委托管理模式之下，笔者倾向于认为，基金管理人与投资人之间未成立信托关系，而是与私募股权基金成立委托关系。原因首先在于，根据《信托法》的规定，信托关系的特征之一是信托财产独立于委托人与受托人的财产，具备独立性，要求委托人“将财产权委托给受托人”，即发生财产所有权之移转系信托关系的要件之一，而在委托管理模式中，基金管理人仅是对私募股权基金的财产进行管理，而不会约定或者发生私募股权基金财产的所有权的移转，基金财产的所有权归于私募股权基金名下，故委托管理模式本身不满足典型信托关系的构成要件。其次，委托管理合同的本质即在于将私募股权基金的日常经营事务交由外部基金管理人处理，此种法律关系下的权利义务安排与《民法典》第九百一十九条关于委托合同之定义更为接近。

相关规定

《信托法》

第二条 本法所称信托，是指委托人基于对受托人的信任，将其财产权委托给受托人，由受托人按委托人的意愿以自己的名义，为受益人的利益或者特定目的，进行管理或者处分的行为。

第十五条 信托财产与委托人未设立信托的其他财产相区别。设立信托后，委托人死亡或者依法解散、被依法撤销、被宣告破产时，委托人是唯一受益人的，信托终止，信托财产作为其遗产或者清算财产；委托人不是唯一受益人的，信托存续，信托财产不作为其遗产或者清算财产；但作为共同受益人的委托人死亡或者依法解散、被依法撤销、被宣告破产时，其信托受益权作为其遗产或者清算财产。

第十六条 信托财产与属于受托人所有的财产（以下简称固有财产）相区别，不得归入受托人的固有财产或者成为固有财产的一部分。

受托人死亡或者依法解散、被依法撤销、被宣告破产而终止，信托财产不属于其遗产或者清算财产。

第十七条 除因下列情形之一外，对信托财产不得强制执行：

（一）设立信托前债权人已对该信托财产享有优先受偿的权利，并依法行使该权利的；

（二）受托人处理信托事务所产生债务，债权人要求清偿该债务的；

（三）信托财产本身应担负的税款；

（四）法律规定的其他情形。

对于违反前款规定而强制执行信托财产，委托人、受托人或者受益人有权向人民法院提出异议。

第十八条 受托人管理运用、处分信托财产所产生的债权，不得与其固有财产产生的债务相抵销。

受托人管理运用、处分不同委托人的信托财产所产生的债权债务，不得相互抵销。

《民法典》

第九百一十九条　委托合同是委托人和受托人约定，由受托人处理委托人事务的合同。

（二）合同的约定解除

《民法典》第五百六十二条第二款明确规定了委托法律关系项下当事人的约定解除权。由于当事人约定解除属于意思自治的范畴，除了监管制度要求在基金合同中约定的解除权行使条件外，投资者也可以要求另行约定其他条件下私募股权基金对于委托管理协议的单方面解除权。

相关规定

《民法典》

第五百六十二条　当事人协商一致，可以解除合同。

当事人可以约定一方解除合同的事由。解除合同的事由发生时，解除权人可以解除合同。

需要注意的是，虽然法律并未规定约定解除权或约定解除条件情形下的合同解除需要以“合同目的不能实现”为前提，但是法院在司法实践中可能基于诚信原则对约定的解除权及解除条件进行限缩解释，并限制约定解除权的行使。《九民纪要》第四十七条规定：“合同约定的解除条件成就时，守约方以此为由请求解除合同的，人民法院应当审查违约方的违约程度是否显著轻微，是否影响守约方合同目的的实现，根据诚实信用原则，确定合同应否解除。违约方的违约程度显著轻微，不影响守约方合同目的的实现，守约方请求解除合同的，人民法院不予支持；反之，则依法予以支持。”

是故，法院在审理相关案件时将审查“违约方的违约程度是否显著轻微，是否影响守约方合同目的实现”。在此背景下，在委托管理协议中对合同解除的约定事由，虽可根据特别商业诉求进行个性化约定，但需注意司法实践中对约定解除采限制态度的倾向。

（三）合同的法定解除

若无法通过委托管理合同中的约定实现合同解除，投资者也可以根据届时具体情况行使法定解除权。在委托法律关系项下，投资者行使法定解除权解除委托管理合同的路径主要有两条：根据《民法典》第九百三十三条行使委托合同任意解除权，以及根据《民法典》第五百六十三条行使一般法定解除权。

相关规定

《民法典》

第五百六十三条 有下列情形之一的，当事人可以解除合同：

（一）因不可抗力致使不能实现合同目的；

（二）在履行期限届满前，当事人一方明确表示或者以自己的行为表明不履行主要债务；

（三）当事人一方迟延履行主要债务，经催告后在合理期限内仍未履行；

（四）当事人一方迟延履行债务或者有其他违约行为致使不能实现合同目的；

（五）法律规定的其他情形。

以持续履行的债务为内容的不定期合同，当事人可以随时解除合同，但是应当在合理期限之前通知对方。

第九百一十九条 委托合同是委托人和受托人约定，由受托人处理委托人事务的合同。

第九百三十三条 委托人或者受托人可以随时解除委托合同。因解除合同造成对方损失的，除不可归责于该当事人的事由外，无偿委托合同的解除方应当赔偿因解除时间不当造成的直接损失，有偿委托合同的解除方应当赔偿对方的直接损失和合同履行后可以获得的利益。

1. 委托合同任意解除权

根据《民法典》第九百三十三条，在委托合同项下，无论对方是否存在违约行为，委托人和受托人均有权随时解除合同，司法实践中法院亦认可当事人在私募基金的语境之下行使任意解除权，例如南京某维格服装产业投资合伙企业（有限合伙）与北京某和昆仑投资控股有限公司委托合同纠纷案[①]中，法院即认为："委托合同以委托人和受托人的信任关系为基石，如果委托人和受托人之间丧失信任关系，双方均可解除委托合同……根据该规定，无论是有偿委托还是无偿委托，也无论受托人是否存在违约行为，委托人均有权随时解除合同。且，本案中某和昆仑公司存在违约行为，委托人当然有权解除《管理协议》，故本院确认《管理协议》于2020年9月23日解除。"

但需要提示的是，有权解除合同并不意味着免除所有责任。一方无理由地任意解除合同，对于相对方而言等同于全因对方之原因致使合同关系近乎夭折而无法履行，与对方根本违约几无相异。如对合同双方的任意解除权不加限制，片面保护任意解除方之信赖流失，对相对人未免过于苛责。此时，限制委托合同任意解除权的必要性便显而易见。针对此问题，我国目前主要通过《民法典》第九百三十三条对任意解除权进行间接的限制，即所谓救济进路："……无偿委托合同的解除方应当赔偿因解除时间不当造成的直接损失，有偿委托合同的解除方应当赔偿对方的直接损失和合同履行后可以获得的利益。"具体到本书的主题下，鉴于基金委托管理合同基本均为有偿协议，故若依据委托合同之任意解除权解除委托管理协议势必需要承担相应的损害赔偿责任，且赔偿范围还包括可得利益，再结合目前司法实践中可得利益之认定标准仍然存在较大争议之现实情况，可能使得行使任意解除权的私募股权基金及其背后的投资者承担较大的争议解决负担，通过此等路径解除委托管理协议或非最佳路径。

---

① 南京某维格服装产业投资合伙企业（有限合伙）与北京某和昆仑投资控股有限公司委托合同纠纷案，北京市朝阳区人民法院（2021）京0105民初26485号民事判决书。

事实上，在私募股权基金场景中，为保持委托管理关系的稳定，通常会在委托管理合同中约定排除任意解除权，更值得考虑的问题是这种当事人在合同中约定的解除权排除条款是否有效？

这一问题素有争议，一些观点认为其有效，因为对于任意解除权的放弃系基于当事人之间的意思自治，并不违背公序良俗，没有认定其无效的理由；另有观点则认为，任意解除权是法定权利，当事人双方不能通过合同的约定抛弃，这种观点进一步认为由于委托合同是以给付劳务为标的的合同，其特别基于当事人之间的信赖关系，而任意解除权正是信赖关系破裂情况下的必要救济措施，使得当事人不必再受限于已经无法继续合作的窘况。

对于这一问题也应区分无偿委托与有偿委托分别加以讨论。首先对于所谓的“信赖关系”而言，“将信赖基础丧失作为委托合同任意解除权的理论基础并不牢固。一方面，绝大多数合同关系均建立在当事人之间的信赖基础之上；即使信赖基础丧失，也不能直接引起一方当事人享有任意解除权的后果。另一方面，更准确地说，委托合同任意解除权的立法基础系建立在合同的‘无偿’这种基础之上……恰恰因为委托的无偿属性，赋予当事人任意解除权符合该合同对当事人拘束力弱的特点。但是，对于有偿委托合同来说，合同当事人对合同的履行均具有利益，其约束力更强，故任意解除的法理基础并不存在。”[①] 此外，以私募股权基金的委托管理合同为例，虽然从商业基础而言，选聘某一基金管理人确是因投资者的信赖，但这种信赖并非基于传统民商事委托中的“人身”属性，而是基于对基金管理人的专业能力、社会资源等的信赖，而且以基金文件整体审视私募股权基金的运作和约束激励机制，委托关系合同项下的“委托关系”内涵丰富，包括私募股权基金的日常存续、合法合规运作，还有实质上的投资项目筛选决策、投后管理与退出，以及信息披露、基金清算等一系列事务，而该等事务又将直接影响基金管理人的可得收益（不仅是管理人，还可能涉及来自基金业务报酬的激励等）。

---

① 仲伟珩：《有偿委托合同任意解除权的法律适用问题研究》，载《法律适用》2020 年第 17 期。

对于投资者和基金管理人双方来说，在某一私募股权基金设立和运作过程中，都尽可能希望基金管理人的履职保持平稳，如果一概否认任意解除权特约放弃的效力，并不符合合理的商业预期。

司法实践中的主流裁判观点亦认可有偿委托合同中特约抛弃任意解除权条款的效力，例如成都某信致远地产顾问有限责任公司与四川省南部县某利房地产开发有限公司委托合同纠纷中，最高人民法院即指出："……委托人或者受托人虽均有随时解除委托合同的权利，但本案双方当事人在签订合同时，对随时解除委托合同的权利进行了限制。基于约定优于法定的原则，当事人的意思自治应得到尊重，合同当事人的任意解除权应受约定的限制，不得随意解除合同。"①

笔者也倾向于认为在基金委托管理合同等有偿商事合同中，任意解除权可以通过约定排除，也即当基金委托管理合同中已经明确该等条款的情况下，可能难以援引任意解除权实现其退出的目的，否则签署委托管理协议的基金或其他主体反而可能被认为构成违约，进一步导致承担赔偿责任等不利后果。

2. 一般法定解除权

在适用委托合同任意解除权或存在现实阻碍或风险的情况下，投资者亦可以尝试通过基金行使《民法典》第五百六十三条所规定的一般法定解除权来实现其脱离现有基金管理人的目的，例如该条第二款预期违约，典型如管理人已经确认失联等情形下客观上已无法继续履行其管理职责；以及该条第四款，即"管理人的违约行为致使合同目的不能实现"，典型如单一投资标的的私募股权基金项下，基金管理人违约投向了其他被投资企业等。

投资者需要注意的是，上述归纳的为极端情况，即便发生了类似情形也还需根据客观情况进行判断。实际上，法定解除权的各项可适用情形有其应适用的不同要件要求，这主要取决于基金管理人的履职能力和状态等客观事实，以及对此投资者或者基金可提供的证据文件。

① 成都某信致远地产顾问有限责任公司与四川省南部县某利房地产开发有限公司委托合同纠纷案，最高人民法院（2015）民一终字第226号民事判决书。

换个角度来看，经检索相关裁判案例，司法实践中面对投资者解除委托管理合同的诉请，管理人援引较多的抗辩一是《九民纪要》第四十七条所规定的“瑕疵轻微”原则，即有些情况下，管理人的违约行为轻微，因而并不必然导致“合同目的不能实现”的法定解除权条件；二是投资者已经自基金取得了投资收益，即已经实现了主要的合同目的。司法实践中，也常见法院认可上述两个抗辩理由相结合，例如刘某萍、浙江某成资产管理有限公司等金融委托理财合同纠纷案中，法院认为：“……根据一审法院查明的事实，浙江某成公司在涉案基金运行过程中虽然存在未提供生效报告、未充分履行信息披露义务等违约行为，但考虑到浙江某成公司已经按照约定对基金财产进行了实际投资运作，并向刘某萍实际分配了部分投资本金及收益，故上述违约行为属于履行瑕疵，并未导致刘某萍合同目的无法实现，不构成根本性违约……”[①]

此外，特别需要提示的是，在有限合伙型私募基金中，基金管理人与执行事务合伙人基于现行合规要求应互为关联方，而在监管明确提出该要求之前，一方面基于投资者希望约束基金管理人或其核心团队，另一方面基金管理人希望获得投资者的信任并有效控制有限合伙企业作为私募股权基金载体的运作，这种基金管理人与执行事务合伙人的关联关系一贯存在。而在受托管理模式的公司型私募基金中，管理人也会基于其管理私募股权基金载体的必要性，指派人员在公司董事会中占据席位。由此即产生了实践中的一个困境：委托管理合同之解除需由有限合伙企业或公司主张，而有限合伙企业或公司的执行机构又与基金管理人存在较为密切的关系，在实际操作中可能难以推进。在此基础之上，作为有限合伙人或股东的投资者若希望解除委托管理协议，可能需要通过代表诉讼之程序进行，具体可参见本书中有关投资者代表诉讼的相关内容。

---

① 刘某萍、浙江某成资产管理有限公司等金融委托理财合同纠纷案，山东省高级人民法院（2023）鲁民终304号民事判决书。

四、“无替任管理人”应对：注销基金身份

如笔者在本书第二章基金清算部分已经指出的，终止现有基金管理人的职务后一定期限内没有继任者的，可能构成私募基金清算事由，亦有可能构成基金实体的解散事由，使得基金本身主动或被动进入基金清算机制中，进而丧失了适用“基金接管”的机会，也就是平稳换取投资项目持续运营、取得长期投资收益的可能。

因此，在启动终止现有基金管理人的职务前，投资者需要考量的重要事项之一是选定继任管理人人选，且事后须通过基金合同或者法律法规、监管规则规定的决策机制使得其有效任职。除了继续作为私募股权基金运作外，还有一种选择是进行基金身份注销，也就是已备案的公司型或者有限合伙型私募股权基金以非基金形式继续运作。

根据基金业协会相关规则，基金注销是指“已备案的公司型或者合伙型私募股权基金，经投资者和私募基金管理人协商一致解除委托管理关系，作为非基金形式的公司或者合伙企业继续运作的，应当及时变更名称和经营范围，不得保留‘基金’或者其他误导性字样，私募基金管理人不得担任其股东或者合伙人。自变更之日起10个工作日内，私募基金管理人应当向协会提请办理基金注销”。据此，笔者将基金注销理解为“去基金化”，也就是已经备案为私募基金的公司或合伙企业实质变更私募基金所适用的运作方式和私募基金所具备的外观，之后再注销基金身份。

从规定本身而言，实现基金注销需要满足的事前条件包括解除委托管理关系、变更名称和经营范围、基金管理人不再担任股东或合伙人，并且前述条件满足后还须在基金业协会履行必要手续。但是，我们可以看到基金注销的前提并不包括基金进行清算，这也是“基金接管”机制合理、可行的基本前提。同时，需要注意的是，前述事项需要私募基金管理人的配合，特别是向基金业协会提交相关手续，在其不配合或无法配合的情况下，虽然实质上可以通过上述合伙人除名、

合同解除等方式由投资者自行实现基金管理人的更换，但在目前实操机制下投资者是否可以自行完成基金注销尚有困难。此外，如实际完成基金注销的，该公司或合伙企业不得以基金形式继续运作，由此需要调整事项包括重大事项决策、费用支付、分配安排、信息披露等。根据《私募条例》等相关规定，即便未被备案为私募基金，符合私募基金运作特征的这类合伙企业或公司也仍有可能被施加相关监管要求。在这个意义上，在注销基金身份前已经完成全部投资、在注销基金身份后主要对投资项目进行投后管理、择机退出的私募股权基金适用基金注销机制应更为稳妥。

基金注销首次正式提出是在2023年9月28日发布的《基金备案指引2号》中，目前还未成为投资者退出的常见方式之一。笔者认为，该方式实际上给投资者退出提供了另一个角度的思路。它既不是私募基金产品的清算，更不是组织体的解散、清算和注销，也不是通过维持运作机制使得其作为私募基金继续运营。公司或者有限合伙企业完成基金注销后将存续并继续经营，但不再委托管理人管理，也就是说，投资者可以接管企业的运作，自行决定持有项目到期或通过其他方式处置其所持有的权益，同时也不再受制于私募基金监管所要求的信息报送等要求。从这个意义来说，这实际上是另外一种私募股权基金投资项目难以退出情况下的变通措施。

从上文可知，基金身份注销也能够缓解私募基金管理人面对投资者退出的压力，使其得以脱离管理基金的职责。但反过来说，这对接管基金的投资者提出了很高的要求，包括其事前对于投资项目的了解，与被投资企业及其创始人团队、控股股东、实际控制人和其他投资者的沟通，以及投后管理中可能的风险处置、投资退出的机会把握等。

相关规定

《私募条例》

第二条　在中华人民共和国境内，以非公开方式募集资金，设立投资基金或者以进行投资活动为目的依法设立公司、合伙企业，由私募基金管理人或者普通合伙人管理，为投资者的利益进行投资活动，适用本条例。

总结来说，本书想要讨论的“基金接管”作为一种投资者退出策略的中间状态，实际上能够为投资者和基金管理人提供更多的缓冲空间，特别是针对单一投资者或单一投资标的的私募股权基金，不必负担大量的沟通成本以取得其他投资者和被投资企业的认可。在实现基金接管的情况下，投资者或能够避免仓促退出或终止基金而导致的投资损失，为其成功退出基金投资争取更多可能。

但与其他退出方式相比，对于该机制的选择特别要求投资者对基金未来运作管理有事前的充分准备，包括对基金过往投资和运作情况的信息和材料掌握，能够对替换原管理人的约定或法定机制进行充分运用等，在此过程中不仅涉及私募基金监管所要求完成的程序性事项，还可能涉及复杂的司法程序。此外，投资者如选择注销基金身份且自行负责有限合伙企业或公司的运作，对投资者自身素质也提出了较高要求。

第六章　基金合同无效

投资者主张基金合同无效的纠纷在私募股权基金中相对较少，但由于其效果上笼统来说可以实现投资者彻底退出该基金投资，同时可要求退还投资本金及相应利息，对于部分投资者来说成为其主张基金退出的手段或考虑方案之一。同时，合同无效的法律后果可能对当事人产生重大影响，在法律上对其认定有相对严格的规范。

结合投资者退出基金投资的具体场景来说，主张基金合同无效的可能事由以及法律后果能否达成其商业目的有待个案考察，下文笔者将围绕与基金合同无效的认定和法律后果展开基本的探讨。

一、私募基金合同无效的情形

私募基金的退出路径纠纷中，投资者常以各种原因主张私募基金无效，从而要求私募基金退还投资本金及相应利息。投资者主张的各种导致合同无效的原因从法律的角度来进行分类，可以分为主体不适格、意思表示虚假以及违反法律、行政法规的强制规定，违背公序良俗；从私募基金投资的逻辑来分类，则可以分为募集、运作以及退出各个阶段的原因。

就法律角度的分类而言，鉴于私募基金的监管色彩，从司法实践来看，“违反法律、行政法规的强制规定”“违背公序良俗”为导致私募基金合同无效的主要事由。而“违反法律、行政法规的强制规定”“违背公序良俗”导致私募基金合同无效的诸多具体情形，根据私募基金投资的募集、运作以及退出的各个阶段进行区分，则具体包括以下典型情形：

（一）募集阶段

在私募股权基金的募集阶段，关于私募股权基金募集的对象，即投资者并不属于合格的投资者是否会导致私募基金的合同无效，司法实践存在不同的观点。

部分法院认为，私募基金的投资者不符合合格投资者的条件，私募基金合同构成违反法律强制性规定或公序良俗，应属无效。如陈某丽、深圳某士贸易有限公司等合同纠纷案[①]中，法院指出：《证券投资基金法》第八十七条、第九十一条关于私募基金合格投资者的规定，属法律强制性规定，违反前述规定的私募基金合同无效；并且，私募基金的合格投资者条件实际上保护了投资者，代表了私募基金市场的秩序和公益，从保护广大投资者的角度，应当认为私募基金投资者不符合合格投资者条件的基金合同，构成违反社会公序良俗无效。

另有部分法院则认为，有关合格投资者的要求并非属于效力性强制性规定而是管理性强制性规定，如在江苏某泽资本投资管理有限公司等与达孜县某诚资本投资有限公司等合伙企业财产份额转让纠纷案[②]中，北京市高级人民法院认为《私募暂行办法》中关于私募基金合格投资者的规定并非法律、行政法规的强制性规定，而是监管部门指定的有关合格投资者适当性管理的制度。

此外，亦有法院认为，私募基金投资者不符合合格投资者条件的基金合同，难以构成对社会公序良俗的违反，不应认定无效。如郑某琳与吾某亮合同纠纷案[③]中，法院在认可上段观点的基础上，进一步指出，所谓的合格投资者的制度虽然是为保护投资者的利益，但是从个案来看，个别投资者不符合合格投资者只会影响该合格投资者的利益，并未

① 陈某丽、深圳某士贸易有限公司等合同纠纷案，广东省深圳市福田区人民法院（2020）粤0304民初32972号民事判决书。

② 江苏某泽资本投资管理有限公司等与达孜县某诚资本投资有限公司等合伙企业财产份额转让纠纷案，北京市高级人民法院（2020）京民终114号民事判决书。

③ 郑某琳与吾某亮合同纠纷案，浙江省衢州市柯城区人民法院（2020）浙0802民初821号民事判决书。

损害全体社会成员或者社会不特定多数人利益，既未损害社会公共秩序，亦未损害社会善良风俗，基金合同合法有效。

（二）运作阶段

在私募基金的投资阶段，涉及私募基金合同无效的情形主要为私募基金的管理人未进行相应的登记或私募基金未进行相应的备案。关于此点，司法实践也存在不同的观点。

部分法院认为登记备案的规定属于效力性强制性规定，并构成违反公序良俗，故若私募基金未作备案，基金合同即属无效。如寿某健与上海某晟股权投资基金管理中心、某安银行股份有限公司上海九江路支行委托理财合同纠纷案①中，法院认为，《证券投资基金法》第八十九条、第九十条与《私募条例》对于私募基金管理人以及私募基金的登记备案的规定，涉及金融安全、市场秩序、国家宏观政策等公序良俗的，属于法律、行政法规的效力性强制性规定。

另有部分观点则认为，《证券投资基金法》以及《私募条例》中关于私募基金及其管理人的备案登记的相关规定，实质上属于管理性的强制性规定，私募基金及其管理人并未进行相应的备案或登记并不因违反法律的强制性规定而归于无效。

（三）退出阶段

在私募基金的退出阶段，最为常见的是私募基金合同中约定的保本保收益的刚兑条款是否无效的问题。关于此点，司法实践中仍存在部分争议，具体如下：

部分法院认为，私募基金合同中约定的保本保收益的条款违反法律、行政法规的强制性规定，对金融经济秩序产生了负面影响，损害了社会公共利益，应无效。如在蔡某江与深圳某投资本管理有限公司民间

---

① 寿某健与上海某晟股权投资基金管理中心、某安银行股份有限公司上海九江路支行委托理财合同纠纷案，上海金融法院（2021）沪74民终440号民事判决书。

委托理财合同纠纷案[①]中，法院认为保底条款使得投资的风险留在金融体系的内部，当刚性兑付无法维持时，极易引起市场的恐慌，严重损害国家社会的金融安全，因违背公序良俗而无效。

而另有部分法院存在不同的观点，该部分法院认为，基金合同约定保本保收益，实质构成借款合同，该借款合同有效。如在刘某杰与某富基金管理（北京）有限公司合同纠纷案[②]中，法院认为案涉合同中明确约定预期年化收益，且确认函载明即日计息，虽然案涉合同以设立基金为名，但是实质上是以约定固定收益为主要特点的借贷协议，当事人之间成立民间借贷法律关系。

二、私募基金合同无效的认定

在上述的私募基金募集、运作以及退出的具体情形下，私募基金合同是否因违反法律、行政法规的强制性规定以及公序良俗而无效，需要依次判断。

（一）合同已成立

判断私募基金合同无效的前提为私募基金合同已经成立，若私募基金合同并未成立，此时即便存在私募基金合同无效的事由，也无须讨论。而判断私募基金合同是否成立，则需要从当事人之间是否以要约承诺的形式缔结合意来进行判断，该合意中至少需要包括主体、数量以及标的等必备要素。具备必备要素后私募基金合同成立，至于私募基金合同是否生效，则需要判断是否存在导致合同无效的事由。结合上文，对于基金合同而言，即主要判断是否存在违反法律、行政法规的强制性规定以及公序良俗的情形。

---

① 蔡某江与深圳某投资本管理有限公司民间委托理财合同纠纷案，广东省深圳市福田区人民法院（2020）粤0304民初26442号民事判决书。

② 刘某杰与某富基金管理（北京）有限公司合同纠纷案，北京市朝阳区人民法院（2021）京0105民初18769号民事判决书。

（二）存在无效事由

一如前文所述，私募基金合同无效中常见的事由为违反法律、法规强制性规定，以及违反公序良俗。而如何判断私募基金合同违反的相关规定，确实属于法律、行政法规强制性规定或公序良俗的范畴？就该问题，下文分别论述如下：

1. 规范效力层级限于法律、行政法规

在私募基金合同效力认定纠纷中，在《私募条例》发布生效之前一直存在无法律、行政法规可依据的尴尬境地。根据《最高人民法院关于适用〈中华人民共和国合同法〉若干问题的解释（一）》[①] 的规定，确定合同无效的依据只能为全国人大或常委会制定的法律或国务院制定的行政法规，地方性的法规或行政规章不能作为合同无效认定的依据。

法院在认定私募基金合同纠纷时，通常只能借助《证券投资基金法》等其他相近法律法规的强制性规定或私募基金的部分规章或行业规定来认定合同无效。部分法院会选择适用证券投资基金法中与私募基金法中相同或相似的规定，如适当性义务、保本保收益等。法院在此类案件中大多未说明适用的理由与方式，而是直接对相关规定进行适用。此外，除直接适用《证券投资基金法》等其他相近法律法规的强制性规定外，部分法院也会适用私募基金领域中的部门规章等位阶较低的规定，如《私募投资基金监督管理暂行办法》《关于加强私募投资基金监管的若干规定》等，通过私募基金合同违反该类规定中的金融安全、市场秩序、国家宏观政策等公序良俗，从而认定私募基金合同无效。2023 年《私募条例》的发布极大地填补了私募基金合同无效依据缺乏相应行政法规的空白。

明确导致私募基金合同无效的依据位阶，确定法律、行政法规的范围后，亟待确认的是该类法律、行政法规中哪些规定会导致私募基金合同无效，而哪些则不会。

---

① 已失效。

《民法典》第一百五十三条明确规定违反法律、行政法规的强制性规定会导致合同的无效，但是该类强制性规定不会导致合同无效的除外，该条第一款的相应规定实际上部分来源于原《合同法》第五十二条。《最高人民法院关于适用〈中华人民共和国合同法〉若干问题的解释（二）》将原《合同法》第五十二条中的强制性规定解释为“效力性强制性规定”。

相关规定

《民法典》

第一百五十三条 违反法律、行政法规的强制性规定的民事法律行为无效。但是，该强制性规定不导致该民事法律行为无效的除外。

违背公序良俗的民事法律行为无效。

随后的《最高人民法院关于当前形势下审理民商事合同纠纷案件若干问题的指导意见》更加明确了强制性规定区分为效力性强制性规定与管理性强制性规定。违反所谓的效力性强制性规定会导致合同无效，违反所谓的管理性强制性规定则根据情况予以判断。效力性与管理性强制性规定的区分需要通过法律法规的规范意旨以及保护权益综合判断。具体而言，所谓的效力性强制性规定是指，规制的是合同行为本身，即只要该合同行为发生即绝对地损害国家利益或者社会公共利益的规范。而所谓的管理性强制性规定则是指“当事人的‘市场准入’资格而非某种类型的合同行为，或者规制的是某种合同的履行行为而非某类合同行为”。虽然《合同法》及其司法解释已失效，但值得注意的是，《最高人民法院关于当前形势下审理民商事合同纠纷案件若干问题的指导意见》仍有效。

但是即便规定如上，司法实践中合同的效力认定仍存在不少问题，不少法院直接根据相应规定存在管理色彩即将其认定为管理性强制性规定。为此，《九民纪要》中对效力性与管理性强制性规定的定义与区分进行了重述。根据《九民纪要》的观点，效力性强制性规定通常是指规定涉及金融安全、市场秩序、国家宏观政策等公序良俗的；交易标的禁止买卖的，如禁止人体器官、毒品、枪支等买卖；违反特许经营规定的，如场外配资合同；交易方式严重违法的，如违反招投标等竞争性缔约方式订立的合同；交易场所违法的，如在批准的交易场所之外进行期货交易。而所谓的管理性强制性规定则主要是指，关于经营范围、交易时间、交易数量等行政管理性质的强制性规定。

可见，自《最高人民法院关于当前形势下审理民商事合同纠纷案件若干问题的指导意见》开始，效力性强制性规定与管理性强制性规定的区分不再为是否合同无效。因为管理性强制性规定也会导致合同无效。而《九民纪要》开始，效力性强制性规定的认定也逐渐实质化，向公序良俗靠拢。如通过公序良俗来判断是否属于效力性强制性规定。

《民法典》施行后，《民法典》似乎并未将效力性与管理性强制性规定的概念与分类全盘接受。《民法典》第一百五十三条中并未明确区分效力性与强制性规定，而是从法效果出发，从是否导致合同无效的角度予以区分。《民法典合同编通则司法解释》则进一步通过对强制性规定的例外情形的规定，即从强制性规定不会导致合同无效的情形出发，反面框定了会导致合同无效的强制性规定。《民法典合同编通则司法解释》规定了四种具体的例外情形以及兜底情形。该四种具体的情形不影响合同的效力，主要是合同的继续履行对该强制性规定的影响轻微或者事后能够补正，此时个案的公平正义将优先于轻微的社会秩序或不影响国家或其他人的民事利益。

综上所述，从立法的演变来看，强制性规定逐渐从规范的分类，即效力性强制性规定与管理性强制性规定的区分，趋向于是否会导致合同无效的效果的分类，即会导致合同无效的强制性规定与不会导致合同无效的强制性规定。

但是仍不可避免的问题是，需要借助公共利益、国家利益等公序良俗判断导致合同无效的强制性规定。

2. 违反公序良俗

如前文所述，在《私募条例》发布实施之前，由于缺少法律、行政法规位阶的合同无效的依据，司法实践中通常是借助公序良俗来认定私募基金合同无效，例如不符合合格投资者、私募基金保底收益情形等。

就不符合合格投资者而言，部分法院认为私募基金的销售人员或管理人员向不符合合格投资者标准的人直接筹集或间接筹集资金的行为，规避了国家对于合格投资者的监管规定，导致不具有防风险能力的人进入高风险投资领域，违反了私募基金中设置合格投资者的规范目的，违反了金融安全、市场秩序以及国家宏观领域政策的公序良俗。

就私募基金的保底收益而言，部分法院认为私募基金的管理人、销售机构、顾问机构及从业人员作出相应的保底承诺或刚性兑付，实质上规避了国家的监管，逃避了金融市场的风险防控，损害公共利益，会产生市场风险、扰乱市场秩序，涉及金融安全、市场秩序以及国家宏观政策等公序良俗。上述私募基金合同因违反公序良俗而被认定无效的情形中，随着《私募条例》的发布与实施，有的能够被《私募条例》相关规定所涵盖，如合格投资者、不得保底收益等，但是有的不能被《私募条例》涵盖，公序良俗仍有其适用的空间。什么是公序良俗就成为亟待认定的下一个问题。

《民法典合同编通则司法解释》中对于公序良俗的认定较为明确：合同影响政治安全、经济安全、军事安全等国家安全的；影响社会稳定、公平竞争秩序或者损害社会公共利益等社会公共秩序；背离社会公德、家庭伦理或者有损人格尊严等违反善良风俗的，都属于违反公序良俗。当然，在判断私募基金合同究竟是否违反国家安全、社会公共秩序以及善良风俗时，都需要综合合同当事人的主观动机和交易目的、当事人的行为以及社会后果等因素综合判断。参考案例见表 6–1。

表 6–1　基金合同效力相关案例

案号	裁判摘录
深圳前海合作区人民法院（2016）粤0391 民初 1193 号	从强制性规定的性质看，法律法规并没有规定违反《私募监管暂行办法》中关于合格投资者门槛和基金备案的规定将导致合同无效，且没有证据显示违反该规定若使合同继续有效将直接损害国家利益和社会公共利益，故该强制性规定不属于效力性规定，而是属于管理性规定

续表

案号	裁判摘录
广东省深圳市南山区人民法院（2019）粤0305民初16386号	根据本案查明事实，被告深圳市某资产管理公司未在中国证券投资基金业协会备案的情况下与原告签署私募基金投资协议，违反了《证券投资基金法》的强制性规定，如加以放任，必然严重扰乱国家金融安全，故根据《合同法》第五十二条第五项之规定，原告与被告深圳市某资产管理公司签订的《×××债权一期私募投资基金投资协议》应属无效
广东省深圳市福田区人民法院（2020）粤0304民初26442号	该约定为被告对原告投资作出的保证本息固定回报的承诺，构成保底条款。上述保底条款使得投资风险停留在金融体系内部，将本应由投资者自行承担的资产损失风险转嫁给金融机构或非金融机构，当刚性兑付无法维持时，极易引起市场恐慌，导致投资者争相赎回投资，对金融、经济秩序产生负面影响，损害社会公共利益。根据《民法总则》第一百五十三条[①]第二款“违背公序良俗的民事法律行为无效”及《合同法》第五十二条第四项“有下列情形之一的，合同无效：……（四）损害社会公共利益；……”之规定，本院认定《基金合同》中的保底条款无效

从上述案例中也可以看出，法院无论是通过认定该民事行为违反强制性规定，还是认定该民事行为违反公序良俗，最终的落脚点基本是该民事行为损害了国家或社会的利益。因此，即便在表面上是通过违反强制性的规定或公序良俗进行判断，还是会遇到如何判断哪些规定属于导致合同无效的规定，以及哪些才是公序良俗这个更深一层的问题，所以与其在强制性规定以及公序良俗的判断标准上左右为难，不如直接对哪些利益的侵害会导致合同无效的问题进行判断。

综上，无论是法律、法规的强制性规定，还是公序良俗，判断违反该等规定或公序良俗是否导致合同无效，还是需从是否违反该规定或公序良俗，是否影响金融安全等社会利益或公共利益等方面进行判断。

3. 规范目的落空

虽然违反强制性规定以及公序良俗会导致合同无效，但是这并不是意味着所有违反前述规定以及公序良俗的行为都会导致合同无效。若违反前述规定以及公序良俗的行为轻微，或事后已经通过相应的履行行为对原来的行为进行相应的补正，或可以通过行政责任或刑事责任进行保

① 现为《民法典》第一百五十三条。

护而无须借助民事行为无效，并不会使强制性规定以及公序良俗所要保护的利益被侵害，此时可能也无须强行认定该等行为一定无效。在实体法上，这样的观点体现为“该强制性规定不导致该民事法律行为无效的除外”的例外规定。

以前述私募基金中常见的无效情形而言，笔者认为，即便私募基金领域中的合格投资者、基金备案属于强制性规定，若后续私募基金的管理人在履行的过程中补足了合格投资者的问卷调查、风险告知等手续，虽然在私募基金合同签订时确实存在导致合同无效的相关情形，但是因为后续履行行为的补正并未导致合格投资者等手续的规范目的落空，所以并不会导致补正后的私募基金合同无效。

因此，在判断私募基金合同是否违反法律法规的强制性规定以及公序良俗从而导致合同无效的过程中，首先应当判断的是该等规定，如合格投资者等相关规定是否属于会导致合同无效的强制性规定或公序良俗，若属于，则还需根据个案的情形判断，该等情形的违反是否会导致该等强制性规定以及公序良俗的目的落空。

笔者认为，私募基金的合格投资者要求或门槛，以及禁止保本保收益的相关规定属于会导致私募基金合同无效的强制性规定，而私募基金备案及私募基金管理人的登记则不属于该等会导致合同无效的强制性规定。就可能导致私募基金无效的该等强制性规定而言，违反该等规定是否一定会导致合同无效并不一定，如前文所述，还需结合个案的情形进行判断，是否会导致该等强制性规定以及公序良俗的规范目的落空，若并未导致该等规范目的落空，私募基金合同实际并没有无效的理由。

三、私募基金合同无效的法律效果

私募基金合同无效后，不仅会产生一般合同无效后的法律效果，对于公司型以及合伙型私募基金，还涉及已经成立的公司、有限合伙的组织法上的效果，分述如下：

（一）合同上的法律效果

根据《民法典》第一百五十七条的规定，依照合同无效的一般法律效果，合同无效具有溯及力，自始不发生效力，私募基金合同无效后可能存在财产返还以及损害赔偿的法律后果。已经因为合同的履行发生的财产移转，因合同无效，应当予以返还。

相关规定

《民法典》

第一百五十七条 民事法律行为无效、被撤销或者确定不发生效力后，行为人因该行为取得的财产，应当予以返还；不能返还或者没有必要返还的，应当折价补偿。有过错的一方应当赔偿对方由此所受到的损失；各方都有过错的，应当各自承担相应的责任。法律另有规定的，依照其规定。

在一般私募基金合同中，投资者以货币形式予以出资，实际上不存在无法返还以及折价补偿的相关问题。若在合同无效的过程中有过错的，还应当承担相应的赔偿损失的责任，此种责任从本质上而言，属于《民法典》第五百条规定的缔约过失责任。合同无效时的损害赔偿与前述财产返还、折价补偿并不存在替换关系，而是并行关系。合同无效后应返还财产，财产无法返还的应当折价予以补偿。合同当事人有过错的，应赔偿损失。

（二）组织法上的法律效果

针对公司型以及合伙型私募基金，私募基金合同无效后，除了产生一般合同无效后的财产返还以及损害赔偿的效果外，还可能发生组织法上的解散清算的效果。关于私募基金合同无效后，是直接发生公司、合伙企业解散清算的效果，还是需要经过特定的解散以及清算程序，司法实践中存在不同的观点。

部分法院认为，私募基金合同无效后，法院可以直接裁判私募基金返还投资者的本金。例如在舒某楚与黄某堂合伙合同纠纷案[①]中，法院认为原审法院未裁判解散清算并非错判，再审申请人主张法院裁判遗漏解散清算没有相应的法律依据。此外，即便私募基金管理人主张无法退还也并未得到法院的支持。

另有部分法院认为，即便私募基金合同无效，公司或合伙企业依旧需要履行法定的解散及清算程序。如在赵某杰、施某梅合伙协议纠纷案[②]中，法院即认为“无论合伙协议是否有效，均应在合伙关系终止或解除时，对合伙剩余财产进行清算”。

笔者认为，在认可私募基金合同无效后，应当适用组织法上的解散清算的程序要求。若简单认为私募基金合同无效后，投资者可以直接取回自己的投资本金及收益，那么《公司法》以及《合伙企业法》上的制度以及程序的设置无疑就会被架空，对于其他私募基金合同同样无效的合伙人以及外部债权人来说，其同等的合法权益无法得到保护。

因此，无论是从程序法规范的角度，还是从利益衡量的角度，应当在私募基金合同无效后进行解散清算。针对清算后无法达成的返还财产情形，可以采取合同无效后损害赔偿的方式予以补足。

总之，投资者主张基金无效的事由在实务中虽已有“类型化”的趋势，主要包括合格投资者（包括适当性匹配等）调查、保本保收益特约、基金管理人无资质、基金未备案等，但在个案中基于不同的事实可能导致不同的裁判结果，无法一概而论。并且，受限于私募股权基金采用的组织形式以及该组织本身设立的情况，法律效果上亦可能存在差异。投资者如拟通过主张基金合同无效的方式实现其自身退出基金投资的目的，须审慎考量可主张的事由、根据以及相应法律后果，包括胜诉裁判的具体执行等现实问题。

---

① 舒某楚与黄某堂合伙合同纠纷案，湖北省高级人民法院（2023）鄂民申 9816 号民事裁定书。

② 赵某杰、施某梅合伙协议纠纷案，安徽省高级人民法院（2020）皖民申 1122 号民事裁定书。

第七章　解除基金合同

当私募基金投资人发现管理人存在怠于履行管理职责、侵占或挪用基金资产、失联等严重违约行为时，往往会选择向法院或仲裁机构诉请解除基金合同，希望以此实现基金退出。但事实上，经分析现有司法裁判，笔者认为解除基金合同可能难以达到投资者退出私募股权基金的目的。

对此，笔者将于下文详细论证私募基金投资者通过解除基金合同退出基金投资的可行性，以进一步明晰当投资者采取该退出方式时应当考量的因素。

一、解除基金合同的可行性

（一）有限合伙型及公司型私募基金合同解除的可行性

有观点指出，有限合伙型及公司型私募基金投资者一般不能通过解除基金合同的方式实现退出，否则将有违《合伙企业法》及《公司法》关于商事组织的特别规定。以有限合伙型私募基金为例，只有极特殊情形才存在投资人以解除合伙协议方式实现退出的可能，如管理人不按约成立有限合伙企业致使不能实现基金合同目的；或有限合伙型基金只有两个合伙人，即管理人与投资者各一人，并且管理人构成合同根本违约等。[1]

① 参见湖南省股权投资协会：《实务|投资者解除基金合同之法律评析》，载湖南省股权投资协会微信公众号，2022年10月17日。

对此问题，最高人民法院在巨某（上海）资产管理有限公司、上海乐某创业投资管理中心合伙协议纠纷案[①]中明确指出，有限合伙型私募基金投资者不得援引《合同法》关于法定解除权的规定要求解除基金合同，而仅可依《合伙企业法》有关退伙、解散的特别规定退出合伙企业。

而北京市朝阳区人民法院在杨某霞与北京华某投资基金管理有限公司金融委托理财合同纠纷案[②]中则进一步指出：一方面，《合伙企业法》是专门用于规范合伙企业活动的特别法，特别是对合伙人退出事宜作出了具体的法律规定，尽管合伙行为属民事活动，总体受《民法总则》《合同法》的规范，但对涉及退伙、解散等合伙企业特有的问题方面，应优先适用《合伙企业法》；另一方面，"优先适用"并不代表绝对排除《合同法》的适用。当前私募基金市场鱼龙混杂，存在假借合伙形式募集资金、合伙企业未正规运行、合伙企业未经正当程序注销、普通合伙人失联等异常情形，对该类情形，须结合法律关系实质、适用《合伙企业法》退伙等特殊规定的可操作性等问题综合认定，不排除在不应适用《合伙企业法》或无法优先适用《合伙企业法》的情况下，以合同关系为基础，适用《合同法》规定解除合同以解决争议、维护合法权益。同时，在合伙协议中约定特定目的的情况下，亦不排除以"不能实现合同目的"为依据解除合同的情况。

典型案例

巨某（上海）资产管理有限公司、上海乐某创业投资管理中心合伙协议纠纷案［最高人民法院（2019）最高法民申5588号民事裁定书］

案情简介：2015年5月19日，有限合伙企业上海乐某创业投资管理中心（以下简称乐某创投）成立。巨某（上海）资产管理有限公

① 巨某（上海）资产管理有限公司、上海乐某创业投资管理中心合伙协议纠纷案，最高人民法院（2019）最高法民申5588号再审审查与审判监督民事裁定书。

② 杨某霞与北京华某投资基金管理有限公司金融委托理财合同纠纷案，北京市朝阳区人民法院（2020）京0105民初41420号民事判决书。

司（以下简称巨某公司）签署入伙协议，以入伙方式成为乐某创投的有限合伙人。而后，2015 年 5 月 26 日，包括巨某公司在内的 12 名合伙人共同签订了《合伙协议》，对 2015 年 5 月 19 日合伙协议进行重述和修订。同日，由乐某创投及其 11 名有限合伙人作为委托方，某创世作为受托方签订《委托管理协议》，约定鉴于上述协议主体于同日签订了经重述和修订的《合伙协议》，由某创世受乐某创投及有限合伙人的委托履行合伙企业的管理职权。此后，巨某公司诉请主张，某创世作为乐某创投的普通合伙人及经过备案的专业基金管理人，前期虚构并不存在的可转债产品，以投资之名隐瞒借贷的真实意图；其间不依法律规定履行基金管理人职责，不对合伙企业进行基金备案，未披露项目风险，未办理财产保障手续，根本没有履行合同和实现可转债项目的真实意愿和任何行为；后期在乐视危机出现时，不及时提起诉讼和保全，反而擅自签订《分期还款协议》及《分期还款协议之补充协议》，放弃乐视海外主体原有担保责任，降低利率；其种种违法违约行为在事实上已经导致《合伙协议》投资可转债目的无法实现，巨某公司根据《合同法》第九十四条[①]第四款有权解除《合伙协议》以退出。

法院观点：《合伙协议》不是巨某公司的入伙协议。巨某公司取得合伙人身份是基于其他原合伙人的同意以及入伙协议，而非入伙后才签订的《合伙协议》。所以，即使解除《合伙协议》，也不能否定其此前已经通过签订协议加入乐某创投合伙企业并取得合伙人身份的事实。原审法院据此认定巨某公司入伙后，其能否退出合伙企业也就当然应适用《合伙企业法》而不是《合同法》加以判断。且如准许巨某公司不依《合伙企业法》有关退伙、解散的特别规定退出合伙企业，可能会损害其他合伙人、合伙企业和合伙企业债权人的权益。原审法院据此驳回巨某公司本案诉讼请求具备相应的事实和法律依据。

① 现为《民法典》第五百六十三条。

对于上述争议，笔者认为，对合伙型及公司型私募基金合同解除的可行性问题应进一步分情况讨论。

1. 冷静期内的解除权

无论是有限合伙型还是公司型私募基金，投资者均享有在冷静期内解除合同的权利。

《私募投资基金募集行为管理办法》第三十一条第一款规定，基金合同应当约定，投资者在募集机构回访确认成功前有权解除基金合同。出现前述情形时，募集机构应当按合同约定及时退还投资者的全部认购款项。

此条通过行业规范的特别规定，确保基金合同赋予投资人在回访确认前的约定解除权，属于对金融消费者的特别保护。同时，由于投资人的资金在冷静期内仍具独立性，尚未确定成为有限合伙企业或公司的资产，故此项约定也不会损害其他投资人或基金实体本身的利益。

2. 公司或有限合伙成立前的解除权

在作为私募股权基金载体的公司或有限合伙企业成立之前，投资者可以根据解除权约定或援引《民法典》关于法定解除权的规定，通过解除方式退出基金投资。《合伙企业法》第十一条第一款及《公司法》第三十三条第一款规定，合伙企业、公司营业执照签发日期为该企业成立日期。而在该合伙企业、公司正式设立之前，各合伙人或公司发起人之间，一般均存在为了共同的企业设立目的而订立的共享利益、共担风险协议，其法律关系类似于《民法典》第九百六十七条规定的民事合伙合同关系。

相关规定

《合伙企业法》

第十一条第一款　合伙企业的营业执照签发日期，为合伙企业成立日期。

《公司法》

第三十三条第一款　依法设立的公司，由公司登记机关发给公司营业执照。公司营业执照签发日期为公司成立日期。

《民法典》

第九百六十七条 合伙合同是两个以上合伙人为了共同的事业目的，订立的共享利益、共担风险的协议。

对于民事合伙合同能否解除，同样存在不同观点。从理论观点上看，多数学者认为，民事合伙合同不当然适用《民法典》关于法定解除权的规定。如《典型合同原理》[①] 一书指出，合伙合同不适用债务不履行合同解除。《中国民法典释评：合同编 · 典型合同》[②] 一书则认为，民事合伙合同的解除可以参照适用《合伙企业法》的退伙、除名等规则认定合伙合同法定解除权产生的事由或法定终止事由。

但司法实践中，多数法院在合伙合同纠纷中一般会直接以合同目的无法实现认可解除，仅少数法院援引《合伙企业法》规则解决合伙合同解除问题（相关案例见表 7–1）。

对此，笔者比较赞同司法实践中法院的主流观点。一方面，公司或有限合伙企业在正式设立之前，其商事主体身份尚未经登记对外公示，不存在外部第三人的信赖问题。各发起人之间仍然是民事合同关系，基于民事合同的法定解除权规定当然应当适用；另一方面，如果一方发起人或合伙人已经存在严重违约行为，导致公司难以按事前规定正常运作，股东协议或合伙协议的目的难以实现，却仍限制其他守约方的解除权，导致其无法从合同关系中摆脱，在解释论上难谓合理。

---

① 周江洪：《典型合同原理》，法律出版社 2023 年版，第 634 页。

② 王轶等：《中国民法典释评：合同编典型合同》（下卷），中国人民大学出版社 2020 年版，第 653 页。

表 7–1　基金合同解除相关案例

案号	裁判摘录
广东省韶关市中级人民法院（2022）粤 02 民终 1562 号	据此，可依法确认莫某林与刘某标、吴某秀双方签订的《项目合同协议》并未实际履行，以本案查明的事实情况分析也不可能继续履行，现莫某林请求解除《项目合同协议》，依照《民法典》第五百六十三条第一款“有下列情形之一的，当事人可以解除合同：（一）因不可抗力致使不能实现合同目的；（二）在履行期限届满前，当事人一方明确表示或者以自己的行为表明不履行主要债务；（三）当事人一方迟延履行主要债务，经催告后在合理期限内仍未履行；（四）当事人一方迟延履行债务或者有其他违约行为致使不能实现合同目的；（五）法律规定的其他情形”的规定，莫某林的请求符合法律规定，一审法院依法予以支持
浙江省湖州市中级人民法院（2022）浙 05 民终 1969 号	第一，……李某花在与赵某婵两人合伙经营期间，未经赵某婵同意，擅自将合伙店铺转让给他人并注销店铺，所得转让款全部由李某花收取，其行为严重损害了赵某婵的合伙利益，导致双方丧失合伙实体基础，赵某婵签订本案合伙合同的目的不能实现，李某花的行为已构成根本违约，一审支持赵某婵解除《合伙协议》的诉请，并无不当
福建省三明市中级人民法院（2022）闽 04 民终 850 号	本院认为，张某焕与庄某宾、李某文签订的《车辆购买协议书》系基于各方当事人真实意思表示所订立，协议内容未违反法律、行政法规强制性规定，合法有效。一审法院根据该协议书内容将该协议书的性质认定为合伙合同，并无不当。案涉合伙合同履行期间，庄某宾、李某文在未与张某焕协商情况下，将车辆转给他人，违反了合同约定，致使合伙目的无法实现，张某焕主张解除该合同，具备法定事由
广东省中山市中级人民法院（2022）粤 20 民终 7379 号	关于《合伙经营协议书》及与吴某锋的合伙关系应否解除的问题。本案中，《合伙经营协议书》并未约定合同的解除条件，但根据审理查明的事实，涉案的火锅店已停止经营，且各合伙人之间因合伙事务导致矛盾激化，合伙协议约定的合伙目的已无法实现，同时赵某荣亦表示同意解除《合伙经营协议书》。因此，参照《合伙企业法》第八十五条第五项“合伙企业有下列情形之一的，应当解散：（五）合伙协议约定的合伙目的已经实现或者无法实现”，并依据《民法典》第五百六十三条第一款第五项“有下列情形之一的，当事人可以解除合同：（五）法律规定的其他情形”的规定，对冯某文要求解除《合伙经营协议书》及与吴某锋合伙关系的诉请，一审法院予以支持

3. 公司或有限合伙成立后的解除权

在作为私募股权基金载体的公司或有限合伙企业成立之后，投资者一般仅可根据《公司法》关于公司减资、解散的规定，或《合伙企业法》关于退伙、解散的规定，要求退出基金；特别的，对于通过签署增资协议或入伙协议进入的新投资人，则应在确定成为股东或合伙人之后受到前述组织法上的退出限制。

有限合伙企业或公司正式设立后，即具有独立主体资格，其合伙人或股东的退出应受到相应商事组织法的限制，否则可能导致《公司法》关于公司减资、解散的规定及《合伙企业法》关于退伙、解散的规定被不当规避，损害企业本身及外部债权人的合法利益。举例而言，如公司型私募基金对应的公司设立后，允许某一投资人股东直接以基金管理人根本违约为由，解除基金合同退出公司，其不仅会不当规避《公司法》关于减资绝对多数决的要求，也会导致《公司法》关于减资程序的强制性规定难以落实。

就私募股权基金更为常见的载体有限合伙型私募基金来说，《合伙企业法》关于退伙、解散的规定，其实已经全面覆盖了《民法典》关于合同解除权的规定，事实上不存在援引《民法典》的必要性，这也符合特别法优于一般法的法律适用原则。具体而言，《合伙企业法》第四十五条关于合伙人可以退伙情形的规定，以及第八十五条关于合伙企业应当解散情形的规定，完全可以覆盖《民法典》第五百六十二条①、第五百六十三条第一款②关于约定解除及法定解除的规定。此外，《合伙企业法》第四十六条关于不定期合伙的退伙规定，第四十八条关于合伙人当然退伙的规定，则进一步细化了《民法典》第九百七十六条第三款及第九百七十七条关于不定期民事合伙合同解除、合伙终止的规定，对于商事合伙企业应当作为特别法优先适用。

因此，综合考虑上述规范目的实现的要求及规范体系关联，笔者认为，在作为私募股权基金载体的公司或有限合伙企业成立之后，投资者可能难以依据《民法典》相关规定主张解除基金合同，仅可根据《公司法》或《合伙企业法》关于减资、退伙或解散的相关规定退出基金。

---

① 《民法典》第五百六十二条规定："当事人协商一致，可以解除合同。当事人可以约定一方解除合同的事由。解除合同的事由发生时，解除权人可以解除合同。"

② 《民法典》第五百六十三条第一款规定："有下列情形之一的，当事人可以解除合同：(一)因不可抗力致使不能实现合同目的；(二)在履行期限届满前，当事人一方明确表示或者以自己的行为表明不履行主要债务；(三)当事人一方迟延履行主要债务，经催告后在合理期限内仍未履行；(四)当事人一方迟延履行债务或者有其他违约行为致使不能实现合同目的；(五)法律规定的其他情形。"

相关规定

《合伙企业法》

第四十五条　合伙协议约定合伙期限的，在合伙企业存续期间，有下列情形之一的，合伙人可以退伙：

（一）合伙协议约定的退伙事由出现；

（二）经全体合伙人一致同意；

（三）发生合伙人难以继续参加合伙的事由；

（四）其他合伙人严重违反合伙协议约定的义务。

第四十六条　合伙协议未约定合伙期限的，合伙人在不给合伙企业事务执行造成不利影响的情况下，可以退伙，但应当提前三十日通知其他合伙人。

第四十八条　合伙人有下列情形之一的，当然退伙：

（一）作为合伙人的自然人死亡或者被依法宣告死亡；

（二）个人丧失偿债能力；

（三）作为合伙人的法人或者其他组织依法被吊销营业执照、责令关闭、撤销，或者被宣告破产；

（四）法律规定或者合伙协议约定合伙人必须具有相关资格而丧失该资格；

（五）合伙人在合伙企业中的全部财产份额被人民法院强制执行。

合伙人被依法认定为无民事行为能力人或者限制民事行为能力人的，经其他合伙人一致同意，可以依法转为有限合伙人，普通合伙企业依法转为有限合伙企业。其他合伙人未能一致同意的，该无民事行为能力或者限制民事行为能力的合伙人退伙。

退伙事由实际发生之日为退伙生效日。

第八十五条　合伙企业有下列情形之一的，应当解散：

（一）合伙期限届满，合伙人决定不再经营；

（二）合伙协议约定的解散事由出现；

（三）全体合伙人决定解散；

（四）合伙人已不具备法定人数满三十天；

（五）合伙协议约定的合伙目的已经实现或者无法实现；

（六）依法被吊销营业执照、责令关闭或者被撤销；

（七）法律、行政法规规定的其他原因。

《民法典》

第九百七十六条 合伙人对合伙期限没有约定或者约定不明确，依据本法第五百一十条的规定仍不能确定的，视为不定期合伙。

合伙期限届满，合伙人继续执行合伙事务，其他合伙人没有提出异议的，原合伙合同继续有效，但是合伙期限为不定期。

合伙人可以随时解除不定期合伙合同，但是应当在合理期限之前通知其他合伙人。

第九百七十七条 合伙人死亡、丧失民事行为能力或者终止的，合伙合同终止；但是，合伙合同另有约定或者根据合伙事务的性质不宜终止的除外。

4. 新加入投资者的解除权

在作为私募股权基金载体的公司或有限合伙企业成立之后，往往存在新的投资人通过签署增资协议或入伙协议的方式进行投资的情况。此时，就解除退出而言，则会面临另外一个问题，即新投资人能否通过解除增资协议或入伙协议实现基金投资退出？

对此，笔者认为，此问题需要进一步思考的是，新的投资者确定成为股东或合伙人的时间点应如何判断。换言之，增资协议或入伙协议签署，并不意味着身份终局确定，仅当新的投资者确定成为股东或合伙人时，其投入的资产才具有公司或有限合伙企业资产意义，此时，解除与撤资方需完成法定减资或退伙程序，反之，新的投资者仍有通过解除合同而退出的可能。

对于股东或合伙人身份确认时点，司法实践中存在较大争议，下文拟归纳主流观点，并提出倾向性结论，以供读者参考：

首先，根据现有司法实践观点，无论是股东还是合伙人的身份取得，均不以工商登记为必要前提。例如，广西壮族自治区北海市中级人民法院在孙某春、王某国合同纠纷案[①]中即指出，工商登记的股东或者股东名册仅是一种证权文件，不具有创设权利的效果，不影响本案中上诉人具有在某云天公司的股东资格。此外，就合伙企业而言，北京市第三中级人民法院在王某与云南某耀投资有限公司等合伙协议纠纷案[②]中，亦明确指出："按照入伙协议约定，王某于2015年11月17日前履行了全部出资义务，故王某于该日取得某四海中心有限合伙人的资格，享有有限合伙人的相关权益。某四海中心虽未办理王某入伙的相关工商登记，但并不影响王某合伙人资格的取得。"

其次，股东或合伙人身份的成立也不必然以实际缴纳出资为前提。如《公司法》采认缴资本制，股东可以在公司设立时通过认缴方式先行确定出资额。同样，《合伙企业法》第十四条也规定，合伙企业设立时，合伙人可以先行认缴出资。当然，此点在私募基金退出争议中往往不存在，因为私募基金投资人往往是在缴纳出资后才存在退出问题。

最后，我们倾向于认为，无论是公司型私募基金还是合伙型私募基金，私募基金投资人增资入股/入伙的身份确认时点，都应优先根据相应的增资协议/入伙协议约定的时点和条件进行确定；在无明确约定的情况下，则可能需综合考量多种因素予以判断，如股东会/合伙人会议是否已就新的投资者入股/入伙依法依约作出相应的决议；新的投资人是否已经实际行使股东/合伙人的权利；股东/合伙人的入股/入伙是否完成工商变更登记；股东/合伙人是否完成增资款、合伙份额资产缴纳等。需特别提出的是，虽然股东/合伙人身份的确认不以工商变更登记和实缴为前提，但一旦此两行为完成，则一般即可认定新的投资人具备股东或合伙人身份，须受到公司及合伙组织法规则的限制，再行直接通过合同解除实现退出将面临挑战。

---

① 孙某春、王某国合同纠纷案，广西壮族自治区北海市中级人民法院（2020）桂05民终462号民事判决书。

② 王某与云南某耀投资有限公司等合伙协议纠纷案，北京市第三中级人民法院（2020）京03民终9299号民事判决书。

（二）契约型私募基金合同解除的可行性

针对契约型私募基金而言，其本身单纯以合同权利义务约束投资者与基金管理人，不涉及公司及合伙组织问题。因此，实践中普遍认为，契约型私募基金投资人可通过解除基金合同方式退出。

但在契约型私募基金中，仍有另一问题值得展开讨论，即契约型私募基金往往存在多期多个投资人，那么单期基金投资人是否可解除该期基金合同呢？

对此，司法实践中，部分法院认为，如单独赋予单期基金投资人解除权，可能导致该基金投资人先行获益，不当损害其他投资人利益，故不应允许单期基金投资人解除基金合同。

但是，笔者认为，此时应区分具体情形，如果该单期基金只有一个投资人，在基金运作满足特定条件的情况下，该单期单个基金投资人解除基金合同不会影响其他投资人利益，应允许解除，该条件应至少包括各期基金财产独立投资、独立运作、独立核算，各期基金投资可区分地对应底层资产。而如果该单期基金本身即有多个投资人，则单期基金内部资金一般会发生混同，共同用于某个投资目的，此时，为公平保护投资者的利益，单个投资人可能难以被允许单独通过解除退出基金。

二、私募基金合同的解除情形

上文区分私募基金的类型及阶段讨论了私募基金合同解除的可行性，而在解除退出基金具备可行性的前提下需要进一步探讨的是，私募基金合同在哪些情形下可以解除。

一般而言，合同解除可分为约定 / 协商解除与法定解除两种情形。其中，约定 / 协商解除即根据《民法典》第五百六十二条[①]规定，如

---

① 《民法典》第五百六十二条规定：“当事人协商一致，可以解除合同。当事人可以约定一方解除合同的事由。解除合同的事由发生时，解除权人可以解除合同。”

当事人事前约定协商事由发生或事后就解除事宜达成一致，则可根据当事人意思自治完成基金合同解除；法定解除，即在法律规定的解除情形（如《民法典》第五百六十三条[①]）成就后，投资者据此解除基金合同。

就前者而言，由于私募基金实操中，管理人为维持基金管理的稳定性和避免争议，往往仅会在基金合同中根据《私募投资基金募集行为管理办法》第三十一条要求，约定投资者在募集机构回访确认成功前有权解除基金合同。而发生争议后，基金投资往往已经面临重大亏损，甚至管理人已经处于失联状态，故投资人更不可能通过与管理人协商方式解除基金合同退出。

因此，司法实践中多数案件为基金投资人依据法定解除权主张解除基金合同。基于此现实情况，本书接下来将以私募股权基金运作中“募、投、管、退”四阶段划分，围绕基金合同的法定解除问题具体展开。

1. 募集阶段

如前文已经论述，在募集阶段，作为私募股权基金载体的有限合伙企业或公司往往尚未设立完成，故无论是何种类型基金，投资人在此阶段通过解除合同退出一般均具可行性。

此时，基金管理人的主要义务为私募股权基金的有效设立（包括基金备案等），如该基金在合同约定或合理期间内未有效设立，则投资者可以根据《民法典》第五百六十三条第一款第三项或第四项主张解除基金合同。比如，浙江省嘉兴市中级人民法院在吴某芳、郭某霖等合同纠纷案[②]中即指出：“某尚投资、某睿公司、郭某霖称已将220万元投入

---

① 《民法典》第五百六十三条规定：“有下列情形之一的，当事人可以解除合同：（一）因不可抗力致使不能实现合同目的；（二）在履行期限届满前，当事人一方明确表示或者以自己的行为表明不履行主要债务；（三）当事人一方迟延履行主要债务，经催告后在合理期限内仍未履行；（四）当事人一方迟延履行债务或者有其他违约行为致使不能实现合同目的；（五）法律规定的其他情形。以持续履行的债务为内容的不定期合同，当事人可以随时解除合同，但是应当在合理期限之前通知对方。”

② 吴某芳、郭某霖等合同纠纷案，浙江省嘉兴市中级人民法院（2023）浙04民终960号民事判决书。

到约定的投资项目中，没有提供证据证明，通过中国基金业协会官网查询，未见某睿公司作为基金管理人的铂睿（鼎元）—中梁优选收益权创收有限合伙私募基金备案信息，即便某尚投资、某睿公司将220万元实际进行投资，也非约定的投资项目，某尚投资、某睿公司构成违约，吴某芳要求解除合同，应予支持。”

此外，司法实践中，部分投资人可能以管理人未履行适当性义务为由要求解除基金合同。对此，需要进一步明确的是，适当性义务一般为管理人在基金合同订立之前应当履行的义务，其违反往往不构成违约，不属于合同义务的违反，进而投资人难以据此主张法定解除权成立。例如上海金融法院在某设资产管理（上海）有限公司、常某人与某银行股份有限公司上海分行证券投资基金交易纠纷案[①]中，即以管理人违反适当性义务为由支持投资者赔偿损失的请求，但驳回了投资人解除基金合同的诉请。

典型案例

某设资产管理（上海）有限公司、常某人与某银行股份有限公司上海分行证券投资基金交易纠纷案［上海金融法院（2020）沪74民终461号］

案情简介：2015年6月16日，常某人作为资产委托人与某设资管上海公司、某银行上海分行签订了《资管合同》，某设资管上海公司和某银行上海分行分别为资产管理人和资产托管人。但是，某设资管上海公司在推荐基金前未对常某人的风险认知、风险偏好和风险承受能力进行评估，也未对基金产品进行风险评级，并将产品与客户相互匹配。《资管合同》中虽有投资收益风险提示，但对于项目公司不能上市的风险以及投资退出等风险并未充分告知投资者，某设资管上海公司员工给常某人的邮件中虽然提示了项目的未来具有不确定性等风险，但同时又通过项目背景、市场前景等介绍，客观淡化了项目

① 某设资产管理（上海）有限公司、常某人与某银行股份有限公司上海分行证券投资基金交易纠纷案，上海金融法院（2020）沪74民终461号民事判决书。

介绍中的风险描述。此后，某设资管上海公司应依约在资管计划期限届满之日起30个工作日内组织成立清算小组。但某设资管上海公司直至2019年6月26日才成立清算组。

法院观点：关于合同解除，一审法院指出，某设资管上海公司在签署《资管合同》之后，按照合同约定的方式进行了投资，投资后对项目尽到了合理的管理义务，履行了其在《资管合同》下的主要义务；某设资管上海公司在风险揭示和风险评估方面的瑕疵以及逾期清算的违约行为不构成导致合同目的不能实现的原因，因此，本案中不存在《合同法》所规定的法定解除事由，常某人要求解除合同的主张缺乏事实和法律依据，不予支持。此后，本案二审中，二审法院则以常某人主张解除前《资管合同》已终止为由，未支持其解除主张。

2. 投资阶段

在私募股权基金的投资阶段，对于公司型及有限合伙型基金而言，对应的公司或有限合伙企业均已设立，故如前文所述，此阶段及后续阶段，一般仅有契约型私募基金的投资者可依法定解除权要求解除基金合同。

一般而言，在投资阶段，基金管理人的主要义务就是按照基金合同约定完成募集资金的投资。因此，如管理人未按照基金合同约定的投资范围、投资标的、投资要求进行投资，则有可能构成基金合同主要义务的迟延履行，导致合同目的无法实现。

3. 管理阶段

如上所述，此阶段下，一般只有契约型私募基金的合伙人可依法定解除权要求解除基金合同。此阶段，基金管理人需要履行管理基金相应的忠实勤勉义务，具体方面可以包括依法依约召开投资人会议，对基金资产进行管理、记账、核算及报告编制，及时进行信息披露和收益分配等。

需强调的是，由于基金管理义务相对琐碎，并非管理人存在义务违反，投资者就必然享有合同解除权。只有该义务违反危及合同目的实现时，投资者的法定解除主张方可能获得支持。

4. 退出阶段

由于投资人签署基金合同的主要合同目的即为取得投资收益，因此，进入退出阶段后，投资者仍要求解除基金合同的，一般依据管理人未能及时完成底层资产清算及基金份额退出，或怠于向投资标的方按约主张权利，导致投资者难以取得投资回报等违约行为，具有较大可能被认定为管理人违约导致合同目的无法实现，符合法定解除权成立的前提。

上海金融法院在宁波某邦基业投资管理有限公司与某圣财富资产管理有限公司其他合同纠纷案①中即指出："被告在原告向其催告要求分配融驰 11 号私募基金项下的相应收益之后，迟迟未履行合同约定义务，也未向基金的底层资产的相对人某科公司以诉讼之形式行使到期股权收益权回购之债权及相应的担保权利，属于怠于履行基金合同的管理人义务，原告作为合同守约方，在被告迟延履行义务并使合同目的不能实现的情形下，本院认为其可以依据《合同法》第九十四条第四项的规定，当事人一方迟延履行债务或者有其他违约行为致使不能实现合同目的，而解除其与被告之间就融驰 11 号私募基金第 7 期的基金法律关系。"

三、私募基金合同解除的法律后果

针对合同解除的法律后果，《民法典》第五百六十六条第一款明确规定，合同解除后，尚未履行的，终止履行；已经履行的，根据履行情况和合同性质，当事人可以请求恢复原状或者采取其他补救措施，并有权请求赔偿损失。而就私募股权基金合同而言，当事人能否要求恢复原状或应当采取何种补救措施，司法实践中不无争议，这也就导致了即使投资者主张解除基金合同获得了法院的支持，但希望通过该等方式取回投资本金可能仍有困难，特别是针对私募股权基金退出争议更高发的基

① 宁波某邦基业投资管理有限公司与某圣财富资产管理有限公司其他合同纠纷案，上海金融法院（2019）沪 74 民初 2841 号民事判决书。

金投资、运作与清算阶段，由于涉及组织实体/基金份额的权益调整，在执行过程中存在难度。

相关规定

《民法典》

第五百六十六条　合同解除后，尚未履行的，终止履行；已经履行的，根据履行情况和合同性质，当事人可以请求恢复原状或者采取其他补救措施，并有权请求赔偿损失。

合同因违约解除的，解除权人可以请求违约方承担违约责任，但是当事人另有约定的除外。

主合同解除后，担保人对债务人应当承担的民事责任仍应当承担担保责任，但是担保合同另有约定的除外。

恢复原状，即将当事人的利益状态恢复至合同订立之前的状态。针对私募股权基金而言，恢复原状需要基金将自投资者处募集的款项返还投资者，即投资者取回其投资本金，同时由投资者返还或注销其获得的私募股权基金份额。

首先，就投资款项返还问题，有观点认为，实操中存在两种可能的方式：一是管理人从私募股权基金的财产账户中拨款向投资者返还；二是管理人从自有账户中拨款返还投资者。但实际上，笔者认为，第二种方式已不属于恢复原状的范畴，因为管理人财产独立于基金财产，管理人自掏腰包还款，显然具有损失赔偿属性，而非恢复合同订立之前的状态。再看第一种方式，投资者诉请解除基金合同时，私募股权基金的财产账户中自投资者处募集的投资款项，往往已投入底层资产，一时难以收回，故此种恢复原状的方式将面临事实上的困境。并且，此种方式亦可能导致部分投资者不当优先获偿，损害其他基金投资者的利益。司法实践中，多数法院也不会支持此种恢复原状诉请。

其次，就投资人归还/注销投资份额问题，对于契约型私募基金而言，与有限合伙企业或公司等组织实体可通过企业登记进行明确的份额登记不同，契约型私募股权基金的份额登记通常仅体现于基金管理人在基金备案和运作过程中，在基金业协会的登记，以及可能通过聘请第三方中介机构而进行份额登记，但该类份额登记形式在执行归还／注销的实操过程中的开展推进将会面临障碍和争议。同时，即使对于合伙型和公司型私募基金，合伙份额和公司股权的登记、转让和注销具有明确规范，虽可相应执行，但需注意的是，私募基金份额的归还／注销涉及托管人对私募基金财产的托管、监管部门对私募基金具体情况的备案，甚至涉及同一私募基金中其他投资人的利益，法院或仲裁机构往往不会直接支持投资人的此类诉请。

据此来看，投资人解除基金合同要求恢复原状，司法实践中无疑将面临巨大障碍。此外，最高人民法院 2022 年发布的《全国法院金融审判工作会议纪要（征求意见稿）》第六十六条明确规定，在基金未清算情况下，部分基金合同被撤销、解除或确认无效，为保护其他投资者的合法权益，并不当然产生以基金财产向投资者返还的法律后果。投资者以其与管理人签订的合同被撤销、被确认无效或被解除为由，请求管理人向其返还所认缴基金财产，经审查不符合基金清算条件的，人民法院不予支持。基金合同被撤销、被确认无效，或因管理人严重违反忠实义务被解除后，投资者请求管理人以其固有财产赔偿投资者因此遭受的损失的，人民法院应当予以支持。

由此可知，对于多数投资者来说，更为明智的选择是在合同解除后转而要求管理人以其固有财产赔偿损失，以此实质上达到基金退出的效果。关于损害赔偿部分内容，我们将在下文具体展开讨论。

第八章　撤销基金合同

投资者主张撤销私募基金合同，理论上也可以作为其退出私募股权基金投资的一种方式。司法实践中，此种撤销退出一般发生在签署私募基金合同的当事方（如基金管理人）或相关基金销售主体就基金基础交易事实存在隐瞒或虚假陈述行为的情形。同时，需特别提示的是，在通过撤销基金合同退出的情形下，投资者往往需要承担较重的要件举证责任，并且撤销权存续期间也受到严格的除斥期间限制。以下，笔者将就基金合同可撤销的情形及退出权利成立要件进行全面阐述。

一、私募基金合同典型可撤销情形

根据《民法典》第一百四十七条至第一百五十一条之规定，当事人撤销合同的基础有四，即重大误解、被欺诈、被胁迫与显失公平。

相关规定

《民法典》

第一百四十七条　基于重大误解实施的民事法律行为，行为人有权请求人民法院或者仲裁机构予以撤销。

第一百四十八条　一方以欺诈手段，使对方在违背真实意思的情况下实施的民事法律行为，受欺诈方有权请求人民法院或者仲裁机构予以撤销。

第一百四十九条　第三人实施欺诈行为，使一方在违背真实意思的情况下实施的民事法律行为，对方知道或者应当知道该欺诈行为的，受欺诈方有权请求人民法院或者仲裁机构予以撤销。

第一百五十条 一方或者第三人以胁迫手段，使对方在违背真实意思的情况下实施的民事法律行为，受胁迫方有权请求人民法院或者仲裁机构予以撤销。

第一百五十一条 一方利用对方处于危困状态、缺乏判断能力等情形，致使民事法律行为成立时显失公平的，受损害方有权请求人民法院或者仲裁机构予以撤销。

重大误解，即错误认识，根据《最高人民法院关于适用〈中华人民共和国民法典〉总则编若干问题的解释》第十九条之规定，是指行为人对行为的性质、对方当事人或者标的物的品种、质量、规格、价格、数量等产生错误认识，按照通常理解如果不发生该错误认识行为人就不会作出相应意思表示之情形。

欺诈，根据《民法典》第一百四十八条之规定系指一方以欺诈手段，使对方在违背真实意思的情况下实施民事法律行为之情形。

胁迫，根据《民法典》第一百五十条之规定系指一方或者第三人以胁迫手段，使对方在违背真实意思的情况下实施民事法律行为之情形。

显失公平，根据《民法典》第一百五十一条之规定系指一方利用对方处于危困状态、缺乏判断能力等情形，致使民事法律行为成立时显失公平之情形。

结合上述情形可知，对于私募股权基金这类专业性强、风险高的投资活动，投资者存在错误认识、被胁迫及显失公平情形的概率相对较低，而多数情形是私募基金管理人、代销机构隐瞒投资基础事实，甚至提供虚假信息，欺诈投资者使其签署基金合同。因此，下文将重点围绕欺诈撤销基金合同认定问题展开。

欺诈一般分为两大类：一为当事人欺诈，在私募基金合同签署中即为私募基金管理人的欺诈；二为第三人欺诈，在私募基金交易中，此第三人一般包括代销机构、第三方宣传推介机构等。这两类情形的欺诈行为均可能导致基金合同被投资者撤销。

投资者合同撤销权的成立需至少满足如下四项条件：

第一，存在欺诈行为。投资者主张因受欺诈而撤销基金合同，首先需证明管理人或包括销售方等在内的第三方存在欺诈行为。具体而言，该欺诈行为可分为两类：一是积极提供虚假信息的行为，如管理人、代销机构在宣传推介材料、基金合同中对基金投向、拟投资标的、产品风险、过往业绩等重要事项的描述存在虚假记载、误导性陈述；二是消极隐瞒重要投资信息的行为，如管理人、代销机构虽未在宣传推介材料、基金合同等资料上提供不实信息，但遗漏投资重要事项信息未告知投资者，也属于欺诈行为的一种。[①]

第二，构成双重因果关系。欺诈撤销权的成立需同时满足双重因果关系：一是投资者因管理人或第三人的欺诈行为，对基金产品本身的投资标的、风险等重要特征产生错误认识；二是投资者基于该错误认识而签署了基金合同。换言之，即使管理人或代销机构存在欺诈行为，但投资者从其他渠道获得了准确信息，并在没有陷入错误认识的情况下签署了基金合同，此时双重因果关系要件并不成立，投资者是基于其真实意思签署的基金合同，则不得据此要求撤销基金合同。

第三，欺诈具有违法性及恶意。此要件即要求管理人或第三人的欺诈行为构成对合理告知义务的违反，并且具有欺诈投资者的故意。

就基金管理人或销售方等第三人的告知说明义务而言，除上文所述对基金投向、拟投资标的、产品风险、过往业绩等重要事项的告知外，结合《九民纪要》第七十六条之规定，法院还应当根据产品、投资活动的风险和金融消费者的实际情况，综合理性人能够理解的客观标准和金融消费者能够理解的主观标准来确定卖方机构的告知说明义务范围。如果基金管理人或第三人就上述告知义务范围之外的、与基金交易无关的

① 《全国法院金融审判工作会议纪要（征求意见稿）》第六十条规定："管理人、代销机构在宣传推介材料、基金合同中对基金投向、拟投资标的、产品风险、过往业绩等重要事项的描述存在虚假记载、误导性陈述或者重大遗漏，投资者认购份额后依据民法典第一百四十八条规定请求撤销合同的，人民法院应当予以支持；通过基金份额转让取得投资份额的投资者请求撤销合同，符合民法典第一百四十九条规定条件的，人民法院应当予以支持。但根据民法典第一百五十二条的规定，撤销权已经消灭的除外。"

问题提供虚假信息或进行故意隐瞒，则该行为不存在违法性，投资者难以据此撤销基金合同。此外，就欺诈故意要件而言，鉴于私募基金投资中，基金管理人或销售方等第三人往往为专业投资或金融机构，一旦提供虚假信息或隐瞒重要信息，即可认为其对此明知或应知，存在故意。故此项要件一般无须投资者另外举证，而可从欺诈行为中直接推知。

第四，撤销权的行使未超过除斥期间，由于撤销权系属单方意思表示可改变双方权利义务关系的形成权，长期存在会导致法律关系一直处于不稳定状态，故法律一般会通过除斥期间对其作限制，一旦法定期间经过，该权利即消灭。

《民法典》第一百五十二条规定了撤销权消灭的情形，其中包括当事人自知道或者应当知道撤销事由之日起一年内没有行使撤销权，或当事人自民事法律行为发生之日起五年内没有行使撤销权的，撤销权消灭。

因此，如投资者发现管理人或销售方等第三人就基金投资相关信息存在欺诈，则投资者应立即于知道该事由之日起一年内向法院或仲裁机构要求撤销基金合同。此外，如相关监管机构已就该特定欺诈违规行为进行公告通知，则法院也可能据此推定投资者应知欺诈行为，从而投资者需自公告／通知作出之日一年内主张撤销基金合同。

还需要特别指出的是，无论投资者最终是否获悉被欺诈事宜，在基金合同签署后五年内，投资者仍未主张撤销的，该撤销权同样将归于消灭，投资者无权再行要求撤销基金合同。

相关规定

《民法典》

第一百五十二条 有下列情形之一的，撤销权消灭：

（一）当事人自知道或者应当知道撤销事由之日起一年内、重大误解的当事人自知道或者应当知道撤销事由之日起九十日内没有行使撤销权；

（二）当事人受胁迫，自胁迫行为终止之日起一年内没有行使撤销权；

（三）当事人知道撤销事由后明确表示或者以自己的行为表明放弃撤销权。

当事人自民事法律行为发生之日起五年内没有行使撤销权的，撤销权消灭。

综上可知，投资者主张撤销私募基金合同，首先需证明该撤销权成立的全部要件，举证责任较重，需投资者在基金募集阶段进行充分的证据收集与保存，否则往往可能因证据不足难以获得支持。同时，合同撤销权存续也受到严格的除斥期间限制，需投资者及时行权。

二、私募基金合同撤销的法律后果

就私募基金合同撤销的法律效果认定，根据《民法典》第一百五十七条之规定，投资人取得的基金份额、基金本身取得的投资款项，应当予以返还；不能返还或者没有必要返还的，应当折价补偿。有过错的一方应当赔偿对方由此所受到的损失；各方都有过错的，应当各自承担相应的责任。法律另有规定的，依照其规定。

但是，如上文基金合同解除部分所述，根据最高人民法院在《全国法院金融审判工作会议纪要（征求意见稿）》中的意见，投资款项的返还及投资人归还／注销投资份额在实操中难以推进，司法实践中亦难以获得支持。

故在基金合同撤销情形下，投资者较为明智的选择同样是请求管理人以其固有财产赔偿损失。同上，对此部分内容，我们将在下文具体展开。在此需特别指出的是，《民法典合同编通则司法解释》第五条明确规定，第三人实施欺诈、胁迫行为，使当事人在违背真实意思的情况下订立合同，受到损失的当事人请求第三人承担赔偿责任的，人民法院依法予以支持；当事人亦有违背诚信原则的行为的，人民法院应当根据各自的过错确定相应的责任。由此可知，如投资者系因基金销售机构或其他第三方宣传机构欺诈而要求撤销基金合同，则投资者亦可要求该实施欺诈行为的第三方承担损害赔偿责任；同时，如基金管理人对该欺诈行为知晓或提供帮助等，则投资人可选择以管理人和实际实施欺诈行为的第三方为共同被告提起诉讼或仲裁，要求法院根据其各自的过错承担相应赔偿责任。

第九章　损害赔偿

正如此前在基金合同无效、基金合同的解除和撤销章节中笔者已经说明的，从实质角度而言，投资者通过司法途径要求退出的过程中，要求私募基金管理人、托管人或服务机构就其所受损害承担赔偿责任或许是相对更好的策略。

就举证责任而言，投资者须证明基金管理人、基金托管人、基金服务机构等主体存在义务违反、损害、因果关系等要件。其中所谓“义务违反”主要包括违约、缔约过失或侵权，而实践中争议最大的，无疑是损害认定及赔偿范围，特别是在基金未清算情况下对此问题的处理。

在本章节中笔者将主要围绕上述问题，以及不同义务类型的义务违反所对应赔偿路径损害赔偿范围的计算展开探讨。

一、赔偿损失的前提

针对投资者要求赔偿损失的请求，如果案涉私募股权基金尚未清算的，私募基金管理人通常会提出“投资者暂无损失”或者“投资者的损失尚未确定”等抗辩，司法实践中，许多法院以产品未清算或项目未退出为由认为投资者的实际损失暂时无法确定，从而驳回投资者的请求。

但是，实践中亦有相反观点认为，在某些特殊情形下，如一味地强调“基金清算与投资者损失认定的关联”，不仅对投资者显得极为不公平，且在很大程度上亦是对相关责任主体违法或违约行为的放任。例如上海金融法院在一典型案例中[①]明确指出："募集的基金资产已经脱离管理人控制，清算小组也未接管基金财产。因此，考虑到基金清算处于停滞状态，无法预计继续清算的可能期限，且无证据证明清算小组实控任何可资清算的基金财产，如果坚持等待清算完成再行确认当事人损失，无异于缘木求鱼。"

综上可知，在投资者主张损害赔偿相关案件中，就"赔偿投资者损失，是否以基金清算或项目退出为前提"这一前置性问题，实践中尚存在较大分歧，主要分为肯定说与否定说两种观点。

肯定说认为，私募基金未完成清算时，投资者所遭受的实际损失尚且无法确定，进而应当驳回投资者主张赔偿损失之诉请；部分法院甚至认为此种情形下，当事人的诉讼请求无从确定，不符合案件受理条件，进而应当直接以不予受理或驳回起诉的方式予以处理。该种观点此前曾为司法实践中的主流裁判观点，相关案例参见表 9–1：

表 9–1　基金清单前请求损害赔偿相关案例

案号	裁判摘录
（2018）最高法民终 173 号	因案涉项目的两年信托期已届满，且未合法延期，李某可向新某信托公司主张清算并分配。在某信托公司尚未对案涉项目进行清算的情况下，不能确定因其违约延期的行为给李某造成损失以及损失的大小，故本案中李某关于某信托公司应当向其赔偿信托资金本金，并按照 22.3%的年利率计算利息的请求不能成立
（2021）最高法民申 6247 号	根据案涉基金合同的约定，在基金合同出现终止事由后，应先依照约定，由基金财产清算小组对基金财产进行清算后再行分配。在清算与分配后，如投资人尚有权利未获清偿，可就其因管理人或托管人行为导致的损失再行主张。本案中，某典公司已就投资款项向某华创公司等主张债权，案涉基金财产并未清算完毕，因此周某华因投资基金所导致的损失数额尚不能确定，故原判决未对某典公司、某银行是否存在违法违规行为进行审查并无不当。周某华在基金财产尚未进行清算时，要求某典公司及某银行承担给付责任没有事实及法律依据，原审判决未予支持亦无不当
（2021）京 02 民终 3679 号	投资人主张的投资损失应为现实确定的损失，即不可再次从市场中获得弥补的损失，还应是固有利益的损失，即投资本金的亏损，不应包括预期收益及后续的资金占用费。在涉案基金尚未完成清算的情况下，投资人就涉案基金是否享有投资收益抑或存在投资损失尚无法确定

① 参见钜某资产管理（上海）有限公司、上海钜某投资集团有限公司与周某华其他合同纠纷案，上海金融法院（2021）沪 74 民终 375 号民事判决书。

根据我们对相关裁判案例的总结，司法实践中主张将完成清算作为投资者主张赔偿损失前提的理由主要包括：未完成清算程序的情况下，投资者损失是否存在及其数额均不能确定；在尚未完成清算程序的情况下，投资者仍然持有基金财产份额，在诉讼程序中判令赔偿损失后，投资者仍有可能在后续清算退出程序中获得收益，进而出现重复受偿之情形，违背公平原则。

随着私募基金业务的广泛发展及相关争议数量的增加，以完成清算程序作为赔偿损失之前置条件的裁判观点开始"失灵"，已经逐渐不能满足司法实践的需要，一些法院也逐渐意识到，一概以"完成清算"作为赔偿损失之前提有可能导致不公平的裁判结果。例如，在基金投向的底层项目已经明显无价值、几无收益可能的情况下，若仍然坚持以完成清算作为损失赔偿之前提，将会极大地损害投资者的权益，甚至促使管理人拖延清算程序的进行，产生负面激励之效果。是故，逐渐有法院突破此前的肯定说，在基金未完成清算的情况下支持投资人赔偿损失之主张，并在具体损失如何认定、双重受偿问题如何处理等疑难问题中贡献了独特的裁判智慧，典型案例参见表 9-2。

表 9-2　基金清算前请求损害赔偿相关案例

案号	裁判摘录
（2021）沪 74 民终 1113 号	基金的清算结果是认定投资损失的重要依据而非唯一依据，有其他证据足以证明投资损失情况的，人民法院可以依法认定损失……现某万斛并未依照基金投资目的取得某郎智能股权，合同约定的案涉基金权益无实现可能……募集的基金资产已经脱离管理人控制，清算小组也未接管基金财产。因此，考虑到基金清算处于停滞状态，无法预计继续清算的可能期限，且无证据证明清算小组实控任何可资清算的基金财产，如果坚持等待清算完成再行确认当事人损失，不具有现实可行性……一审判决认定当事人损失已经固定，以投资款、资金占用利息作为二上诉人赔偿范围，并无不当。杨某之后在基金清算过程中获得的清偿部分，应当在钜某公司、钜某集团的赔偿金额中予以扣除
（2022）津 02 民终 1733 号	基金的清算结果是认定投资损失的重要依据而非唯一依据，有其他证据足以证明投资损失情况的，人民法院可以依法认定损失……且某泰公司已进入破产程序，合同约定的案涉基金权益基本无实现可能……因此，考虑到本案的实际履行情况，如果坚持等待清算完成再行确认当事人损失，不具有现实可行性。故一审判决据此认定当事人损失已经固定，以投资款、资金占用利息作为损失基数，本院予以认可

续表

案号	裁判摘录
（2020）沪 74 民终 1045 号	常州九某禅寺项目预期收益出售常州九某禅寺骨灰盒存放单元位，而该九某禅寺项目被江苏省相关行政部门认定为违法占地建筑，在 2017 年 7 月被常州市国土资源局要求拆除，恢复原状……按照案涉基金合同约定，新某基金应当取得常州某则久 40%的股权，并在基金存续期届满后由上海某则久溢价回购该股权。然上诉人新某基金并未依照合同约定取得上述股权，上诉人新某基金未按照合同约定的投资范围进行投资的行为，直接导致投资人投资并无基金项下财产作为保障。本院认为，综合以上事实可推定投资人对其全部投资的损失已经发生

在持否定说的裁判案例中，法院针对未完成清算情形下的投资损失问题，通过“穿透式”审查和法律技术手段，为破解损失数额的认定困境提供了新的思路：一方面，法院通过审查产品未经清算或未清算完毕情形下，管理人是否存在怠于清算、故意阻碍退出条件成就的情形，或者实质判断底层资产的实际情况、变现可能性等因素考虑损失产生的可能性及损失大小；或者另辟蹊径，通过对管理人赔偿责任性质的认定，来论证损失是否确定及其大小。另一方面，针对双重受偿问题，法院亦通过裁判技术手段予以处理，例如在裁判文书中载明投资者先行取得的赔偿将在未来清算收益中予以扣除，既维护了投资人的合法权益，又促进了各方当事人间的利益平衡。

笔者认为，一概以完成清算作为投资人主张赔偿损失之前提条件并不可取，原因首先在于，坚持清算前置会对管理人拖延清算程序形成负面激励，有可能演变成对管理人不当行为的放任，导致管理人通过拖延清算逃避责任，使基金清算不能或基金清算处于停滞状态，进而导致投资人的损失迟迟无法得到赔付，损害其合法权益。

其次，在已经可以确认损失发生的情况下，不能仅因为赔偿数额、赔偿范围的不确定性排除投资者主张赔偿的权利。在基金已经无法清算或投资者损失已有较为确定性的预判的情况下，尽管投资者损失的具体数额需要依据所投资基金清算结果进行计算，但在损害确已发生的情况下，赔偿数额的认定完全可以通过法院设定裁量标准和裁判技术予以处理。

再者，双重受偿问题完全可以通过裁判技术予以处理，前述（2021）沪74民终1113号案中法院在裁判文书中载明，“投资人之后在基金清算过程中获得的清偿部分应当在管理人的赔偿金额中予以扣除”，即是一种可行的处理方式。

此外，根据对相关裁判案例的检索，尽管持肯定说的裁判观点在数量上可能仍然占据优势，但结合裁判文书作出时间这一指标进行分析可以发现，目前持否定说的裁判观点正在逐渐成为主流观点。

综上，笔者认为，在损失已经事实发生的情况下，投资者主张赔偿损失并不以基金完成清算程序作为前提条件。

二、义务违反的常见类型

在厘清投资者主张损害赔偿不应以基金完成清算程序作为前提条件后，投资者在实务中还需注意的是，其主张损害赔偿的理由，即主张基金管理人违反义务的类型。这些义务的违反行为可能发生于私募股权基金运作周期中的不同阶段，以下笔者对场景类型具体内容等展开分析。

（一）违反适当性义务

有法院认为，适当性义务是指卖方机构在向金融消费者推介、销售高风险等级金融产品时必须履行了解客户、了解产品、将适当的产品（或者服务）销售（或者提供）给适合的金融消费者等义务。[①]笔者理解，基金管理人的适当性义务笼统来说，是指将一定风险等级的私募基金产品推介给具有相应风险识别和承担能力的合格投资者，其具体义务内容通常包括如下事项。

1. 投资者风险等级测评

投资者风险测评，即是指基金管理人通过问卷调查等方式对投资者

① 参见某达集团有限公司与上海某享基金销售有限公司等财产损害赔偿纠纷案，上海市浦东新区人民法院（2021）沪0115民初79308号民事判决书。

识别和承担能力的测评，以此为基础为投资者匹配适当的私募股权基金产品。如基金管理人不能证明其已经完成了该义务，结合管理人的其他过错，有法院判决管理人应当赔偿投资者的全部损失。例如在上文提及的上海金融法院典型案例[①]中，管理人无法提供其已对投资者进行风险测评的相关证据，法院据此认定管理人未能妥善履行适当性义务。

但投资者需注意的是，基金管理人往往要求投资者在基金募集过程中签署一系列制式文件，其中包括投资者承诺和保证有关自身风险识别和承担能力的文件。在纠纷解决过程中，这些投资者作出的承诺和保证可能被基金管理人用以证明其已经充分履行适当性义务，例如有法院即综合各文件中投资人的承诺、确认，认为管理人已履行募集过程中相关义务。[②]

2. 合格投资者资格确认

合格投资者的资格确认程序，要求基金管理人在募集过程中根据私募监管要求，确认拟接纳为基金份额持有人的主体符合相关的合格投资者标准。

值得提出的是，在募集过程中有关合格投资者的资格确认也是投资者承诺的事项之一，且相关文件亦由投资者自行准备和提交，除同样面临上述投资者风险测评部分已经提及的内容外，在这一事项在实务中可能发生的问题之一，是通过“拼凑”等方式汇集资金于某一名投资者账户，以形式上满足合格投资者所应持有的资产金额标准。在这种情况下，如基金管理人实际知晓且参与了这一过程，即可能被认为未履行适当性义务。

3. 基金产品风险等级测评

基金产品风险等级测评，是指基金管理人结合自身及其团队管理经验和管理能力，以及发起设立基金的基本情况，确定该基金产品的风险

① 参见钜某资产管理（上海）有限公司、上海钜某投资集团有限公司与周某华其他合同纠纷案，上海金融法院（2021）沪 74 民终 375 号民事判决书。

② 参见唐某涛与某江证券股份有限公司等合同纠纷案，北京金融法院（2023）京 74 民终 222 号民事判决书。

等级高低，以此作为与具备相应风险识别和承担能力的投资者进行匹配的基础。一般而言，由于股权投资本身所固有的投资风险，私募股权基金通常被认定为是高风险、高收益类型。

但这种“默认”并不意味着基金管理人可不进行专门的基金产品风险等级测评，对于投资者来说，要结合基金管理人提供的其他募集文件和基金合同，判断基金管理人是否完成了适当性匹配的“标准动作”，即对于基金的风险等级进行了必要的评价，以实质上体现将适当产品推荐给适当投资者的原则。

4. 销售推介行为适当

除了对投资者和产品分别进行实质上的风险评价外，也就是确定了“适当性”后，具体的匹配过程实际上也是投资者需要留心关注的。所谓的匹配过程，实际上也就是管理人向投资者推介基金的过程，在这个过程中，管理人除将已经分别确定的基金产品风险等级与投资者风险识别和承担能力匹配外，还需要向投资者履行风险告知义务，也就是风险揭示。

实务中，直接对于适当性匹配义务的违反并不多见，如基金管理人拟将不匹配的产品推介给投资者，将高风险的私募股权基金推介给风险测评结果为稳健型的投资者。管理人不得主动推介，且须有更高要求的风险揭示义务和其他程序要求，否则将构成直接的对适当性义务的违反。

笔者认为，风险揭示或称信息披露，也属于投资者应履行的信息披露义务之一，但由于该义务在募集阶段的特殊性，故在此处展开讨论。实务中，管理人未履行或未恰当履行风险揭示义务是投资者主张自身权益的重要事由之一，主要是在基金运作过程中发生风险的，投资者意识到或认为基金管理人未在募集阶段明确告知相关风险，即便从其风险测评结果形式上看满足了“适当性”的要求，但由于基金管理人未就特殊风险另行说明，或未完整告知具体风险，导致其产生误解或认为被欺诈。但同样地，投资者须注意法院可能基于募集文件以及投资者在募集过程中所作出的确认、承诺等，特别是在《风险揭示书》中的签章等，认为基金管理人已经明确履行了风险揭示义务，例如，某达集团有限公司与上海某享基金销售有限公司等财产损害赔偿纠纷案中，法院指出："告知说明义务的履行是金融消费者能够真正了解各类高风险等级金融产品或者高风险等级投资活动的投资风险和收益的关键，人民法院应当根据产品、投资活动的风险和金融消费者的实际情况，综合理性人能够理解的客观标准和金融消费者能够理解的主观标准来确定卖方机构是否已经履行了告知说明义务。"[①] 换言之，投资者作为具有必要识别、判断能力的主体，也应当在募集过程中了解、明确自身将承担的风险。例如北京金融法院在唐某涛与某证券股份有限公司等二审民事判决书中即说明："首先，案涉基金合同首页即重要提示了基金的主要投资方向和相应的风险。其次，某公司通过《风险揭示书》特别揭示了风险收益特征和该基金特定风险，并载明：投资者在本风险揭示书上签字，表明投资者已经理解并自行承担参与证券投资基金的风险和损失。唐某涛在《风险揭示书》上签字。第三，《业务申请表》中风险提示部分载明：'如果您认/申购基金的风险等级超出了您的风险承受能力，您是否继续本次认/申购申请'，唐某涛勾选了'继续'，并完整填写了申请表的全部内容并签字。能够证明某公司在向唐某涛募集基金前充分揭示了投资风险。"

此外，目前我国仍未正式强制要求执行回访确认制度，投资者需要注意的是基金文件中是否对此进行了明确约定，如有明确约定基金管理人履行该程序，但其实际上又未履行的，可能同样构成基金管理人未妥善履行适当性义务。

另外值得一提的是，部分投资者可能通过基金销售机构的募集而投资于某私募股权基金，而非直接通过基金管理人的募集。但是，投资者为确保自身权益，应注意基金管理人在募集阶段的适当性义务并不因其委托第三方募集而被免除。在发生第三方募集机构违反适当性义务的情况下，基金管理人须与其承担连带责任。

---

① 某达集团有限公司与上海某享基金销售有限公司等财产损害赔偿纠纷案，上海金融法院（2022）沪74民终976号民事判决书。

（二）违反审慎投资义务

有学者认为："忠实义务与注意义务，为信义义务的两大基本类型……忠实义务要求受托人仅为商业信托及其受益人的利益行事，不得利用受托人职位谋取自己或他人利益，受托人有义务将商业信托的利益置于自身利益之上；注意义务要求受托人善尽注意、技能与勤勉，为商业信托及其受益人的最大利益行事，忠实义务与注意义务的基本分界线为利益冲突。"①

笔者理解，基金管理人未妥善处理关联交易或利益冲突事项的，违反其忠实义务。此时对于投资者来说，可向司法机构请求审查该交易本身是否损害投资者利益；而对本书下文中拟讨论的审慎投资义务，属于注意义务，从司法案例来看，并不审查交易本身，而仅审查决策过程，如基金管理人已经在过程中审慎、注意，尽力使基金投资远离风险，即便是最终基金投资亏损，投资者也不能因该结果要求基金管理人承担赔偿责任，这也与我国私募基金法律规制中所要求的"卖者尽责、买者自负"原则相匹配。

按照基金投资业务的不同阶段，笔者理解审慎投资义务可以分为管理人投前、投中与投后（包括退出）的义务，归纳来说是指基金管理人在私募股权基金实施投资和退出的整个过程中恪尽职守并应尽审慎与勤勉义务，具体来说，可以表现为基金管理人决定投资于某一项目前是否经过审慎调查与评估，对风险是否进行分析与把控，在投资完成后是否进行必要的风险跟踪与应对，是否采取必要措施保障基金退出项目等。

在具体审查基金管理人是否履行其审慎投资义务时，从笔者检索到的案例来看，司法机关也并不审查实质上的投资风险及其规避措施是否在商业上适当，而是通过形式上审查判断基金管理人是否已经采取必要的措施和手段，帮助其所管理的基金"远离风险"。司法实践中，因基金管理人未充分履行其对投资项目的尽职调查义务而被法院认为行为失

① 李宇：《商业信托法》，法律出版社2021年版，第850~851页。

当或被作为违反勤勉义务的案例中，包括基金管理人轻信被投资企业所提供材料而未加核实，被法院认为投前未尽审查调查和勤勉尽责义务，[①] 亦包括基金管理人虽然实施了尽职调查，但未发现重大风险，仍被法院认为违反基本的注意义务；[②] 在投资实施阶段，典型如上文提及的上海金融法院典型案例[③]，国家企业信用信息公示系统所显示的被投资企业信息存在不一致的情况下，基金管理人未就原因进行充分调查仍发出付款指令，被法院认为违反基金合同的约定，严重违反了“管理人勤勉尽责管理财产的义务”，而同样在该案例中，基金管理人向投资企业实施投资后，未充分核实该被投资企业是否将基金支付的投资款项投向上市公司股权，且在此后未就确权事宜进行调查，被法院认为未尽审慎审查义务。如在基金合同中已经明确约定了投资标的、投资范围或投资限制，而基金管理人在实际执行时违反约定的，被认为违反勤勉尽责义务应无障碍，在退出阶段，如基金管理人未及时采取措施行使包括投资文件中所约定的回购权，或未及时提起诉讼等司法手段促使基金退出项目的，同样很有可能被认为违反勤勉尽责义务。

因此，在对基金管理人进行调查时，投资者应当充分了解基金管理人内控机制是否健全、是否实际执行，以及在后续基金运作过程中要求充分扩大和行使知情权，了解基金管理人是否自行就具体项目充分收集材料和信息，对交易架构和退出路径是否分析和考量，是否征询第三方专家或专业机构的意见，在实际投资时是否为私募股权基金争取投后监管权和增信措施，及其是否得以及时履行等。此外，在投资者客观上缺乏知情权的情况下，亦可通过证监会、基金业协会等行业监管机构和自律组织对某一基金管理人的处罚决定，佐证基金管理人对勤勉尽责义务的违反，以维护自身权益。

---

① 参见邵某与某财富投资管理有限公司等合同纠纷案，北京市朝阳区人民法院（2021）京 0105 民初 33105 号民事判决书。

② 参见某天（上海）资产管理有限公司、王某祥等合同纠纷案，天津市第二中级人民法院（2022）津 02 民终 1733 号民事判决书。

③ 参见钜某资产管理（上海）有限公司、上海钜某投资集团有限公司与周某华其他合同纠纷案，上海金融法院（2021）沪 74 民终 375 号民事判决书。

此外，在一些私募股权基金中出现两个极端，其一是投资者一概不参与任何基金投资相关事务，所有事务均由基金管理人负责，其二是投资者积极参与，包括委派投决会委员，对投资项目及其投后管理、投资退出等行使相应决策权利。笔者想提醒投资者的是，无论是在何种情况下，私募基金管理人的注意义务作为法定义务，不应被私募股权基金本身的运作方式而排除，管理人无论其权限是否被限制，均应为私募股权基金的运作承担应尽职责，但是在审查其是否尽责时可能由于不同的管理模式而判断标准有所区别，但笔者认为标准或底线在于，基金管理人对于私募股权基金的投资管理应审慎、勤勉，为投资者提供其管理能力和管理经验。

（三）违反信息披露义务

信息披露义务是基金管理人的重要义务之一，贯穿了私募基金运作的全部周期。除上文已经提示在募集阶段的信息披露（风险告知义务）未履行或未适当履行外，在私募基金运作过程中投资者通常主张的信息披露义务违反包括管理人未及时披露，以及披露信息有误等。

在基金运作过程中的信息披露事宜，一般分为定期的信息披露和临时针对重大事项的披露。其中，对于定期的信息披露而言，要求基金管理人遵守基金合同约定的信息披露频次，许多基金合同中对此的约定为“根据监管部门不时发布的信息披露频次要求”或类似表述，笔者建议投资者在基金合同中明确约定信息披露的频次而非这种兜底性的内容，否则可能因造成歧义而难以主张基金管理人的违约。此外，对于披露内容而言，也要求基金管理人负有审查义务，例如在上文提及的上海金融法院典型案件中，案涉基金管理人轻信相对方提供的资料文件，未进行必要核实。对于临时重大事项的披露，则主要是针对基金管理人自身、基金或其投资组合发生重大变化时进行的及时披露，由此更须注意对时间的要求。此外，在内容上与上文基金管理人在基金运作和项目投后（包括退出）过程中应尽的注意义务相关，实务中投资者发现或证明基金管理人未尽该等注意义务的重要依据之一，即是该等事项发生而基金管理人未进行披露，未向投资者预警相关风险。

除此之外，也有部分投资者主张信息披露方式不符合合同约定，例如在基金合同中未明确约定信息披露的方式下，如基金管理人未主动寻求向投资者的直接披露，可能被认为构成了对信息披露义务的违反，[①]但需要提醒投资者的是，在接受基金管理人所披露信息的场景下，也应提供一定程度上的配合，例如提供准确的联系方式，根据基金合同约定的查询渠道获取信息等，否则可能同样被法院认为存在过错。

需要提醒投资者的是，实务中直接以基金管理人违反信息披露义务作为理由判决管理人承担赔偿责任的案例少有，绝大部分案例中基金管理人违反信息披露义务的同时，可能具有其他损害投资者利益的行为，才使得投资者获得了赔偿。原因可能在于信息披露义务的违反与投资者损失的后果之间因果关系难以成立，例如在叶某某、上海某典资产管理有限公司等金融委托理财合同纠纷案中，一审法院即认为“案涉基金运作过程中存在信息披露瑕疵，但该瑕疵与叶某某现有损失不具有直接因果关系，故叶某某以某典公司未向其披露相关信息为由要求其赔偿损失的主张，不能成立”。[②]

（四）违反清算义务

私募基金运作最终将面临清算，此时也是投资者核算并回收其实际本金和收益的环节。

实务中，基金合同通常明确约定了基金清算的事由、清算主体以及清算分配安排等事项，而根据私募监管相关规则，私募基金管理人为私募基金产品的清算义务人，如果基金管理人未按约及时组织基金清算，被认为违反其清算义务应无障碍。一般来说，私募股权基金未按期清算的主要原因在于基金未顺利退出所投资项目，亦有可能发生基金管理人

---

① 参见某川投资管理（上海）有限公司与李某等其他合同纠纷案，上海金融法院（2022）沪74民终1474号民事判决书。

② 叶某某、上海某典资产管理有限公司等金融委托理财合同纠纷案，山东省高级人民法院（2022）鲁民终305号民事判决书。

挪用基金财产、利益输送等导致基金财产流失而无法清算。在前者情况下，基金管理人如已经妥善履行本章节上文所指向的义务，则在此阶段投资者主张其实质违反清算义务的机会较小；而在后者情况下，投资者可主张的义务违反类型除清算义务的违反，亦可能包括忠实义务的违反。

事实上，基金管理人在无法按期开展基金清算时，通常的应对措施即是申请基金期限延长，此程序在基金合同中亦有明确规定，一般来说须取得全体投资者或绝对多数投资者的同意，当然，在许多私募股权基金中，也可能设置“阶梯式”的延期机制，即首先由基金管理人自行决定延长一定期限，其后仍需延长的则提交基金内部有权决策机构决策，或提交至合伙人会议由投资者审议。对于投资者最终实现退出的目的来说，须注意的事项一是基金期限的延长是否履行了必要的程序，二是基金管理人是否勤勉审慎，采取必要措施促进基金退出投资项目等，以实现基金清算，否则延期只是暂时性地延长了基金的期限，最终仍然要面临难以完成基金清算的局面。

三、损害赔偿的范围

在无须清算确定损失的前提下，私募基金管理人的义务违反给投资者造成的损失范围界定，应依旧遵循先约定后法定的判断标准，但是与一般合同违约情形不同，在损失范围的认定上受到严格限制。

（一）约定的损失范围

根据《民法典》第五百八十二条的规定，违约责任应当以约定优先，若当事人并未就违约责任进行约定的，则可依《民法典》第五百一十条进行补充确定，若无法补充确定的，则按《民法典》第五百八十二条等规定承担法定的违约责任。

相关规定

《民法典》

第五百一十条 合同生效后，当事人就质量、价款或者报酬、履行地点等内容没有约定或者约定不明确的，可以协议补充；不能达成补充协议的，按照合同相关条款或者交易习惯确定。

第五百八十二条 履行不符合约定的，应当按照当事人的约定承担违约责任。对违约责任没有约定或者约定不明确，依据本法第五百一十条的规定仍不能确定的，受损害方根据标的的性质以及损失的大小，可以合理选择请求对方承担修理、重作、更换、退货、减少价款或者报酬等违约责任。

私募股权基金合同一般由基金管理人提供，其中对于损害赔偿的具体范围以及计算标准缺少具体的规定，特别是对基金中的特殊情形，如基金管理人特定义务的违反后果、损失赔偿范围是否包括投资收益等进行约定。因此在遭遇实际违约情形时，缺少该等约定就无法为确定损失范围提供依据。

例如在（2021）沪0115民初35313号案件中，法官在裁判文书中如此写道："对于赔偿范围的认定，由于涉案基金合同并未就违约损害赔偿进行具体约定，且考虑到损害赔偿的目的是填补损失，故损害赔偿的计算应结合被告钜某公司的过错程度予以衡量。"虽然在该案件中，法官并未以基金合同中的当事人约定确定损失的范围，但是从法官的论述中可以看出，在计算损失赔偿中优先以当事人的具体约定为准。[①]

典型案例

陈某与上海钜某投资集团有限公司等委托理财合同纠纷案［上海市浦东新区人民法院（2021）沪0115民初35313号］

① 参见陈某与上海钜某投资集团有限公司等委托理财合同纠纷案，上海市浦东新区人民法院（2021）沪0115民初35313号民事判决书。

案情简介：2016年6月20日，原告作为投资者与作为基金管理人的被告钜某公司、作为基金托管人的某商证券签订了涉案《钜某智能制造2018私募股权投资基金基金合同》。2016年6月20日，原告向被告钜某公司支付了基金认购款100万元，认购费1万元。2016年6月，钜某公司向原告出具确认函，确认原告申购基金份额资金为100万元，钜某公司会配合相关单位认真积极做好产品后续服务工作。2016年7月15日，涉案私募基金在中国××协会进行备案，基金备案号为SK5173，基金成立时间为2016年6月23日，基金备案阶段为暂行办法实施后成立的基金，基金类型为股权投资基金。被告钜某公司在向原告推介产品时强调基金募集资金主要投资于由某投明安作为执行事务合伙人、F公司作为普通合伙人发起设立的合伙企业明某，明某主要对某郎智能进行股权投资。然而，根据国家企业信用信息公示的合伙人信息，无论是在产品推介时期还是基金正式运作时期，F公司从始至终未曾成为明某的普通合伙人。后原告起诉至法院，请求返还投资人民币101万元并承担资金占用利息。

法院观点：首先，被告钜某公司未妥善履行适当性义务以及审慎管理义务……应当对原告的损失承担违约赔偿责任。对于赔偿范围的认定，由于涉案基金合同并未就违约损害赔偿进行具体约定，且考虑到损害赔偿的目的是填补损失，故损害赔偿的计算应结合被告钜某公司的过错程度予以衡量。本案中，被告钜某公司作为管理人，在基金募集、投资、管理阶段均存在严重过错，因此，原告因被告钜某公司在涉案私募基金受托管理过程中未尽法定及约定义务而造成原告损失应承担相应法律责任的诉讼请求。

当然，部分私募基金合同中，投资者与管理人之间就赔偿范围的具体大小已经作出了明确的约定，事后发生基金管理人违约情形时，投资人应根据私募基金合同的约定主张损害赔偿，若投资者主张超过约定标准的，法院一般并不予以支持。

例如，在杨某、江西某大通资产管理有限公司等委托理财合同纠纷案中，当事人在私募基金合同中就违约责任的损害赔偿范围约定如下：“当事人违反本合同，应当承担违约责任，给合同其他当事人造成损失的，应当承担赔偿责任，如属本合同当事人双方或多方当事人的违约，根据实际情况，由违约方分别承担各自应负的违约责任；一方依据本合同向另一方赔偿的损失，仅限于直接损失。”而后投资人主张实际损失以外的投资收益的损失，法院径直以该等投资收益的损失并不属于直接损失为由，对投资人关于投资收益的损失不予支持。[①]

典型案例

杨某、江西某大通资产管理有限公司等委托理财合同纠纷案［江西省南昌市西湖区人民法院（2021）赣0103民初2209号］

案情简介：某大通德金票据私募基金成立于2016年12月1日，2017年1月24日通过备案公示（基金编号：SN9078）。其后，被告某大通公司与被告某银行北京分行签订《某大通德金票据私募基金行政管理服务协议》（以下简称行管协议），约定某大通公司是已在中国证券投资基金业协会登记的私募基金管理公司，被告某银行北京分行为某大通公司担任管理人的基金提供募集资金监督管理服务、份额登记服务、估值核算服务、协助办理信息披露服务，并明确基金募集期和运作期间，投资人认购、申购基金份额的货币资金存入某银行北京分行指定的基金募集清算专用账户。2018年8月31日，原告（委托人、基金份额持有人、投资者）与被告江西某大通公司（基金管理人）、某银行北京分行（基金托管人）签订《某大通德金票据私募基金合同》二份，该基金合同分为《风险揭示书》《合格投资者承诺书》《投资者告知书》及正式合同，具体约定：“本协议各方确认，本协议中有关托管的相关约定与托管协议不一致的，以托管协议为准；基金管理人有权单独变更基金认购、申购、赎回时间及业务规划等合同内容；当事人违反本合同，应当承担违约责任，给合同其他当事人造成

① 参见杨某、江西某大通资产管理有限公司等委托理财合同纠纷案，江西省南昌市西湖区人民法院（2021）赣0103民初2209号民事判决书。

损失的，应当承担赔偿责任，如属本合同当事人双方或多方当事人的违约，根据实际情况，由违约方分别承担各自应负的违约责任；一方依据本合同向另一方赔偿的损失，仅限于直接损失。”2019 年 10 月 10 日，被告江西某大通公司发出《关于江西某大通资产管理有限公司管理私募基金流动性困难的公告》《关于江西某大通资产管理有限公司管理私募基金延期的公告》，告知投资人因票据市场的波动，票据资产处置难度加大，基金产品资金流动性压力增大，决定延期兑付基金收益，并暂停基金的赎回；作为基金管理人，在控股股东某大通资本管理有限公司的管理下，加强信息披露，及时向投资者报告重要信息。2019 年 11 月 6 日，被告江西某大通公司又发出《关于江西某大通资产管理有限公司管理私募基金清退的公告（第一次）》，主要内容：因票据市场波动加剧，资产处置难度加大，我司决定清退基金；由于目前资产尚未处置完成，清退比例目前无法核实，具体清退方案将在后续公告中说明。此后，原告即无法作出赎回申请，也未得到基金管理人关于基金财产清算确认或获取相应资金，故原告诉至法院。

法院观点：涉案基金因流动性困难等原因导致延期或预亏，属于投资风险，由此可能产生的损失本应由投资人承担，但因被告江西某大通公司作为基金管理人，在其单独作出清退基金决定后，即未及时出具基金的清算报告，亦未召开基金份额持有人大会，与基金份额持有人商议解决方案，造成资产至今尚未处置完成，清退比例至今无法核实，视为其已怠于履行相关约定，故被告江西某大通公司应对原告的直接损失承担赔偿责任，但对原告主张投资收益，并非直接损失，不属于赔偿范围，法院不予支持。

综上，私募基金违约责任的损害范围首先以当事人的约定为准，若无当事人的约定，则依法定。

（二）法定的损失范围

关于法定的损失赔偿范围，我国法律一般以完全赔偿为原则，再辅以相应限制措施。《民法典》第五百八十四条规定，违约方违反合同约定给对方造成损失的，损失的范围不仅包括因违约方违约所造成的损失，还包括合同履行后可以获得的利益。按照前述的规定，私募基金管理人违约给投资人造成的损失，除本金以及利息的直接损失外，还应包括投资收益等间接损失。但基于投资损失的不可预见性以及保本保收益的限制，投资收益等间接损失不应纳入法定损害赔偿范围中。

相关规定

《民法典》

第五百八十四条 当事人一方不履行合同义务或者履行合同义务不符合约定，造成对方损失的，损失赔偿额应当相当于因违约所造成的损失，包括合同履行后可以获得的利益；但是，不得超过违约一方订立合同时预见到或者应当预见到的因违约可能造成的损失。

虽然私募基金投资经常出现保本保收益的条款，也常被法院实际认定为“债权投资”，但是在一般情况下，私募基金实际上为“股权投资”。投资人作为合伙人或股东进行投资后，其投资的收益实际上与私募基金的发展情况息息相关，因此很难确定投资人实际上会有多少的收益。而且此类纠纷多发生在私募基金发展不好的情况下，在这种情况下是否存在投资收益更无法确定。换言之，私募基金投资人的投资收益实际上已经超出了当事人签订合同时所能预见的范围。

此外，若承认投资人在基金管理人违约时可以获得投资收益等间接损失，与私募基金中否认保本保收益的相关规定相违背。投资人在私募基金合同的正常履行期间，无法通过私募基金合同的履行获得相应的保本收益，更不应在私募基金合同的非正常地履行下获得相应的保本收益。如果允许投资人在私募基金管理人违约的情形下可以获得本不应获得的收益，则无疑会助长投资人诱导基金管理人违约，产生较大的道德风险。

在基金管理人违反适当性义务时，《九民纪要》对金融消费者的损失赔偿范围也采取了本金和利息的认定标准，且利息按照中国人民银行发布的同期同类存款基准利率进行计算。举重以明轻，在投资人为金融消费者的情况下，损失赔偿范围也并未扩张至投资收益等预期利益，因此，在机构投资者的情形下，违约损失赔偿也应当限于本金利息的直接损失。

因此，在私募基金投资领域下，若基金管理人存在相应违约情形，投资人可以主张相应的损害赔偿，但是该等损害赔偿的范围应当以本金、利息等直接损失为限，投资收益等间接损失不应包含在内。

（三）特殊情形下的损失范围

《九民纪要》第七十七条对于基金管理人违约情形下，金融消费者可以要求的损害赔偿数额进行了规定。若基金管理人违反适当性义务的，应当赔偿金融消费者的实际损失，即损失的本金和利息。此处的利息按照中国人民银行发布的同期同类存款基准利率计算，而在基金管理人的行为构成欺诈时，金融消费者可以要求基金管理人按照预期收益率赔偿相应的利息。虽然此处仍以“利息”表述，但是该等利息是按照“合同文本载明的预期收益率、业绩比较基准或者类似约定”进行计算，实际属于私募基金合同下的投资收益。

但是需要注意的是，该等特殊情形限于：（1）投资人属于金融消费者；（2）基金管理人等卖方机构违反适当性义务；（3）违反适当性义务已经构成欺诈。在无另行规定的情况下，不应做相应的类推适用，将此种情形扩张到非金融消费者、违反其他义务等情形下。

首先，金融消费者与机构投资人在商业判断、理性程度上存在明显的区别。《九民纪要》第七十七条将损失赔偿的范围扩张，是对金融消费者的额外保护，这样的扩张不应适用于机构投资人。金融消费者本就缺乏相当的理性，特别是在基金管理人等卖方机构违反适当性义务的情况下，金融消费者无法获得相应的信息以及风险提示，因此很难在此种情形下认为金融消费者是理性的。但是机构投资者的情况并不相同，相比于金融消费者，其具备获得信息及风险的能力，具备一定的理性与商业判断能力。

其次，适当性义务与欺诈的程度相匹配，无法简单地扩展到其他义务的违反。适当性义务的严重违反可能导致投资人被欺诈，但是若违反的是勤勉忠实义务，不会也不可能导致投资人被欺诈。因此，仅在基金管理人等卖方机构欺诈的情形下，才可将损害赔偿范围扩张至预期收益。例如在王某新与某证券股份有限公司等合同纠纷案中，基金管理人虽然违反适当性义务，但是并未构成欺诈，因此法院仅支持赔偿投资人的实际损失。[①]

综上所述，在基金管理人违反基金合同约定以及法定义务时，投资人的损害赔偿范围应按照基金合同约定标准进行计算。若基金合同没有约定，且无法补充解释的，应按照本金以及利息赔偿，其中利息按照中国人民银行同期同类存款基准利率计算。若基金管理人违反适当性义务构成欺诈的，利息则参照合同约定的预期收益计算。

综上可知，目前司法实践尚未就私募基金清算、项目退出与投资者损失认定间的关系形成统一的裁判观点。而这也对广大基金投资者在遭受投资风险时，应于何时以及如何维权造成了很大的影响。

基于对相关裁判案例的梳理，我们认为：在管理人、销售机构、托管机构等基金相关当事方不存在违法或违约情形时，投资者的损失只有在基金清算完成之后才能确定。但是，对于存在卖方机构严重违反适当性义务、基金资产已被诈骗或挪用等特殊情形的，如司法机构仍一味地强调“基金清算与投资者损失认定的关联”，则不仅对投资者显得极为不公平，而且在很大程度上亦是对相关责任主体违法或违约行为的放任。

① 参见王某新与某证券股份有限公司等合同纠纷案，北京市朝阳区人民法院（2021）京0105民初8765号民事判决书。

第十章　刑事救济

刑事程序无疑会对不法分子产生一定的威慑力。从近几年私募股权基金“暴雷”事件中可见，实际控制人等自然人因涉嫌非法吸收公众存款罪而被公安机关刑事拘留屡有发生。实务中，有投资者希望通过借助刑事程序达成退出基金投资的目的，但仅通过刑事程序真正追回投资款并非易事。

对于寄希望于主张相关主体的犯罪行为，从而退出私募股权基金投资的投资者，必须考虑的问题包括如何判断基金管理人或第三方募集、推介机构等主体有涉刑可能，向公安机关报案后面临的司法程序是什么，自身权益又可否得到救济等。本章将以在私募股权基金行业中最常见的“涉嫌非法吸收公众存款”为例，就这些核心问题展开介绍。

一、“涉刑”的判断标准

如基金募集行为和运作方式满足非法性、公开性、社会性、利诱性四个特征，就可能构成非法吸收公众存款罪。具体而言：

非法性，指未经有关部门依法许可或者借用合法经营的形式吸收资金。私募基金刑事合法性取决于私募基金募集和具体运作方式；私募基金管理人经登记、私募基金经备案或者部分备案的，不影响对非法集资行为“非法性”的认定。

公开性，指募集信息的传播具有公开性，包括以各种途径向社会公众传播吸收资金的信息，以及明知吸收资金的信息向社会扩散而予以放任等情形。

社会性，指募集资金的行为具有公开性，私募发行的募集对象必须为“特定对象”，“特定”的评判标准不是对象的自然身份或与行为人的关系亲疏，而是私募基金监管规则中所规定的“合格投资人”标准。

利诱性，指基金管理人或第三方机构向投资者承诺在一定期限内以货币、实物、股权等方式还本付息或给付回报。利诱性的实质是承诺还本付息，是区别吸收存款与正常投资的重要标准。

对于上述要求中提及的“社会性”，一般而言需要满足被害人人数众多这一特征。所以如果投资人希望启动刑事程序，那么其能够集结多人共同向公安报案，则获得立案的可能性更高。就部分私募基金而言，投资人之间可能缺乏沟通渠道，难以实现集结之目的。在投资人单独报案的情况下，公安机关需要进一步调查发现更多被害人，才会以涉嫌非法吸收公众存款罪立案。

除了“社会性”特征外，投资人还需要初步判断私募基金管理人或第三方募集、推介机构（下称“募集人”）的行为是否满足其他三个特征。典型的行为模式为：募集人违反私募基金管理法律规定，采用线下招揽客户、电话推销、口口相传等公开手段向不特定多数人宣传基金产品，以推荐私募基金为名，采用与投资人相应签订《基金合同》《合伙协议》等协议的形式，实质承诺还本付息，以实现非法募集资金的目的。

相关法条

《刑法》

第一百七十六条 非法吸收公众存款或者变相吸收公众存款，扰乱金融秩序的，处三年以下有期徒刑或者拘役，并处或者单处罚金；数额巨大或者有其他严重情节的，处三年以上十年以下有期徒刑，并处罚金；数额特别巨大或者有其他特别严重情节的，处十年以上有期徒刑，并处罚金。

单位犯前款罪的，对单位判处罚金，并对其直接负责的主管人员和其他直接责任人员，依照前款的规定处罚。

有前两款行为，在提起公诉前积极退赃退赔，减少损害结果发生的，可以从轻或者减轻处罚。

二、"先刑后民"及民事责任优先的原则

除了要对是否构成非法吸收公众存款罪的要件进行初步识别外，投资者还需要了解刑事控告程序的后续走向，以结合自身情况判断是否进行控告。简单而言，刑事控告将导致投资者丧失通过民事诉讼程序获得救济的机会（向担保人主张权利除外），原因在于我国程序法中的"先刑后民"原则以及刑事案件中的民事责任优先原则。

（一）程序上"先刑后民"

在我国司法程序中，存在所谓"先刑后民"的处理原则，该原则主要来源于我国的诉讼法规则，即根据《民事诉讼法》第一百五十三条的规定，某一案件必须以另一案件的审理结果为依据，而另一案尚未审结的，将中止诉讼。

对于民间借贷、非法集资案件，还有更加明确的规定。《最高人民法院、最高人民检察院、公安部关于办理非法集资刑事案件适用法律若干问题的意见》第七条[①]和《最高人民法院关于审理民间借贷案件适用法律若干问题的规定》第五条[②]均规定，当民间借贷、非法集资的刑事案件已经进入侦查、起诉、审判程序时，与非法集资所涉同一事实相关的

① 《最高人民法院、最高人民检察院、公安部关于办理非法集资刑事案件适用法律若干问题的意见》第七条第一款关于涉及民事案件的处理问题规定："对于公安机关、人民检察院、人民法院正在侦查、起诉、审理的非法集资刑事案件，有关单位或者个人就同一事实向人民法院提起民事诉讼或者申请执行涉案财物的，人民法院应当不予受理，并将有关材料移送公安机关或者检察机关。"

② 《最高人民法院关于审理民间借贷案件适用法律若干问题的规定》第五条规定："人民法院立案后，发现民间借贷行为本身涉嫌非法集资等犯罪的，应当裁定驳回起诉，并将涉嫌非法集资等犯罪的线索、材料移送公安或者检察机关。公安或者检察机关不予立案，或者立案侦查后撤销案件，或者检察机关作出不起诉决定，或者经人民法院生效判决认定不构成非法集资等犯罪，当事人又以同一事实向人民法院提起诉讼的，人民法院应予受理。"第七条规定："民间借贷纠纷的基本案件事实必须以刑事案件的审理结果为依据，而该刑事案件尚未审结的，人民法院应当裁定中止诉讼。"

民事诉讼、民事执行程序应当让位于刑事诉讼程序，民事诉讼和执行程序应当作出不予受理、驳回起诉、中止执行等处理。

需要注意的是，“先刑后民”必须是针对“同一事实”发生的民事案件和刑事案件，而实践中如何界定“同一事实”是需要厘清的一个问题，法院在处理“刑民交叉”案件时，仍存在适用程序上不一致的问题。[①] 正因为如此，《九民纪要》第一百二十八条进一步明确了不适用刑事程序吸收民事程序而应适用“刑民并行”的五种具体情形。[②] 这些情形可能成为投资者的救济路径，后文将详细展开。

对于投资者而言，相比于民事诉讼程序，刑事程序为公安机关、检察院、法院使用公权力追究犯罪嫌疑人刑事责任的程序，一旦启动，当事人不能根据自身意志将案件撤回，因此，进入刑事程序将削弱当事人对于案件进程的把控；如案件疑难复杂、涉案人数较多，刑事程序将持续较长时间。

相关法条

《民事诉讼法》

第一百五十三条 有下列情形之一的，中止诉讼：

（一）一方当事人死亡，需要等待继承人表明是否参加诉讼的；

（二）一方当事人丧失诉讼行为能力，尚未确定法定代理人的；

（三）作为一方当事人的法人或者其他组织终止，尚未确定权利义务承受人的；

---

① 参见刘贵祥：《当前民商事审判中几个方面的法律适用问题》，载《判解研究》2022年第2辑（总第100辑），人民法院出版社2022年版。

② 《九民纪要》第一百二十八条第一款规定，同一当事人因不同事实分别发生民商事纠纷和涉嫌刑事犯罪，民商事案件与刑事案件应当分别审理，主要有下列情形：（1）主合同的债务人涉嫌刑事犯罪或者刑事裁判认定其构成犯罪，债权人请求担保人承担民事责任的；（2）行为人以法人、非法人组织或者他人名义订立合同的行为涉嫌刑事犯罪或者刑事裁判认定其构成犯罪，合同相对人请求该法人、非法人组织或者他人承担民事责任的；（3）法人或者非法人组织的法定代表人、负责人或者其他工作人员的职务行为涉嫌刑事犯罪或者刑事裁判认定其构成犯罪，受害人请求该法人或者非法人组织承担民事责任的；（4）侵权行为人涉嫌刑事犯罪或者刑事裁判认定其构成犯罪，被保险人、受益人或者其他赔偿权利人请求保险人支付保险金的；（5）受害人请求涉嫌刑事犯罪的行为人之外的其他主体承担民事责任的。

（四）一方当事人因不可抗拒的事由，不能参加诉讼的；

（五）本案必须以另一案的审理结果为依据，而另一案尚未审结的；

（六）其他应当中止诉讼的情形。

中止诉讼的原因消除后，恢复诉讼。

（二）民事责任将在刑事判决中一并处理

刑事程序启动后，投资者的损失可否得到救济？

《最高人民法院关于适用〈中华人民共和国刑事诉讼法〉的解释》第一百七十六条规定：“被告人非法占有、处置被害人财产的，应当依法予以追缴或者责令退赔。被害人提起附带民事诉讼的，人民法院不予受理。”同时，《最高人民法院关于适用刑法第六十四条有关问题的批复》还进一步作出说明：“追缴或者责令退赔的具体内容，应当在判决主文中写明；其中，判决前已经发还被害人的财产，应当注明。被害人提起附带民事诉讼，或者另行提起民事诉讼请求返还被非法占有、处置的财产的，人民法院不予受理。”

也就是说，募集人的行为如构成非法吸收公众存款罪，刑事判决主文中将包含民事损失赔偿的内容，可能表述为：“已退缴的违法所得依法按比例发还集资参与人；不足部分，继续追缴或者责令退赔。”即案款将由司法机关按比例退回至投资人。

被害人（投资者）不得再通过附带民事诉讼或另行提起民事诉讼请求被告返还被非法占有、处置的财产，这是因为刑罚兼有对被告人的惩罚和对被害人的补偿功能，刑事判决中的责令退赔是人民法院在刑事案件的审理中，对被害人因财产被非法占有、处分而遭受损失的事实予以确认后，作出的责令被告人承担民事赔偿责任的判决事项。该判决事项具有拘束力、确定力和执行力，性质上是对被害人民事权利的救济手段，与民事判决具有同等法律效力。如法院仍受理因同一事实提起的附带民事诉讼或民事诉讼，将违反“一事不再理”原则。[①]

典型案例

王某林与山东某光房地产开发有限公司、苏某民间借贷纠纷案［最高人民法院（2017）最高法民申106号］

案情简介：2009年12月至2012年4月期间，山东某光房地产开发有限公司（以下简称某光公司）未经有关组织批准，通过向存款人质押某光公司开发的“山久水园”项目楼房，同时签订借款合同、商品房买卖合同、回购协议等，以月息2.5%~7%不等的利息在社会上吸纳资金，用于房地产经营。某光公司共向包括王某林在内的90余人非法吸收公众存款311863266元，截至案发，包括涉案借款在内，尚有83404470.52元未能返还。2015年11月3日，山东省济南市历下区人民法院作出（2014）历刑初字第264号刑事判决，以某光公司犯非法吸收公众存款罪，判处罚金二十万元；以苏某犯非法吸收公众存款罪，判处有期徒刑六年六个月，并处罚金十万元；责令某光公司、苏某按明细表未返还金额退赔包括王某林在内的被害人损失共计83404470.52元。王某林起诉苏某要求其承担保证责任。

法院观点：王某林基于同一事实，相同的诉讼标的、事实和理由另行提起民事诉讼，违反民事诉讼法“一事不再理原则”，也不符合相关司法解释的规定。此外，本案借款人和担保人分别为某光公司及其法定代表人苏某，借款和担保行为均是其非法吸收公众存款犯罪行为的实施手段，王某林起诉请求苏某承担担保责任不符合《最高人民法院关于审理民间借贷案件适用法律若干问题的规定》第八条规定的条件。

（三）法律责任上民事赔偿责任优先于财产刑

对于非法吸收公众存款罪，法院对被告人判处的刑事责任可能包括

① 参见王某林与山东某光房地产开发有限公司、苏某民间借贷纠纷案，最高人民法院（2017）最高法民申106号民事裁定书。

人身刑（如拘役、有期徒刑）和财产刑（如罚金、没收财产），那么财产刑与民事赔偿责任之间，到底孰先孰后？

根据《民法典》第一百八十七条的规定，对基于同一法律行为产生的民刑交叉的问题，在同时承担民事责任与刑事责任的情况下，遵循民事责任优先承担的原则。此外，其他法律法规中也对此原则予以确认，如《刑法》第三十六条第二款规定，承担民事赔偿责任的犯罪分子，同时被判处罚金，其财产不足以全部支付的，或者被判处没收财产的，应当先承担对被害人的民事赔偿责任；《最高人民法院关于刑事裁判涉财产部分执行的若干规定》明确，对于被执行人在执行中同时承担刑事责任、民事责任，其财产不足以支付的，按照下列顺序执行：（1）人身损害赔偿中的医疗费用；（2）对执行标的享有优先受偿权的债权；（3）退赔被害人的损失；（4）其他民事债务；（5）罚金；（6）没收财产。

因此，在执行过程中，被判处财产刑的犯罪分子须承担对被害人的民事赔偿责任时，犯罪人合法所有的财产应当优先承担退赔责任，完成退赔责任后，再清偿其他民事债务，如果还有剩余财产，再执行财产刑。这一民事债务优先于财产刑执行的原则，体现了国家在财产刑执行上"不与民争利"的立场。

相关法条

《民法典》

第一百八十七条　民事主体因同一行为应当承担民事责任、行政责任和刑事责任的，承担行政责任或者刑事责任不影响承担民事责任；民事主体的财产不足以支付的，优先用于承担民事责任。

《刑法》

第三十六条　由于犯罪行为而使被害人遭受经济损失的，对犯罪分子除依法给予刑事处罚外，并应根据情况判处赔偿经济损失。

承担民事赔偿责任的犯罪分子，同时被判处罚金，其财产不足以全部支付的，或者被判处没收财产的，应当先承担对被害人的民事赔偿责任。

三、"赃款"的分配

投资者最为关心的问题便是能够挽回多少损失。首先需要厘清赃款范围，才能将可供退赔的财产范围最大化；其次，投资者需要注意刑事程序中的退赔范围仅限于本金，且不足时按比例清偿。

第一，"赃款"的范围包括非法集资资金及其收益、非法集资人所获经济利益及隐匿转移的非法集资资金或资产。根据《防范和处置非法集资条例》第二十六条，清退集资资金来源包括：（1）非法集资资金余额；（2）非法集资资金的收益或者转换的其他资产及其收益；（3）非法集资人及其股东、实际控制人、董事、监事、高级管理人员和其他相关人员从非法集资中获得的经济利益；（4）非法集资人隐匿、转移的非法集资资金或者相关资产；（5）在非法集资中获得的广告费、代言费、代理费、好处费、返点费、佣金、提成等经济利益；（6）可以作为清退集资资金的其他资产。

处置非法集资牵头部门[①]应当责令非法集资人、非法集资协助人追回、变价出售有关资产用于清退集资资金。其中需要注意的是，非法集资人的股东、高管等相关人员从非法集资中获得的经济利益，通常表现为工资、佣金等，亦属于赃款范围。在刘某红非法吸收公众存款案[②]中，行为人抗辩称工资是正常业务开展所得，而并非违法所得。对此，法院回应称，涉案公司在设立后以私募基金的销售活动为载体，掩盖或放任公司向不特定公众实施非法集资为主要活动，公司主要资金亦来源于社会公众，故被告人从涉案公司所获取的工资和佣金均是违法所得，应予以追缴。这一规则在理财巨头中植系涉嫌非法集资和诈骗案中也有直接体现。中植集团"暴雷"后，北京朝阳警方曾发布通报，要求涉案公司其他相关人员，主动配合警方调查取证，积极退缴违法所得，并且

---

① 各地对于处置非法集资牵头部门有各自的地方性规定，通常由地方金融监督管理局负责统筹协调。

② 刘某红非法吸收公众存款案，浙江省衢州市柯城区人民法院（2023）浙0802刑初256号刑事判决书。

对主动退缴、认罪悔罪的，可依法从轻或减轻处罚。

典型案例

刘某红非法吸收公众存款案［浙江省衢州市柯城区人民法院（2023）浙0802刑初256号］

案情简介：刘某红为原山东某道股权投资基金管理有限公司（以下简称某道公司）衢州分公司负责人。2014年5月，某道公司获得基金管理人牌照并开展私募基金销售业务。其间，某道公司违反证券投资基金、私募投资基金监督管理等法律法规，在发售、经营私募基金及其相关项目的过程中，以超额募集资金、募集资金项目未报中国证券投资基金业协会备案、募新还旧、未披露关联信息、各类项目私募基金混同使用、形成资金池等行为，并通过口口相传等方式公开宣传，承诺保本付息，向社会不特定公众吸收存款。被告人刘某红作为衢州分公司负责人，负责管理分公司，同时分配总公司下派的业务任务，在明知某道公司存在上述违法违规行为的情况下，在衢州市区销售山东某道公司私募基金和米粒儿理财产品，为某道公司吸收公众存款。资金由投资人直接汇入相应的账户中，衢州分公司不直接收取资金。刘某红从中非法获利共计274万余元。

法院观点：关于被告人刘某红的违法所得认定问题。本案所涉某道公司在设立后以私募基金的销售活动为载体，掩盖或放任公司向不特定公众实施非法集资为主要活动，公司主要资金亦来源于社会公众，故被告人刘某红从某道公司所收取工资和佣金均是违法所得，应予以追缴。被告人及辩护人提出工资是正常业务开展所得，不应认定为违法所得的意见，与查明的事实不符，不予采纳。

第二，刑事程序中退赔范围仅限于本金，且不足时按集资额比例返还。

《最高人民法院、最高人民检察院、公安部关于办理非法集资刑事案件适用法律若干问题的意见》第五条第一款规定："向社会公众非法吸收的资金属于违法所得。以吸收的资金向集资参与人支付的利息、分红等回报，以及向帮助吸收资金人员支付的代理费、好处费、返点费、佣金、提成等费用，应当依法追缴。集资参与人本金尚未归还的，所支付的回报可予折抵本金。”

由此可知，非法集资案件中退赔的范围仅限于本金，司法机关在刑事判决中对案涉利息、分红不予支持。判决主文可能表述为“已退交的违法所得款按比例发还集资参与人，不足部分继续追缴并按比例发还集资参与人（扣除集资参与人投资收益 ××× 元）”。

同时需要提示的是，基金合同中所约定的分配条款并不适用于退赔。《最高人民法院、最高人民检察院、公安部关于办理非法集资刑事案件若干问题的意见》第九条规定：“涉案财物不足全部返还的，按照集资参与人的集资额比例返还。”也就是说，对于投资者而言无法要求根据事前约定的分配条款来进行退赔款项的处理，在进入刑事程序后，国家机关将按照集资额比例（即实缴出资比例）向投资者进行返还。

四、其他救济路径

首先，在担保人未参与非法集资行为时，可以通过向担保人主张担保责任获得救济。

2020年《最高人民法院关于审理民间借贷案件适用法律若干问题的规定》（以下简称《民间借贷规定》）第八条规定：“借款人涉嫌犯罪或者生效判决认定其有罪，出借人起诉请求担保人承担民事责任的，人民法院应予受理。”《九民纪要》第一百二十八条亦规定，主合同的债务人涉嫌刑事犯罪或者刑事裁判认定其构成犯罪，债权人请求担保人承担民事责任的，民商事案件与刑事案件应当分别审理。所以，在基金合同存在担保的情况下，非法集资案件被害人可以向担保人主张权利。

例如，在郑某生与吴某炳保证合同纠纷案[①]中，原告吴某炳与某盈

① 郑某生与吴某炳保证合同纠纷案，福建省泉州市中级人民法院（2020）闽05民终4544号民事判决书。

公司签订入伙协议，同时郑某生以担保人身份出具《担保书》。某盈公司因涉嫌非法吸收公众存款罪被立案侦查。吴某炳起诉要求郑某生承担担保责任。法院认为，案涉入伙协议实为民间借贷合同，非法吸收公众存款罪是由若干个民事借款行为叠加从而导致由量变到质变。具体到每一笔借贷业务，均是在当事人自愿情形下发生的，在无法律规定的无效情形下，单个民间借贷合同均应是有效的。因此，募集人是否涉嫌非法吸收公众存款罪并不当然影响借贷合同、保证合同的效力，从而支持了原告要求担保人承担本金及资金占用损失的诉讼请求。孙某与刘某琴保证合同纠纷案[①]，高某、敖某与胡某秀合同纠纷案[②]，汤某光与丁某宝借款合同纠纷案[③]中，对于借款合同效力亦采取相同观点。

其中的法理在于，刑法所评价的是行为人单独实施的非法经营行为（犯罪行为），而民法评价的则是合同双方之间具体的合同行为，对民事合同效力的认定属于民商事审判范围，判断和认定标准亦应当是民事法律规范。在私募基金涉非法吸收公众存款案件中，往往以各种形式存在保本保收益承诺，那么案涉合同虽名为基金合同，实际背后的法律关系可能构成借贷关系。《民法典》第一百四十六条规定："行为人与相对人以虚假的意思表示实施的民事法律行为无效。以虚假的意思表示隐藏的民事法律行为的效力，依照有关法律规定处理。"因此，借贷法律关系就是被隐藏的民事法律行为，在借款合同不存在法律规定的无效情形下，借款合同有效，故作为从合同的担保合同亦有效。

但是，《民间借贷规定》第八条适用的前提条件为担保人不涉及刑事案件。在王某林诉山东某光房地产开发有限公司、苏某民间借贷纠纷案[④]中，案件背景为某光公司犯非法吸收公众存款罪被追究刑事责任，

---

① 孙某与刘某琴保证合同纠纷案，江苏省扬州市中级人民法院（2020）苏10民终2683号民事判决书。

② 高某、敖某与胡某秀合同纠纷案，湖北省荆门市中级人民法院（2023）鄂08民终613号民事判决书。

③ 汤某光与丁某宝借款合同纠纷案，安徽省高级人民法院（2020）皖民申2990号民事裁定书。

④ 王某林与山东某光房地产开发有限公司、苏某民间借贷纠纷案，最高人民法院（2017）最高法民申106号民事裁定书。

而苏某作为法定代表人亦被追究刑事责任。因苏某为王某林与某光公司的借款合同提供担保，王某林在本案中诉请要求苏某承担担保责任。法院认为，借款和担保行为均是其非法吸收公众存款犯罪行为的实施手段，王某林起诉请求苏某承担担保责任不符合《民间借贷规定》第八条规定的条件，因此驳回王某林的诉请。

因此，笔者认为，如投资者未能通过刑事案件追回所有款项，而案涉基金合同存在担保，则可以尝试通过向担保人主张担保责任的方式对自身利益进行救济，但是需要注意担保人是否参与了非法集资行为。除此之外，投资者请求涉嫌刑事犯罪的行为人之外的其他主体承担民事责任的，法院也应予以受理。故投资者可以在刑事追诉未终结的情况下，针对其他侵权行为关联人先行提起民事诉讼并申请财产保全，避免关联人员转移资产、逃避民事责任。

典型案例

郑某生与吴某炳保证合同纠纷案［福建省泉州市中级人民法院（2020）闽05民终4544号］

案情简介：2018年2月9日，吴某炳通过银行支付30万元至上海某贤投资管理中心（有限合伙）［后更名为上海某贤企业管理中心（有限合伙），该合伙企业的合伙人为上海某盈资产管理有限公司（简称某盈公司）和李某诚（执行事务合伙人）］。同日，郑某生以担保人身份出具《担保书》一份交由吴某炳收执，内容载明："兹介绍吴某炳购买某盈影视产业基金（第五期）金额叁拾万元人民币，30万元正，期限为2年，2018年2月9日至2020年2月9日止，如到期吴某炳无法赎回本金，本人愿意承担一切担保责任。"后因郑某生向公安机关报案，上海某盈资产管理有限公司惠安分公司因涉嫌非法吸收公众存款被立案侦查。2020年1月2日，郑某生通知吴某炳，基金将延期兑付；2020年2月29日，郑某生再次通知吴某炳兑付时间将延后。截至庭审辩论终结时止，某盈公司仍未向吴某炳归还本金，郑某生也未履行担保义务。

法院观点：本案系基于借款而产生的保证合同纠纷，本案争议的主要焦点问题是，某盈公司涉嫌非法吸收公众存款罪，保证人郑某生是否应承担保证责任。本案中，案涉借款合同某盈公司与吴某炳发生的单个借款行为仅是引起民间借贷这一民事法律关系的民事法律事实，并不直接构成非法吸收公众存款的刑事法律事实，只有达到一定量变后才发生质变，构成犯罪，该单个借贷合同系双方的真实意思表示，不存在违反《合同法》第五十二条及《最高人民法院关于审理民间借贷案件适用法律若干问题的规定》第十四条规定的情形，应为有效合同。郑某生单方以书面形式向债权人吴某炳出具《担保书》，系双方当事人真实意思表示，本案不存在吴某炳与某盈公司之间恶意串通骗取郑某生提供保证，或某盈公司采取欺诈、胁迫等手段骗取郑某生供保证且吴某炳知悉该事实的情形，吴某炳与郑某生之间的保证合同关系应认定为合法有效。

再进一步，从私募基金实务层面来看，我们会发现存在典型担保的情形较少，投资者之间或管理人及其关联方之外的第三方主体可能会提供差额补足、代为履行到期回购义务、流动性支持等类似承诺文件作为增信措施，参考《九民纪要》第九十一条及《最高人民法院关于适用〈中华人民共和国民法典〉有关担保制度的解释》第三十六条，在承诺文件有效的前提下，依据承诺文件的具体内容判断是否构成保证、债务加入或仅仅是一项合同义务，从而确定相应的权利义务关系和民事责任。

如构成保证或债务加入的，应当按照法院关于保证或债务加入的规定主张权利。例如北京某投资管理有限公司与某金源投资集团有限公司等合同纠纷案[①]中，北京市高级人民法院认为,《差额补足协议》的约定内容应认定某金源公司是对主债务人超某北京公司不能履行的差额部分承担责任，而且某金源公司承担责任后，有权行使追偿权，故《差额补足协议》符合一般保证合同的法律特征，适用保证期间的规定；而作为

① 北京某投资管理有限公司与某金源投资集团有限公司合同纠纷案，北京市高级人民法院（2021）京民终754号民事判决书。

债权人的某投资公司并未对债务人超某北京公司提起诉讼或仲裁，因而根据《担保法》第二十五条[①]规定，保证人某金源公司应免除保证责任。

如构成一般合同义务的，那么也应当在合同约定的期限（如有）及诉讼时效内，向义务人发出履行请求。例如典型案例某大资本投资有限公司（以下简称某大资本公司）与某银行股份有限公司（以下简称某银行）其他合同纠纷案[②]中，关于某大资本公司向某银行出具的《差额补足函》性质，上海市高级人民法院认为《差额补足函》中并无明确的连带责任保证担保表意，也没有担保对象，应当认定为独立合同，并据此要求某大资本公司承担差额补足责任。

典型案例

北京某投资管理有限公司与某金源投资集团有限公司合同纠纷案［北京市高级人民法院（2021）京民终754号］

案情简介：2016年11月，某金源投资集团有限公司（以下简称某金源公司，甲方）与北京某投资管理有限公司（以下简称某投资公司，乙方，代表国铁基金）、超某控股公司（丙方）、超某北京公司（丁方）签订《差额补足协议》，约定：鉴于丁方与乙方签署了《回购协议》(详见附件1)，丁方或丁方指定的第三方在回购协议项下回购乙方通过国铁基金投资持有的全部某树合伙有限合伙份额，间接持有成都某铁公司5%的股权。为保障丁方在《回购协议》中约定的义务的履行，甲方同意向乙方提供本协议约定的差额补足义务。一、甲方为丁方依据《回购协议》中约定的对有限合伙份额回购的义务承担最高限额差额补足义务。具体内容如下：1. 国铁基金成立满24个月后，丁方或其指定第三方必须回购乙方通过国铁基金投资持有的全部某树合伙有限合伙份额；若丁方未能按照《回购协议》的规定及时支付回购价款，则乙方有权利要求甲方按照《回购协议》中约定的回购价款

① 现对应《民法典》第六百九十二条、第六百九十三条。

② 某大资本投资有限公司与某银行股份有限公司其他合同纠纷案，上海市高级人民法院（2020）沪民终567号民事判决书。

进行差额补足；2. 差额补足金额＝《回购协议》中约定的回购总价款—丁方已向乙方支付的回购价款；3. 在任何情况下，甲方承担差额补足金额不超过2亿元，最高以2亿元为限，且该金额包括但不限于差额补足金、利息、违约金、赔偿金、费用等之合计。二、如果丁方未能按照《回购协议》的规定履行回购价款支付义务，则乙方有权要求甲方按照本协议的规定履行最高限额差额补足义务。甲方承诺在收到乙方书面通知后的30个工作日内，根据书面通知所载金额代丁方支付《回购协议》项下应付资金。甲方应在不迟于上述支付日前，将本协议项下应付款项划付至乙方指定的账户。但在任何情况下，乙方要求甲方支付的金额不应超过本协议约定的最高限额。三、如果甲方按照本协议约定履行了最高限额差额补足义务，有权根据《补充协议》的约定行使追偿权。八、如因任何一方的原因导致本协议无效或任何一方违反本协议及补充协议的约定的，应赔偿其他三方因此所遭受的全部直接或间接损失。

法院观点：国铁基金是否属于"刚性兑付"对于《回购协议》和《差额补足协议》的效力没有影响，亦不影响超某北京公司的回购意思表示和某金源公司作出的差额补足意思表示的真实性。

《差额补足协议》在条款中约定："为保障丁方（超某北京公司）在回购协议中约定的义务的履行，甲方（某金源公司）同意向乙方（某投资公司）提供本协议约定的差额补足义务。"《差额补足协议》中约定的差额补足义务是指："若丁方（超某北京公司）未能按照回购协议的规定及时支付回购价款，则乙方（某投资公司）有权要求某金源公司按照回购协议中约定的回购价款进行差额补足。""如果甲方（某金源公司）按照本协议约定履行了最高限额差额补足义务，有权根据《补充协议》的约定形式追偿权。"从上述约定内容看，某金源公司是对主债务人超某北京公司不能履行的差额部分承担责任，而且某金源公司承担责任后，有权行使追偿权。上述约定亦符合保证合同从属性的法律特征。故《差额补足协议》符合保证合同的法律特征，该合同性质应为保证合同。

根据《担保法》，案涉《差额补足协议》中未约定保证期间，故保证期间应为主债务履行期届满之日起六个月。国铁基金成立于2017年11月13日，主债务履行期届满之日为2019年11月12日。自2019年11月13日起六个月内，作为债权人的某投资公司并未对债务人超某北京公司提起诉讼或仲裁，因此保证人不再承担保证责任。

某大资本投资有限公司与某银行股份有限公司其他合同纠纷案［上海市高级人民法院（2020）沪民终567号］

案情简介：2016年4月，某大资本投资有限公司（以下简称某大资本公司）向某银行股份有限公司（以下简称某银行）出具《差额补足函》，内容为“致：某银行股份有限公司，鉴于……4. 某银行通过某财富公司设立的专项资产管理计划（以下简称资管计划），认购基金的优先级有限合伙份额人民币28亿元；……本着友好合作的原则，我司特此同意：1. 在基金成立满36个月之内，我司同意将由暴风科技或我司指定的其他第三方以不少于［人民币28亿元×（1+8.2%×资管计划存续天数/365）］的目标价格受让基金持有的JINXINHKLIMITED［浸辉（香港）投资管理有限公司］100%的股权。如果最终该等股权转让价格少于目标价格时，我司同意将对目标价格与股权实际转让价格之间的差额无条件承担全额补足义务。届时，资管计划终止日，如果MPS股权没有完全处置，我司同意承担全额差额补足义务；……3. 我司同意并确认我司承担本补足函项下全部补足义务的期间为资管计划存续期间（含起始日，且含终止日）。4. 我司同意出具并履行本补足函符合法律法规规定以及本公司章程及管理规定，且履行了相关必要的内外部审批手续。5. 无论因任何原因（包括但不限于我司就出具和履行本补足函未履行相关内外部审批手续或者违反内外部可能适用的法律法规规定等），导致我司未按照本补足函履行差额补足义务或者我司违反本补足函项下的任何约定，我司将无条件对贵行承担赔偿责任，赔偿责任为我司根据本补足函第1

条的约定应支付的差额补足款，且我司不得以前述任何理由对贵行进行抗辩。”

法院观点：关于《差额补足函》的效力，《差额补足函》系某银行和某大资本公司的真实意思表示，且不违反法律、法规的强制性规定，应为合法有效。某大资本公司主张某银行投资行为违法，故基于投资行为取得的《差额补足函》无效，并无相应的事实和法律依据，法院不予采信。《九民纪要》第九十一条规定，信托合同之外的当事人提供第三方差额补足、代为履行到期回购义务、流动性支持等类似承诺文件作为增信措施，其内容符合法律关于保证的规定的，人民法院应当认定当事人之间成立保证合同关系。其内容不符合法律关于保证的规定的，依据承诺文件的具体内容确定相应的权利义务关系，并根据案件事实情况确定相应的民事责任。据此，对于差额补足等增信措施是何种性质，不能一概而论。如果确定符合保证规定的，理应按照保证担保处理。如果属于其他法律性质的，则应当按照差额补足的实际性质认定法律关系、确定法律责任。系争《差额补足函》中并无明确的连带责任保证担保表意，也没有担保对象，一审法院将其认定为独立合同并无不当。

总结而言，很多人认为刑事程序相比一般的基金退出机制更能够给基金管理人施加威慑，从而挽回损失——但是事实并非必然如此，投资者须根据其自身实际情况具体判断。其理由包括但不限于：首先，在刑事程序中，投资者的自主性较小，公安机关一旦立案就不再以投资人的意志为转移，投资人不能通过与基金管理人和解方式撤回刑事控告；其次，刑事诉讼程序流程复杂，包含被害人报案、公安立案侦查、移送检察机关审查起诉、法院审理判决多个阶段，一个非法吸收公众存款案件至少需要半年时间才能获得判决，如遇涉案人数众多、案件情况疑难复杂、被告人在一审判决后提起上诉甚至再审的，程序所耗时间更长，对于投资人而言难以预判；最后且非常重要的一点是，刑事退赔金额仅限于本金，按照投入资金的比例退还，将使得原本处于优先级地位的投资人可能获得的特别分配安排完全落空。

如果投资者基于其实际情况选择向公安机关控告，那么笔者建议采取包括但不限于以下措施，以维护自身利益：第一，主动与其他受害者沟通，积极搜集可能构成非法吸收公众存款罪“非法性、社会性、公共性、利诱性”的线索提供给公安机关。第二，根据刑事诉讼有关规则，侦查阶段被害人不能委托代理人，因此，可能难以了解案件进展情况；在案件移送审查起诉后，应及时委托诉讼代理人，诉讼代理人可以经检察院许可后查阅、摘抄、复制本案的案卷材料，阅卷后如有其他情况向检察院反映，可以提交书面意见。第三，督促公安机关追回集资资金，尤其是非法集资人及其股东、实际控制人、董事、监事、高级管理人员和其他相关人员从非法集资中获得的经济利益，扩大退赔范围。第四，投资者无法获得全额退赔的，可以选择向未参与集资行为的担保人提起民事诉讼以维护自身权益；如基金存在其他增信措施，也可以尝试主张构成保证或债务加入以获得受偿。

附录：私募股权基金主要规范文件目录

序号	名称	文件号	制定机构	发布日期	生效日期
1.	中华人民共和国民法典	主席令第四十五号	全国人民代表大会	2020-05-28	2021-01-01
2.	中华人民共和国公司法（2023年修订）	主席令第十五号	全国人民代表大会常务委员会	2023-12-29	2024-07-01
3.	中华人民共和国合伙企业法（2006年修订）	主席令第五十五号	全国人民代表大会常务委员会	2006-08-27	2007-06-01
4.	中华人民共和国证券法（2019年修订）	主席令第三十七号	全国人民代表大会常务委员会	2019-12-28	2020-03-01
5.	中华人民共和国信托法	主席令第五十号	全国人民代表大会常务委员会	2001-04-28	2001-10-01
6.	中华人民共和国证券投资基金法（2015年修正）	主席令第二十三号	全国人民代表大会常务委员会	2015-04-24	2015-04-24
7.	私募投资基金监督管理条例	国务院令第762号	国务院	2023-07-03	2023-09-01
8.	私募投资基金监督管理暂行办法	中国证券监督管理委员会第105号	中国证券监督管理委员会	2014-08-21	2014-08-21
9.	关于加强私募投资基金监管的若干规定	中国证券监督管理委员会公告〔2020〕71号	中国证券监督管理委员会	2020-12-30	2020-12-30

续表

序号	名称	文件号	制定机构	发布日期	生效日期
10.	证券期货经营机构私募资产管理业务运作管理暂行规定	中国证券监督管理委员会公告〔2016〕13号	中国证券监督管理委员会	2016-07-14	2016-07-18
11.	非居民金融账户涉税信息尽职调查管理办法	国家税务总局、财政部、人民银行、银监会、证监会、保监会公告2017年第14号	国家税务总局、财政部、人民银行、银监会、证监会、保监会	2017-05-09	2017-07-01
12.	证券期货经营机构私募资产管理业务管理办法	证监会令第203号	中国证券监督管理委员会	2023-01-12	2023-03-01
13.	证券期货经营机构私募资产管理计划运作管理规定	中国证券监督管理委员会公告〔2023〕2号	中国证券监督管理委员会	2023-01-12	2023-03-01
14.	企业国有资产交易监督管理办法	国资委令、财政部令第32号	国务院国有资产监督管理委员会、财政部	2016-06-24	2016-06-24
15.	企业国有资产评估管理暂行办法	国资委令第12号	国务院国有资产监督管理委员会	2005-08-25	2005-09-01
16.	关于优化中央企业资产评估管理有关事项的通知	国资发产权规〔2024〕8号	国务院国有资产监督管理委员会	2024-01-12	2024-01-30
17.	证券期货投资者适当性管理办法（2022年修正）	/	中国证券监督管理委员会	2022-08-12	2022-08-12
18.	私募投资基金募集行为管理办法	/	中国证券投资基金业协会	2016-04-15	2016-07-15
19.	私募投资基金登记备案办法	中基协发〔2023〕5号	中国证券投资基金业协会	2023-02-24	2023-05-01

续表

序号	名称	文件号	制定机构	发布日期	生效日期
20.	基金募集机构投资者适当性管理实施指引（试行）	中基协发〔2017〕4号	中国证券投资基金业协会	2017-06-28	2017-07-01
21.	私募投资基金信息披露管理办法	/	中国证券投资基金业协会	2016-02-04	2016-02-04
22.	私募投资基金服务业务管理办法（试行）	/	中国证券投资基金业协会	2017-03-01	2017-03-01
23.	私募投资基金电子合同业务管理办法（试行）	中基协字〔2022〕204号	中国证券投资基金业协会	2022-06-02	2022-06-02
24.	私募投资基金备案指引第2号——私募股权、创业投资基金	中基协发〔2023〕21号	中国证券投资基金业协会	2023-09-28	2023-09-28
25.	私募基金管理人登记指引第1号——基本经营要求	中基协发〔2023〕6号	中国证券投资基金业协会	2023-02-24	2023-05-01
26.	私募基金管理人登记指引第2号——股东、合伙人、实际控制人	中基协发〔2023〕7号	中国证券投资基金业协会	2023-02-24	2023-05-01
27.	私募基金管理人登记指引第3号——法定代表人、高级管理人员、执行事务合伙人或其委派代表	中基协发〔2023〕8号	中国证券投资基金业协会	2023-02-24	2023-05-01
28.	私募投资基金管理人内部控制指引	/	中国证券投资基金业协会	2016-02-01	2016-02-01
29.	私募投资基金信息披露内容与格式指引2号—适用于私募股权（含创业）投资基金	/	中国证券投资基金业协会	2016-11-14	2016-11-14
30.	私募投资基金合同指引1号（契约型私募基金合同内容与格式指引）	/	中国证券投资基金业协会	2016-04-18	2016-07-15
31.	私募投资基金合同指引2号（公司章程必备条款指引）	/	中国证券投资基金业协会	2016-04-18	2016-07-15

续表

序号	名称	文件号	制定机构	发布日期	生效日期
32.	私募投资基金合同指引 3 号（合伙协议必备条款指引）	/	中国证券投资基金业协会	2016-04-18	2016-07-15
33.	私募投资基金非上市股权投资估值指引（试行）	/	中国证券投资基金业协会	2018-3-30	2018-07-01
34.	绿色投资指引（试行）	/	中国证券投资基金业协会	2018-11-10	2018-11-10
35.	私募投资基金命名指引	/	中国证券投资基金业协会	2018-11-20	2019-01-01
36.	基金从业人员执业行为自律准则	中基协发〔2014〕26 号	中国证券投资基金业协会	2014-12-15	2014-12-15
37.	基金从业资格考试管理办法（试行）	/	中国证券投资基金业协会	2015-07-24	2015-07-24
38.	基金从业人员管理规则（2023 年修订）	中基协发〔2023〕23 号	中国证券投资基金业协会	2023-11-24	2023-11-24
39.	证券期货经营机构私募资产管理计划备案办法	中基协发〔2023〕15 号	中国证券投资基金业协会	2023-07-14	2023-07-14